생각의 틀을 깨는 40개의 지도 이야기

생각의 틀을 깨는 40개의 지도 이야기

앨러스테어 보네트 지음
김시경 옮김

서문

약속 하나 하겠다. 이 책에 실린 40개의 지도는 분명 세상을 바라보는 여러분의 시선을 바꿔놓을 것이다. 내가 감히 장담할 수 있는 이유는, 이 지도들이 실제로 나에게 그랬기 때문이다. 지도를 선별한 방법은 단순했다. 감전된 듯 찌릿한 느낌이 오는 지도를 발견한 순간 바로 알 수 있었다. 자리에서 벌떡 일어나 누구라도 붙잡고 이야기하고 싶게 만드는 그런 지도들이니까. 하지만 흥분에 들떠 두서없이 떠들다 보니 지도의 진면목이 제대로 전달되지 않았다. 진짜 훌륭한 지도는 말로써 다 담아낼 수 없다. 직접 보여주는 게 최선의 방법인 듯하다.

일단 지도를 보면 안다. 연약한 새 둥지처럼 생긴 폴리네시아의 막대기 지도(지도 8, 62쪽 참조), 파스텔 색상과 디테일이 돋보이는 최신 화성 지도(지도 37, 272쪽 참조), 성적인 의미가 숨어 있는 사랑의 지도(지도 24, 176쪽 참조)를 보자. 3차원으로 매핑(mapping)된 공간도 들여다보자. 도쿄 같은 수직 형태의 도시(지도 18, 134쪽 참조)를 탐색할 수 있는 유일한 방법이니 말이다. 이 지도들은 방향 감각을 흩뜨리고 초점을 이동시켜, 우리가 잘 안다고 생각하거나 당연시하는 것들을 다시금 상상하게 만든다.

내가 수집한 40개의 지도 중 다수는 우리 생각과 완전히 다른 관점을 보여준다. 예를 들어 아즈텍 지도(지도 6, 48쪽 참조)는 다소 비현실적이긴 하지만 눈을 뗄 수가 없다. 식민주의와 세계화의 거센 힘에 파괴되고 떠밀린 문화를 즉각적으로 마주하게 되기 때문이다. '현대' 지도들은 온통 도로와 도시로 꽉 차 있지만, '현대 이전'의 많은 지도에는 마법과 스토리텔링이 들어설 공간이 있었다. 여기서 '현대'라는 단어에 작은따옴표를 붙인 데는 나름의 이유가 있다. 이 책은 자신의 가정이 검증받는 것을 꺼리거나 서양이 모든 것을 발명했다고 생각하는 유럽중심주의자를 위한 것이 아니다. 중국 고대 지도의 격자 형식을 보라(지도 2, 18쪽 참조). 21세기에 제작된 대부분의 지도처럼 합리적이고 논리적이며 현대적이지만, 이 지도는 12세기에 만들어졌다.

지도 제작에는 시간에 따른 보편적 흐름이 없다. 간단한 것에서 정교한 것으로 나아가는 단순한 스토리가 존재하지 않는다. 이 책 제일 처음에 나오는 지도(10쪽 참조)를 보자. 튀르키예의 신석기 유적지에서 발굴한 벽에 있던 지도다. 돌을 끌어다 최초의 피라미드를 짓기 4,000년 전에 그려진 것이니, 무려 9,000년 전의 지도다. 이런 지도들은 우리를 까마득한 과거로 데려가고 굉장히 낯설기도 하지만, 낡은 것과 새것, 현대와 현대 이전, 우리와 그들에 대한 정리된 개념을 뒤흔들어 역사를 다시 쓰게 만든다.

지도는 다른 세계로 우리를 이끌 수 있다. 지도 제작이 가장 빛을 발하는 분야 중 하나가 '우주'이며, 나는 '천체지리학'의 최전선을 보여주는 지도들도 이 책에 함께 담았다. 지구 중력 지도(지도 30, 224쪽)나 나무와 균류의 연결망(지도 28, 206쪽) 같은 과학자들이 제작한 지도들은 그 자체로 매혹적인 아름다움을 지닌 예술 작품이다. 지도를 만드는 일은 과학의 핵심 도구로 빠르게 자리 잡고 있지만, 지도는 과학인 동시에 예술이기도 하다. 지도는 둘 중 어느 하나로만 치부될 수 없으며, 지도에는 나름의 제작 방식과 전통, 그리고 고유한 시각이 담겨 있다.

인류는 수만 년 전부터 지도를 만들어왔지만 오늘날 우리는 지도 제작의 새로운 국면에 접어들고 있다. 이제 스마트폰을 가진 모든 사람이 그 변화에 동참하게 되었다. 우리는 끊임없이 스스로의 위치를 확인하고, 동시에 위치 정보를 제공하며 살아간다. 지도는 이제 어디에나 존재한다. 우리가 무엇을 하고 있는지, 우리가 누구인지에 관한 정보를 체계화하며, 연결된 사회의 맥박을 측정하는 가늠자 역할을 한다.

21세기는 지도 제작의 황금기라 할 수 있다. 다소 과감한 주장처럼 들리겠지만, 이 책에서 그 사실을 확인해볼 수 있을 것이다. 그렇기에 지도의 경로와 뿌리를 바라보는 시각을 넓히는 일이 더욱 중요해졌다. 우리의 사고방식뿐만 아니라 정신적 측면에서도 그렇다. 미얀마의 불교 지도(지도 9, 70쪽 참조)를 보면, 맨 위에 한 그루의 푸른 나무가 서 있고 섬들로 부서지는 눈물방울 모양의 세계가 펼쳐진다. 이것은 단순한 지도라기보다, 우리를 다른 세상으로 부르는 초대장이라 할 수 있다.

책을 쓰면서 개인적인 즐거움도 무척 컸지만, 무엇보다도 이 책은 지금은 잊힌 옛세대부터 오늘날 열심히 활동 중인 현세대에 이르는 모든 지도 제작자에게 바치는 헌사다. 우리가 직접 그린 지도(148쪽 지도 20과 230쪽 지도 31) 이외에 이 책에 실린 모든 지도는 원본이다. 훌륭한 지도를 제작하고 사용을 허락해준 분들께 감사드린다. 21세기 연구자들에게 지도는 가장 강력한 의사소통 및 발견의 도구 중 하나다. 새로운 소프트웨어와 컴퓨터 성능, 인공위성 기술 덕분에 놀라울 정도로 복잡하고 정확한 지도 제작이 가능해졌기 때문이다. 우리는 지도가 삽화나 유용한 길안내 수단만이 아니라, 사회와 자연의 가장 내밀한

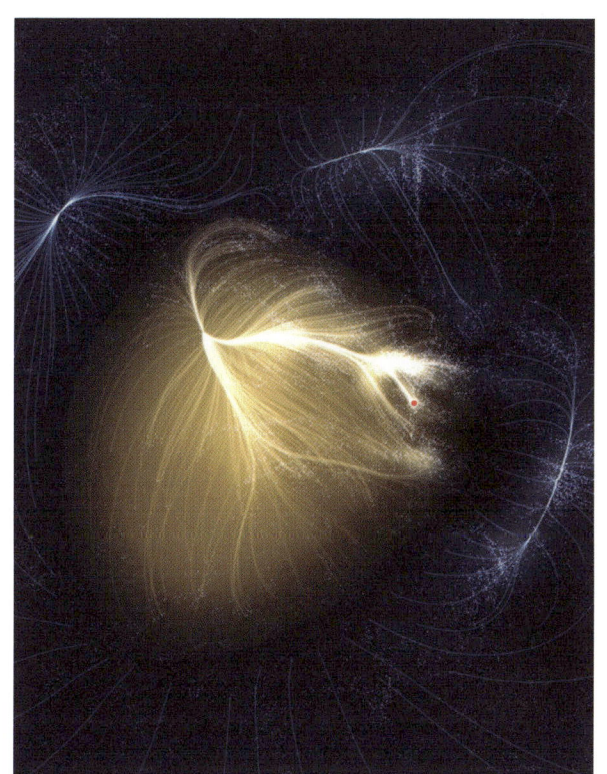

Map 40 라니아케아 초은하단: 작은 붉은 점으로 표시된 지점에 우리은하가 있다(292쪽 참조).

작동 원리를 밝혀주는 발견의 도구 역할도 한다는 사실을 깨닫고 있다.

이 책은 방대한 영역을 다룬다. 아득히 오래된 옛날부터 최근까지, 그리고 지구에서부터 우주 공간까지 여정을 이어간다. 독자들은 순서와 상관없이 어디에든 빠져들 수 있을 것이다. 각각의 지도에는 저마다의 이야기가 담겨 있기 때문이다.

이 책에 담긴 40개의 지도는 기존의 세계관을 흔들어놓는다. 어떤 지도는 우리 관점을 살짝 벗어나고, 어떤 지도는 기존 생각을 완전히 무너뜨릴 정도로 강렬한 충격을 주기도 한다. 한편, 이 책에는 지적인 자극뿐 아니라 감각적 즐거움도 가득하다. 내가 수집한 이 지도들은 상상력을 자극하고, 감각을 일깨우며, 보는 즐거움을 선사한다. 그 안에는 수많은 이야기와 중요한 정보도 담겨 있다. 무엇보다 지도 하나하나가 고유한 방식으로 독자 여러분에게 '즐거움의 대상'이 되었으면 하는 바람이다.

차례

서문 _4

Map 1 **9,000년 전의 마을 지도** _11
Map 2 **최초의 현대적 지도** _19
Map 3 **영국제도를 그린 가장 오래된 지도** _27
Map 4 **중국은 언제 처음으로 세계를 발견했을까?** _35
Map 5 **거꾸로 뒤집힌 세계, 신세계를 노리는 오스만제국** _43
Map 6 **아즈텍족 Vs. 식민지 권력** _49
Map 7 **일본인이 바라본 세계 사람들** _57
Map 8 **막대기와 조개로 만든 항해도** _63
Map 9 **흩어진 눈물방울, 낯선 세상 속으로** _71
Map 10 **아프리카가 식민지가 되지 않았다면** _77
Map 11 **한 제국이 차지한 방대한 영토** _87
Map 12 **미국을 접수한 독일계 시민** _93
Map 13 **알래스카는 누구 소유일까?** _99
Map 14 **아프리카에서 추진 중인 거대한 환경 프로젝트** _107
Map 15 **신흥 초강대국을 위한 새로운 지도** _115
Map 16 **모두 남쪽으로! 북적이는 남극대륙** _123
Map 17 **중국의 고속 혁명** _129
Map 18 **투명하게 드러나는 3차원 도시** _135
Map 19 **빅데이터를 위한 빅맵** _141
Map 20 **카멜레온을 닮은 구글맵** _149

Map 21 **여성친화적인 도시는 희망사항일까?** _157

Map 22 **도시를 장악한 자동차와 트럭의 소음** _163

Map 23 **해변 휴양지의 냄새를 담아낸 지도** _169

Map 24 **사랑의 게임** _177

Map 25 **방황하는 유령들: GPS의 예술** _185

Map 26 **한 번에 한 조각씩 인간의 뇌가 지도화된다** _193

Map 27 **춤추는 지리학: 벌이 그리는 지도** _201

Map 28 **우드 와이드 웹: 나무와 균류가 서로를 돕는 방법** _207

Map 29 **지구의 힘: 지진은 어떻게 지구의 숨겨진 부분을 드러내는가** _215

Map 30 **감자 행성: 중력 지도** _225

Map 31 **수직의 극단: 챌린저 해연에서 틸리초 호수까지** _231

Map 32 **바다는 하나다** _239

Map 33 **순다랜드: 바다 아래에 숨겨진 고대의 땅** _245

Map 34 **빙하가 사라진 세계 속 유럽** _253

Map 35 **뜨겁게 달궈지는 이베리아반도: 극심한 더위의 지도** _261

Map 36 **숨겨진 거대 호수** _267

Map 37 **올림푸스산과 화성의 새로운 지도** _273

Map 38 **태양을 가로지르는 여행** _279

Map 39 **토성의 위성 타이탄의 호수** _287

Map 40 **우리가 거주하는 새로운 공간: 라니아케아 초은하단** _293

참고자료 _298
찾아보기 _308
Picture Credits _318

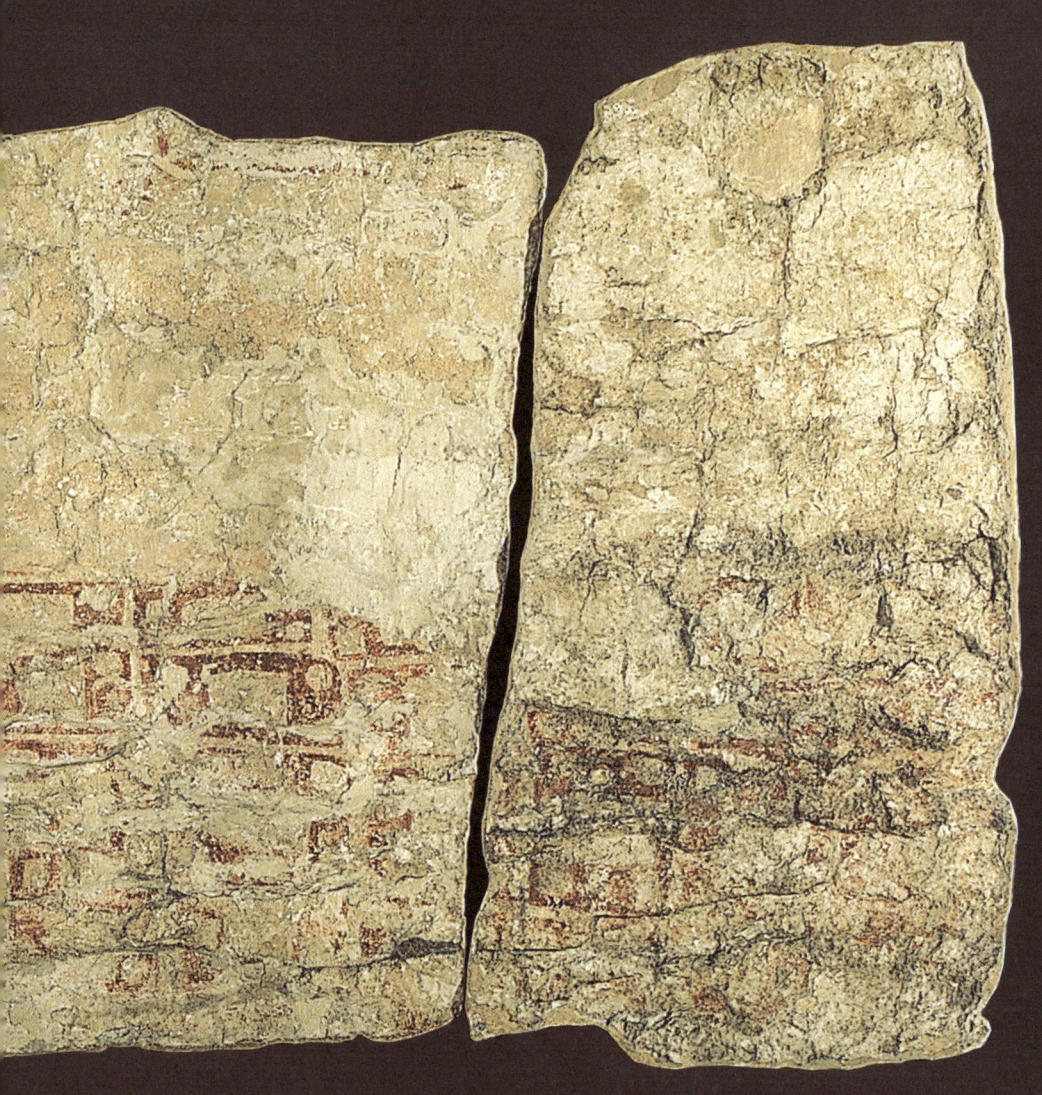

Map 1
9,000년 전의 마을 지도
차탈회위크의 벽화, 기원전 6000년경

이집트에 최초의 피라미드가 등장하기 4,000년 전, 튀르키예 남부에는 번화한 마을이 있었다. 부지런한 주민들은 진흙벽돌로 단출한 사각형의 집을 지어 내부를 꾸몄고 집 근처에 죽은 사람을 묻었다. 이곳 '차탈회위크(Çatalhöyük)'에는 최전성기에 약 7,000명이 살았다. 고대의 이 유적지는 두 개의 화산 봉우리로 이루어진 하산(Hasan)이라는 산에서 남쪽으로 대략 140킬로미터 떨어진 곳에 위치해 있다.

기다란 벽화 형식의 이 지도는 신석기 시대 초기의 대규모 정착지였던 차탈회위크 유적지에서 발견되었다. 벽화 왼쪽에 점이 찍힌 화산과 봉우리가 얼핏 보인다. 그 아래에는 차탈회위크 특유의 가옥 형태를 닮은 기하학적 문양이 빼곡히 들어차 있다.

이것은 인류 최초의 마을을 담은 첫 지도이자, 미래의 도시로 가는 선사시대의 이정표 같은 모습이라 강렬한 호기심을 불러일으킨다.

차탈회위크 유적지는 까마득한 과거의 흔적이지만, 그곳에 살았던 사람들에 대해 몇 가지 알 수 있는 단서가 남아 있다. 그들의 경제는 소와 양을 치는 목축과 농사에 기반을 두었던 듯하고, 집들은 다닥다닥 붙어 있었으며, 마을은 일종의 미로 같은 형태였다. 차탈회위크 유적지는 발굴이 채 10%도 진행되지 않았기 때문에 새로 찾아낼 것들이 곳곳에 산재해 있다. 최근에는 길이 처음 발견되었다. 그전까지만 해도 차탈회위크에는 길이 없으며 사람들이 이동할 수 있는 유일한 방법은 옥상을 오르내리는 것뿐이라고 여겼다. 그도 그럴 것이, 그곳 집에는 문이 없고 천장은 뚫려 있다. 집 밖으로 나갈 때는 사다리가 이용되었고, 편평한 옥상은 광장이나 공동 공간의 기능을 했다.

차탈회위크의 주민들은 부지런했던 것 같다. 그들의 공간은 깔끔했다. 집에서는 쓰레기가 거의 발견되지 않았고, 오물이나 쓰레기 처리를 위한 별도의 자리가 마련되어 있었다. 또 한 가지 밝혀진 사실은 그들이 죽은 자들과 가깝게 지냈다는 점이다. 그들은 죽은 이들을 자신의 생활 공간에 묻었고(집의 바닥과 침대, 화로 밑에서 유골이 발견되었다), 유골은 여러 집에 나누어졌다. 남겨진 유골의 분포 상태를 통해 여러 가구가 유골을 나눠 가졌음을 추측해볼 수 있다. 그들에게 종교가 있었는지, 신앙 체계가 어떠했는지는 알 수 없지만, 죽은 이들이 의례와 일상생활에서 실질적인 존재감을 지닌 중요한 역할을 했음을 짐작할 수 있다.

차탈회위크는 풀기 어려운 문제다. 9,000여 년의 세월이 흘렀지만, 그저 단순한 먼지와 돌무더기가 아니라 많은 의문점을 던진다. 특히, 사회적 위계가 없었다고 보이기에 더욱 궁금증이 생긴다. 그곳에는 권력자의 거처가 없고, 부유함을 대변하는 저택도 없으며, 왕과 왕비의 흔적도 드러나지 않는다. 주택도 죄다 고만고만하다. 이곳은 노동과 식량을 공유하는 공동 사회였다. 위계질서를 보여주는 명확한 흔적도 없다.

사회계층 측면에서만 그런 것도 아니다. 밝혀진 바에 의하면, 차탈회위크에는 성차별도 없었다. 이곳에서 발견된 가장 유명한 유물은 위풍당당한 모습의 여인상들인데, 풍만한 자태로 미루어 짐작건대 아마도 풍요와 관련이 있었을 것이다. 그중에서도 '차탈회위크의 여인 좌상'이 가장 잘 알려져 있다. 위엄이 느

차탈회위크의 여인 좌상

껴지는 이 풍만한 여인상은 두 마리의 암사자에 손을 얹고 있다. 이것은 곡물 창고에서 발견되었는데, 이를 단서로 풍작을 기원하는 의미가 담겨 있었으리라 추측해볼 수 있다.

여성 조각상이 남성 조각상보다 훨씬 더 많이 발견되었다는 사실을 근거로 차탈회위크가 모계사회였다고 결론짓는 학자들도 있다. 하지만 더 급진적인 설명도 가능해 보인다. 유골에서 찾아낸 증거에 의하면, 여성과 남성은 같은 양의 음식을 할당받았고, 외부 활동에 똑같은 시간을 할애하며 동일한 일을 했다. 그들은 함께 살았고 장례의식도 동일하게 치러졌다. 차탈회위크에서는 남성과 여성이 동등한 대우를 받았으리라는 단순하지만 심오한 결론에 이르게 된다.

다시 지도로 시선을 돌려보자. 더 정확히 말하면, "이건 지도가 아니다"라고 말하는 사람들에 대해 생각해볼 참이다. 지도에서 '집'의 형태로 보이는 부분을 보자. 이건 어떤 도시나 마을을 그리려 한 게 아니라, 표범 같은 동물 가죽을 표현한 것일 가능성이 높다는 의견이 있다. 또 다른 주장도 있다. 이것이 지도가 맞긴 하지만, 우리가 익히 아는 현대식 지도와는 전혀 다른 종류라는 것이다. 정확하거나 사실적인 지형을 보여주려는 용도가 아니라 상징적 의미를 담아낸 것으로, 오래전 잊힌 대지의 마법과 풍수적 전통을 가리킨다는 해석이다.

이런 주장들에는 나름의 근거가 있다. 하지만 이미지에는 하나 이상의 의미를 담을 수 있다. 이 지도 역시 한 가지가 아니라 여러 방식으로 이해되고 사용되었을 가능성이 있지 않을까? 시대와 세대를 거치면서 그 의미와 해석이 달라졌을 수도 있지 않을까?

 차탈회위크 유적지와 이 지도를 처음 발견한 영국의 고고학자 제임스 멜라트(James Mellaart)는 '그림의 변칙성과 불규칙한 모습'이 마을과 매우 흡사하다며 놀라워했다. 또한 그림에 굳이 산이 들어간 이유는, "그곳 주민이 도구와 무기, 장신구와 거울을 만들던 주재료인 흑요석의 주된 공급처"였기 때문이라고 주장했다. 이 부분은 그가 틀렸음이 확인되었다. 주민들이 흑요석을 사용한 건 맞지만, 화학 분석 결과 그곳에서 발굴된 흑요석은 380킬로미터나 떨어진 먼 곳에서 가져온 것이었다.

 멜라트는 신뢰성에 의혹을 남긴 채 2012년에 사망했다. 그는 자기 주장에 부합하지 않는 부분을 억지로 끼워 맞추는 나쁜 버릇이 있었고, 그래서 평판이 좋지 않았다. 어쨌든 멜라트는 차탈회위크를 처음 발견한 장본인이고, 그곳을 잘 알고 있었으며, 이 벽화가 '신석기 시대의 마을을 표현한 것'이라는 그의 결론은 제법 그럴듯할 뿐만 아니라 그림과 꽤 부합해 보인다.

 차탈회위크 발굴은 지금도 계속 진행 중이며 매년 새로운 발견이 이어지고 있다. 최근에는 새로운 동네를 찾아냈다. 더 파내다 보면 분명 이 벽화의 의미에 대한 새로운 통찰도 얻게 될 테고, 어쩌면 더 많은 지도도 출토될지 모른다. 발굴 책임자인 알리 우무트 튀르칸(Ali Umut Türkcan)은 "지금껏 밝혀낸 것은 이 유적지의 극히 일부에 지나지 않는다"고 강조한다. 튀르칸이 말했듯, 겹겹이 층을 이룬 이곳은 '도시 문명의 시작'을 보여주는 중요한 공간이다.

 그곳 주민들은 우리에게서 시간적으로 '굉장히' 멀리 떨어져 있다. 9,000년 전은 상상 이상의 머나먼 과거다. 그렇지만 청결한 집, 장신구 애호, 고인에 대한 애착, 계층의식 속에서 우리는 그들을 이해하고 우리 자신을 되돌아보게 된다.

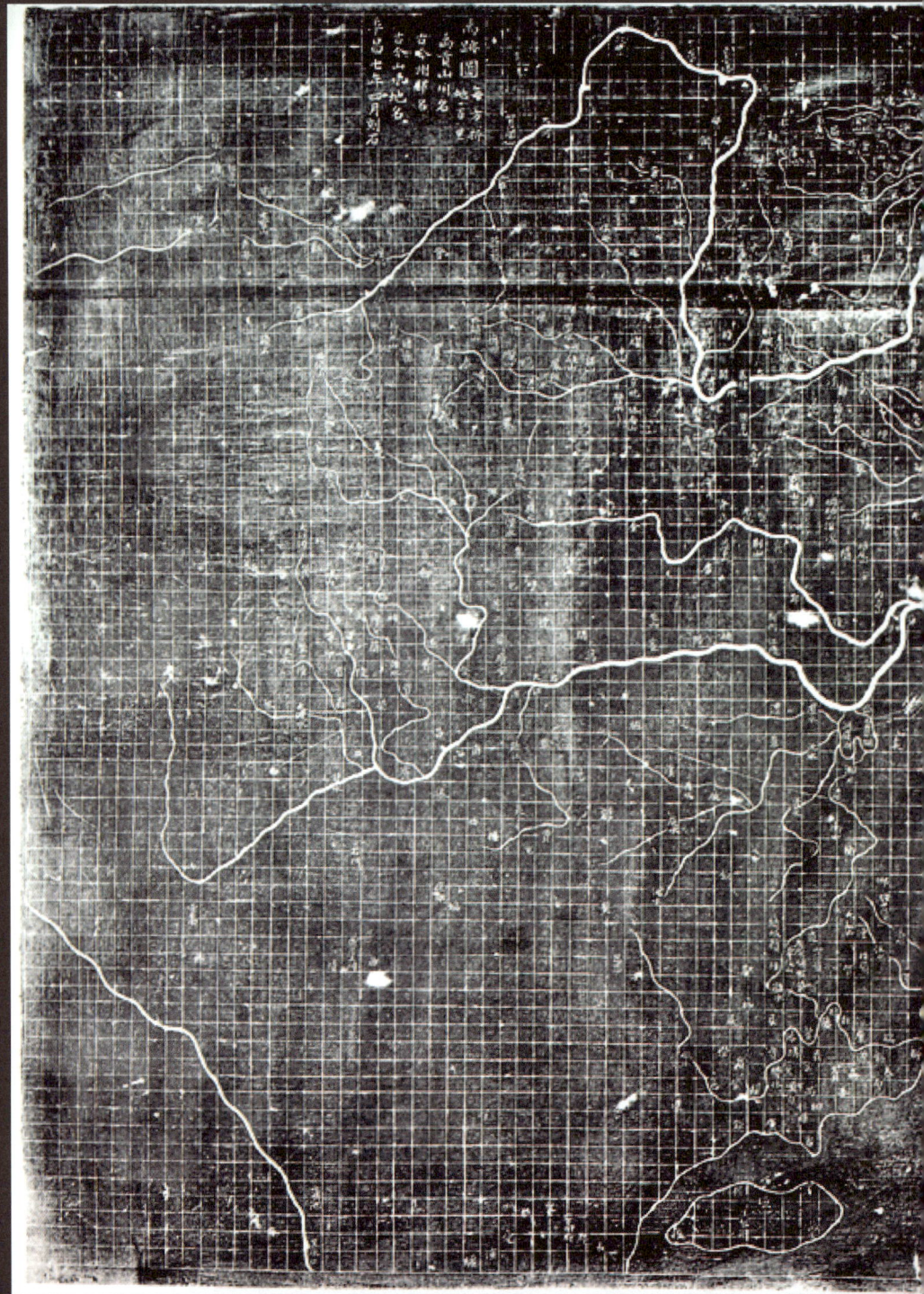

Map 2
최초의
현대적 지도
우왕의 행적도, 1137년

현대식 생활이 서양에서 시작되어 지구촌 전역의 '덜 세련된' 사람들에게 전파되었다고 생각하는 사람들에게 이 지도는 놀라움으로 다가올 것이다. 이것은 1137년 돌에 새겨진 지도로, 동서로 수천 킬로미터에 이르는 중국 땅을 담아낸 것이다. 100% 정확하지는 않다. 중국의 모든 강들을 지도에 포함시키려다 보니 북동부가 다소 왜곡되었다. 그럼에도 확실히 과학적 면모가 돋보이는 지도다.

지도를 보면 육지가 격자 모양의 작은 사각형들로 나뉘어 있고 (유럽의 지도 제작자들은 700년 뒤에야 이런 형식을 도입하기 시작했다), 관례나 어림짐작이 아니라 합리적인 방법론에 따라 마을과 해안선, 강이 표시되어 있다. 논리적 체계를 지향하는 이러한 열의와 노력에 힘입어 이 지도는 완벽히 현대적인 모습을 갖추고 있다.

앞의 지도를 보면 돌에 새겨진 상태로 보이지 않는다. 돌에 있는 지도를 본뜬 탁본이기 때문이다. 이 지도는 애초에 그런 의도로 설계되었다. 익명의 누군가가 지도를 새겨 넣은 돌판은 기념비 같은 게 아니라 인쇄판이다. 돌에 지도를 새긴 목적은 사본을 많이 만들 수 있도록 하기 위함이었다. 이 사본들은 멀리까지 광범위하게 전달되었다. 원본 지도가 새겨진 석판은 중국 시안에 위치한 비림박물관(Forest of Stone Steles Museum)에 소장되어 있다.

여기에서 살펴보려는 것은, 정교한 기술력이 돋보이는 지도가 아니라 인쇄 프로세스를 통한 잘 조직된 지식 보급 시스템이다. 중국에서 이 모든 일이 전개되는 동안 유럽의 지도들은 과학보다 동화에 더 가까웠다. 예루살렘이 어디쯤(대체로 지도 중앙) 있는지, 다양한 괴물들이 어디에 사는지는 알려주었지만, 국가와 강, 도시, 해안선의 형태와 위치를 안내하는 가이드로서는 무용지물이었다.

중국은 유럽보다 몇백 년 앞서 현대적인 지도 작법을 사용했다. 그리고 이 책에 실린 지도는 방대한 지역을 포괄한다. 흰색의 굵은 선은 황허강과 양쯔강이고, 지도 하단에는 남중국해에 위치한 '중국의 하와이' 하이난섬도 있다. 지도 전체에 지명이 빼곡히 적혀 있고 약 400개의 행정 구역과 70개의 산이 정확히 표시되어 있다. 하얀 덩어리로 표시된 5개의 호수도 있는데, 위치가 매우 정확해서 타이후호, 둥팅호, 포양호 등 어떤 호수를 나타낸 것인지 확실히 알아볼 수 있다.

이것은 도로가 아니라 강에 중점을 둔 지도로, 무려 80개의 강이 표시되어 있다. 지도를 가로지르는 하얀 물길들은 고대 중국 문명이 물을 기반으로 형성되었고 계곡을 따라 중심을 이루었다는 점을 잘 보여준다.

지도를 자세히 들여다보면 상단에 글자가 보인다. 여기에서 이 지도가 전설 속 한 인물을 기념하기 위한 것이라는 힌트를 얻을 수 있다. '우왕의 행적도(Map of the Tracks of Yu)'라고 적혀 있는데, 다시 말해 '우왕•(Yu the Great)'을 기리고자 제작된 지도라는 뜻이다.

'우왕'이 누구일까? 우왕은 역사가 기록되기 이전인 선사시대의 인물이다. 기원전 2000년에서 2200년 사이에 살았다고 전해지며, 중국 강들의 범람을 막는 데 큰 공을 세워 '홍수를 다스리는 왕'이라 불렸다. 구전 역사에서 우왕은 대홍수에 대해 이렇게 언급한다. "홍수가 하늘까지 덮쳐서 백성들이 당황해 어

•중국 최초의 세습 왕조로 알려진 하나라의 시조. 성공적인 치수 사업과 탁월한 정치 능력, 인덕을 두루 갖춰 백성들의 신망을 받았다고 전해진다. 중국에서는 주로 '대우 大禹'라고 불린다. _옮긴이

우왕, 마 린Ma Lin 작(1180~1256년경), 비단 두루마리

찌할 바를 몰랐다." 그는 곧장 실행에 돌입해 강에 제방을 쌓고 물길을 트고 하천을 준설했다. 그러고는 이렇게 천명했다. "9개 주 전역에서 물길을 뚫어 바다로 흘려보냈다."

우왕은 서민친화적 인물이었다고 전해진다. 일꾼들과 함께 먹고 잤으며 대업을 이루기 위해 손을 더럽혀가며 솔선수범했다고 한다. 초인적인 존재의 도움도 받았다고 하는데, 수로를 파는 용과 진흙을 나르는 거대 거북이 그의 명을 따랐다는 설이 있다.

우왕의 공로는 많은 찬사를 받았고 오랜 세월에 걸쳐 미화되었다. 이 지도가 제작될 당시 우왕은 민간에 전승되는 역사적 인물이었다. 오늘날에도 그는 주목받는 비범한 영웅으로 꼽힌다. 유럽에서는 19세기 말까지도 토목기술자에게 전설적 인물의 위상을 부여하는 일이 좀처럼 없었다. 중국인은 예로부터 혁신과 성실한 노동을 가치 있게 여겨왔으며 진보(국가 발전)가 필수적인 동시에 가능하다는 명확한 의식이 있었던 것 같다.

지도에 없는 것도 지도에 표시된 것 못지않게 중요한 의미를 지닐 수 있다. '우왕의 행적도'에는 수많은 격자와 호수와 강이 있지만, 지역을 나누는 경계선은 없다. 지도가 제작된 1137년 중국에는 지역의 경계, 그것도 꽤 많은 국경선이 있었다. 당시 중국은 1,000조각짜리 퍼즐처럼 수많은 왕국이 서로 경쟁하고 있었다. 이 지도가 제작된 시안이라는 도시도 지방 군벌이 다스리는 작은 왕국이었다. 그렇다면 어찌 된 일일까?

어쩌면 이 지도에는 일종의 희망사항도 담겨 있을지 모른다. 즉, 한자 및 유교 문화권에 해당하는 모든 땅을 본질적으로 통

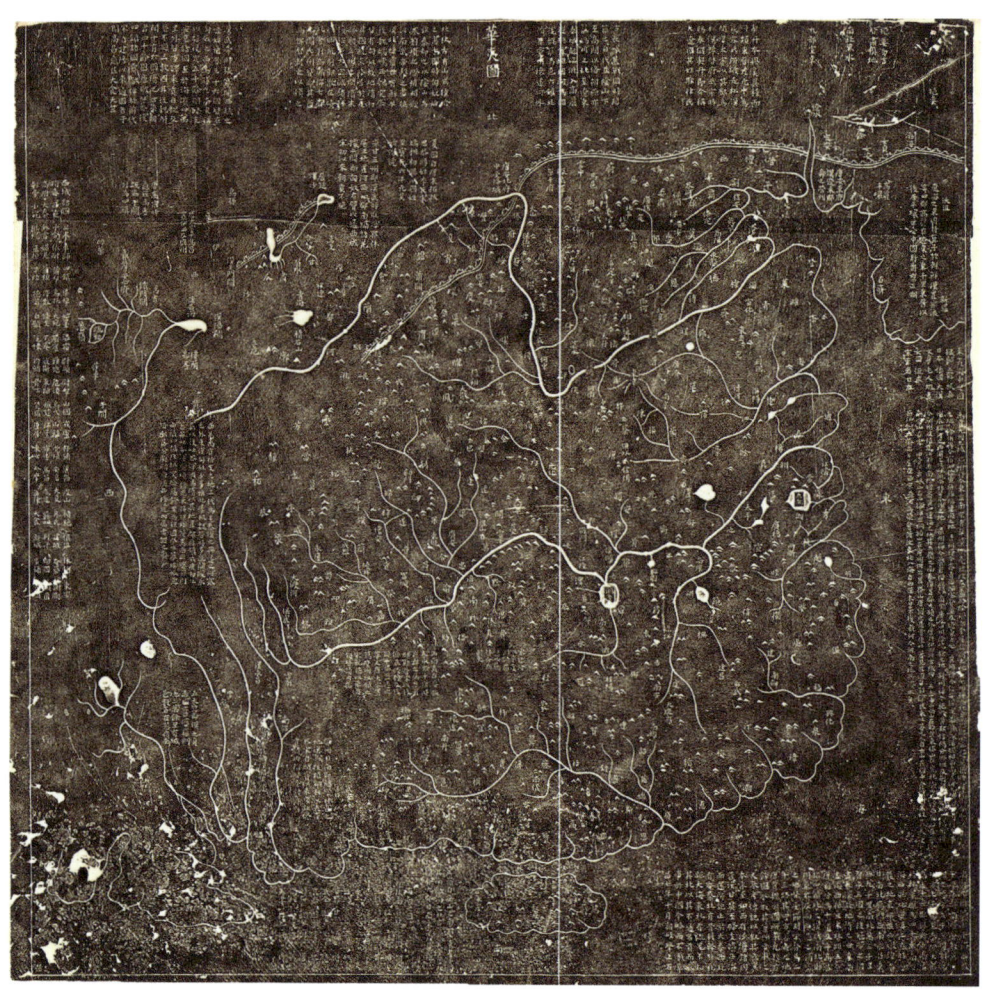

미국 의회도서관에 소장된 '중국과 이민족의 지도' 탁본

일하고자 하는 바람이 반영된 것일 수 있다. 이런 식으로 해석한다면, 이 지도는 실용적 성격 못지않게 문화적 성격도 강하다고 볼 수 있다. 즉, 어떤 깊은 차원에서 중국인은 결국 하나의 민족이라고 선언하는 셈이다. 석판의 뒷면에는 거의 같은 시기에 제작된 또 다른 지도가 있는데, 이것 역시 민족의 정체성에 대한 강한 의식을 드러낸다. 이 지도의 명칭은 '중국과 이민족의 지도'다. 이 지도에는 만리장성이 표시되어 있고 한반도와 일본 및 다른 '이민족'의 위치에 대한 간략한 설명이 나와 있다.

'우왕의 행적도'는 오랫동안 많은 역사가들의 관심을 받았다. 중국 과학사를 연구하는 영국의 역사학자 조셉 니덤(Joseph Needham)은 현대 문명의 많은 요소들이 서양에 도달하기 훨씬 전에 이미 중국에 뿌리를 내리고 있었음을 평생에 걸쳐 입증해 왔다. 니덤은 많은 것들에 관해 올바른 판단을 했으며, 이 지도에 대해서도 올바른 평가를 내렸다. "우왕의 행적도는 당시의 전 세계 문화권을 통틀어 가장 뛰어난 지도다."

Map 3

영국제도를 그린
가장 오래된 지도

프톨레마이오스의 '최초 유럽 지도', 1486년 독일 울름에서 발행

여기에 실린 지도는, 고대 그리스의 천문학자이자 수학자인 프톨레마이오스가 2세기에 그린 원본을 베껴 1486년에 제작된 사본이며, 영국제도를 담아낸 가장 오래된 지도 중 하나다. 프톨레마이오스와 15세기에 그의 지도를 모방한 지도 제작자들 사이의 기나긴 세월은 흥미로운 의문을 제기한다. 천년도 더 지난 낡디낡은 지도를 보고 '오! 제법 쓸모 있겠군' 하고 생각하는 모습을 상상할 수 있겠는가?

유럽에서 이 사본이 제작될 당시 고대인을 향한 동경은 이미 사그라들기 시작했다. 로마의 영광에 대한 경의는 차츰 옅어지고 유용한 지식은 경험에서 나온다는 생각이 대두하면서, 세계로 나가 스스로 새로운 것을 발견하는 등의 경험을 중시하게 되었다. 이탈리아 출신의 탐험가 크리스토퍼 콜럼버스의 항해를 기점으로 지형지물이 올바르게 표시된 정확한 지도에 대한 수요가 봇물 터지듯 급증했다. 특히 항해사들이 A에서 B로 이동하는 데 실질적인 도움이 될 만한 지도가 필요하던 차에 진귀한 보물처럼 부상했던 것이 바로 지리학에 대한 고대의 지식이었다.

이러한 필요에 부응해 15세기에 제작된 지도 중 프톨레마이오스가 이룬 성과를 넘어서는 것은 없었다. 우리 지도 역시 그런 많은 지도 중 하나다. 32쪽의 '프톨레마이오스 코스모그라피아(Ptolemy Cosmographia)'도 15세기에 프톨레마이오스의 세계지도를 그대로 재현한 사본으로, 독일의 지도 제작자인 니콜라우스 게르마누스(Nicolaus Germanus)가 1467년에 만든 것이다. 고대 로마의 지리학이 후대 사람들에게 깊은 인상을 준 데는 그럴 만한 충분한 이유가 있었다. 현대의 지도 제작 기술과 기법

이 전혀 없었는데도 불구하고 프톨레마이오스의 지도에 나와 있는 나라와 해안선은 곧바로 알아볼 수 있을 정도로 꽤 사실적이다.

프톨레마이오스의 업적은 누구나 인정할 만하지만, 한참 뒤 그의 지도를 그대로 베껴 사본을 만든 사람들에게도 같은 평가를 내릴 수 있을까? 아름다운 지도임에는 분명하지만, 이 지도들에서는 근대 이전 유럽의 무기력한 모습을 엿볼 수 있다. 당시 유럽은 문화와 과학의 발전을 적극 도모하기보다 기존에 있던 것을 잘 간수했다가 그대로 물려주던 관성이 오랫동안 지속되었다.

우리 지도에서 가장 먼저 눈에 띄는 것은 영국 상단부가 직각으로 꺾여 스코틀랜드가 동쪽으로 심하게 휘어졌다는 점이다. 이는 영국이라는 섬나라를 아는 사람이라면 누구나 명백히 알 수 있었을 법한 확연한 오류다. 프톨레마이오스가 지도 제작에 참고한 이전 자료에 그런 실수가 있었던 것 같고, 그것이 고스란히 후대에 전해진 것으로 보인다. 이런 이상한 부분을 제외하면 영국과 아일랜드는 익히 알고 있는 모습이다. 지도 왼쪽의 히베르니아(Hibernia, 아일랜드)를 보면 크기가 적절하고 오른쪽에 있는 영국과의 거리도 적당하다. 잉글랜드 남서쪽의 튀어나온 부분도 제자리에 있고, 서쪽으로 돌출된 웨일스 지역도 아일랜드 오른쪽 바로 아래에 적절하게 배치되어 있다.

1486년에 제작된 이 지도에는 프톨레마이오스 지도의 지명 중 일부가 빠져 있고, 15세기 또는 현대 지명과 일치하는 것이 많지 않다. 브리튼섬 하단의 중간쯤에 있는 '론디누(londinu)'가 현재의 어디에 해당하는지는 알아볼 수 있을 텐데, 아마도 런던일 것이다. 그리고 브리튼섬에는 '앨비언섬(Albion Insula)'이라고 표기되어 있다.

좀 더 쉽게 알아볼 수 있는 지역도 있다. 아일랜드 남동쪽 해안 부근의 노란색으로 표시된 섬에 '모나(Mona)'라고 적혀 있다. 이곳은 앵글시로, 로마인들은 '모나'라고 불렀다. 웨일스인들은 이 명칭을 그대로 이어받았다. 오늘날까지 앵글시는 웨일스어로 '모나섬(Ynys Mon)'이라고 불린다.

잉글랜드 동쪽 구석에는 위치가 애매해 보이는 섬이 있다. 빨간색으로 표시된 '코우누스(Counus)'라는 섬이다. 여기에 약간 의문이 든다. 이곳이 오늘날 잉글랜드 남동부의 '캔비아일랜드(Canvey Island)'에 해당하는 곳일까? 엘리자베스 시대(16~17세기)의 지리학자 윌리엄 캠던(William Camden)은 그렇게 생각했고 '프톨레마이오스가 그렇게 언급한 바 있다'고 주장했다. 그럴 수도 있지만, 내 생각엔 아닌 것 같다. 현재 캔비아일랜드는 사실상 섬이 아니며, 고대 왕국 켄트(Kent)의 해안 지역이자 로마인들도 잘 알았던 곳이다. 그렇다면 '코우누스'는 무엇일까? 영국 해협에서는 섬이 새로 나타나기도 하고 사라지기도 한다. 어쩌면 코우누스는 지금은 사라져버린 섬의 과거 모습일 수 있다.

모든 섬의 위치가 잘못된 건 아니다. 잉글랜드 남쪽 해안 부근의 빨간색이 칠해진 또 다른 섬은 '와이트섬(Isle of Wight)'이라는 것을 쉽게 알아볼 수 있다. 우리 지도에는 'Occes'라고 적혀 있는데, 이는 아마도 그곳에 살던 부족의 이름인 듯하다.

지도에 표기된 지명 중 다수는 로마의 주둔지였다. 다시, 날

카로운 질문을 해보자. 15세기 지도 제작자들은 굳이 왜 고대의 명칭을 그대로 남겨둔 것일까? 고대 지도에 표기된 영국과 아일랜드의 지명이 15세기 당시 어디에 해당하는지 알아내는 일은 어렵지 않았을 것이다. 고대 로마인들이 세상의 끝자락이자 최후의 장소라며 낭만적으로 여겼던 전설 속 툴레섬이 말 그대로 전설에 불과하다는 사실을 15세기 사람들은 잘 알고 있었다. 하지만 우리 지도를 보면 오른쪽 맨 위에 툴레섬이 있다. 과거 혹은 고전에 대한 무비판적인 공경은 고지식한 지리학으로 이어지게 마련이다.

히베르니아(아일랜드)를 다시 살펴봐도 꽤 많은 의문이 남는다. 여기에도 지명이 많이 적혀 있지만 지금의 도시와 어떤 연관이 있는지 분명치 않다. 실마리를 풀 수 있는 곳이 하나 있는데 바로 '에블라나(Eblana)'다. 히베르니아섬 동쪽 해안 중간쯤에 오늘날 더블린이 있는 위치와 대략 일치하는 곳이다. 2,000년의 역사를 지녔다는 더블린의 주장은 이 지도에 근거를 두고 있다. 일부 역사가들은 에블라나-더블린 주장에 찬물을 끼얹는다. 바이킹이 들어오기 이전에 더블린에 사람이 살았음을 보여주는 흔적이 남아 있지 않다는 것이다. 하지만 이것이 결정타가 될 수 있을까? 프톨레마이오스의 지도에 표기된 지명 중에는 대단위 지역이 없다. 모두 작은 마을과 로마 주둔지였고, 그 위치도 주먹구구식이었다. 로마의 성벽과 빌라를 제외하면 남아 있는 곳도 거의 없다. 아일랜드가 로마에 정복된 적이 한 번도 없었다는 사실을 상기해보자. 에블라나는 더블린이 맞을 것이다.

이 지도에는 훨씬 더 흥미를 돋우는 부분이 있다. 스코틀랜

프톨레마이오스 코스모그라피아, 니콜라우스 게르마누스 제작, 1467년

드 중앙의 녹색 타원형이다. 분명 거대한 숲인 듯한데, '칼레돈(Caledon)'이라고 적혀 있다. 추측에 의하면, 프톨레마이오스는 지도 제작 과정에서 로마제국이 영국의 상단부를 정복하지 못한 이유를 찾지 못했고 결국 해당 지역을 이렇게 처리했던 것으로 여겨진다. 스코틀랜드의 사라진 '거대한 숲'은 지금도 그 명맥이 이어지고 있는데, 이는 이 지도의 영향력을 확인할 수 있는 하나의 사례라 할 수 있다. 스코틀랜드의 작가 짐 크럼리(Jim Crumley)는 자신의 저서 《거대한 숲(The Great Wood)》에서 이 전설을 파헤친다. 그가 내린 결론은, 로마인들이 영국 북부에 사는 사람들의 야만성을 보여주려는 과정에서 오히려 '이 숲이 유명세를 얻게 되었다'는 것이다. 이 지도는 여행자들의 이야기와 소문, 추측을 바탕으로 만들어졌다. 또한 이 지도를 바탕으로 수백 년 동안 수많은 허구와 진실이 풍문으로 나돌곤 한다.

Map 4
중국은 언제 처음으로 세계를 발견했을까?

'이민족을 표시한 세계 지도', 1418(?)

역사적 사건의 시간 순서가 뒤바뀐다. 콜럼버스가 바하마의 모래 해변에 첫발을 내딛기 전, 중국인은 그보다 70년 이상 앞선 시점에 아메리카 대륙은 물론 전 세계의 상당 부분을 지도에 담아냈다. 그야말로 놀라운 이야기다.

'1418년 지도'라고만 알려진 이 지도는 2001년에 우연히 발견되었다. 중국의 아마추어 역사가 리우강(Liu Gang)이 상하이의 한 골동품 매매상 창고를 뒤지던 도중 낡은 갈색 두루마리에 그려진 지도를 발견하고 500달러에 사들였다.

2016년 이 지도는 국제사회에 대대적으로 공개되었다. 베이징과 런던에서 실물이 공개되고 전 세계 신문에 실리면서 이 지도에 세계적 관심이 쏠렸다. 영국의 시사 주간지 〈이코노미스트〉는 게임체인저(game-changer)의 등장 소식을 전했다. "전 세계 그리고 모든 대륙은 중국의 해군 제독에 의해 처음 발견되었다." 그리고 좀 더 나아가 이런 논평도 내놓았다. "이 정도까지 세계 지리를 꿰고 있었음에도 중국인들은 정치적으로든 상업적으로든 그런 발견을 적극 이용하지 않았다."

좀 더 자세히 살펴보자. 지도에 딸린 간략한 설명에 의하면, 이것은 원본을 재현한 복제판이고 '모이통(Mo Yi Tong)'이 그렸다. '이민족들의 위치를 나타내기 위해 영락제 때(1418년) 제작한 세계 지도를 그대로 모방해 건륭제 때(1763년) 만듦'이라고 적혀 있고, '세계 전체를 그린 전도(全圖)'라고 천명하고 있다.

말 그대로 이 지도에는 전 세계가 담겨 있다. 아시아, 아프리카, 유럽의 형태는 단번에 알아볼 수 있다. 북아메리카는 마치 공기가 주입된 듯 부풀어 있지만, 대륙의 북부와 남부는 대체로 올바른 위치에 놓여 있다. 이런 해안선을 그리려면 전 세계 바다를 누비고 다녔어야 했을 것이다. 더 놀라운 건, 중앙에서 약간 오른쪽에 커다란 섬인 호주가 있고, 맨 아래에는 남극대륙도 빼꼼히 자리 잡고 있다는 점이다.

또 무엇을 볼 수 있을까? 많은 글자가 적혀 있다. 아프리카 대륙 하단에는 이렇게 쓰여 있다. '이곳 사람들은 마치 피부에 검은 칠을 한 것 같다. 치아가 하얗고, 입술이 붉고, 머리카락은 고불거린다.' 북아메리카에 대해서는 이렇게 적었다. '여기에는 부족과 족장이 천 개가 넘는다.' 남아메리카에는 '인간을 제물로 바치고 사람들이 불을 숭배한다'라고 적혀 있다. 중국은 '천하제일의 나라'라며 특별히 취급한다.

다소 논란의 여지가 있는 평가이지만, 내용이 풍부하고 모두 종합해보면 일종의 간략한 세계 조사라 할 만하다.

'1418년 지도'와 관련해 가장 인상적인 점은 아마도 그 유래일 것이다. 이 지도는 중국의 전설적 탐험가 정화(鄭和)의 항해를 통해 발견한 것들을 담아냈다고 말한다. 정화는 1371년에 태어났으며, 오늘날 중국의 많은 도시에서는 용감무쌍하고 다부진 풍채로 우뚝 서 있는 그의 동상을 볼 수 있다. 이 동상들은 모두 근래에 세워진 것이다. 중국이 자체적으로 새롭게 정립한 이미지, 즉 진취적이고 건장한 글로벌 플레이어의 모습을 상징하는 주요 인물이기 때문이다. 정화는 종종 환관으로 소개되기도 하는데, 11세 때 고향을 침략한 명나라에 포로로 잡혀가 거세를 당하고 황궁에서 일했기 때문이다. 소년 시절 이런 충격적이고 끔찍한 일을 당했음에도 그의 야망은 꺾이지 않았다. 정화는 능력을 인정받아 빠르게 진급했고 외교관과 선원을 거쳐 마침내 대규모 함대를 이끄는 지휘관이 되었다.

정화의 '보물선들'은 1405년부터 1435년까지 바다를 누비고 다녔으며, 함대의 규모도 엄청나서 1차 원정 당시 배 317척과 선원 2만 8,000명가량을 거느렸다. '1418년 지도'가 공개되기 전에도 정화가 고향에서 수천 마일 떨어진 곳까지 원정을 나갔었다는 사실은 잘 알려져 있었다. 그는 동남아시아 전역을 항해했고 이어서 인도, 아라비아, 아프리카의 뿔(Horn of Africa, 아프리카 북동부)까지 나아갔다. 이 항해는 사실상 정복이 아닌 무역을 위한 것이었다. 그는 상아와 타조, 얼룩말, 낙타, 기린 등 사치품과 진귀한 것들을 황실로 보내고 그 대가로 금, 은, 도자기, 비단을 받았다.

정화의 함대는 '스타래프트(Star Raft)'라 불렸고, 그의 업적은 오래전부터 지도 제작에 큰 영향을 미쳤다. 아시아 대륙과 아프리카의 동부 해안을 담은 정화의 해도(海圖)는 상세하고 제법 그럴듯했다. '1418년 지도'는 맨땅에서 솟아난 게 아니었다. 이상할 만큼 급격히 발전된 형태이지만, 이 지도는 세계 최고의 선장이 거둔 성과와 이미 검증된 역사의 연장선상에 있다.

이것은 사람들이 보고 싶어 하는 지도이기도 했다. 너무나 오랫동안 세계사는 유럽 중심으로 전개되었다. 오늘날 이런 식의 접근은 먹혀들지 않는다. 이 지도보다 더 설득력 있는 증거가 어디 있겠는가! '1418년 지도'는 세간의 이목을 사로잡았고

중국에 조공으로 바친 기린, 16세기, 걸이형 족자

기쁨을 안겨주었다.

그런데 사실 이 지도는 여전히 논쟁과 논란의 대상이다. 나는 그 사이에서 아슬아슬한 줄타기를 할 생각이 없다. '1418년 지도'는 가짜다. 지도를 좀 더 회의적으로 살펴보기로 하자. 우선, 동시대에 제작된 중국의 지도 중 이 지도와 닮은 것이 전혀 없고, 지도 제작에 필수적이었을 전 세계에 이르는 광범위한 항해 기록도 전무하다는 점을 주목할 필요가 있다.

지도 중앙에서 약간 왼쪽에 위치한 중국 부분도 이상하다. 중국의 지도 제작 전문가가 만든 것 치고는 마치 급조한 듯 어설프게 묘사되어 있기 때문이다. 더 심각한 문제도 있다. 지도의 설명문 중 하나에는 히말라야가 세계에서 가장 높은 산이라고 적혀 있다. 그렇다면 전 세계 해안뿐만 아니라 산까지 모조리 조사하고 측정했다는 말인가? 1418년에?

지도 연구를 전문으로 하는 역사가들은 '1418년 지도'에 대해 혹평을 내놓았다. 싱가포르 국립대학의 지도 전문가 제프 웨이드(Geoff Wade)는 "이 지도는 지난 50년 이내에 만들어진 것으로 보인다. 지난 5년 사이에 제작되었을 가능성도 매우 높다"고 단언했다.

'1418년 지도'는 세계적 관심을 끌어모았다. 너무나 많은 사람이 진짜이기를 바랐기 때문이다. 이 지도가 암시하는 역사적 현실은, 중국이 다시 세계 무대에 등장했고 큰 반향을 일으키고 있으며, 그 부상과 우위를 입증하는 온갖 증거들이 발견되고 있다는 점이다. 그러나 역설적이게도 '1418년 지도'는 엄연한 사실을 오히려 모호하게 만든다. 중국이 세계에서 가장 인상적인 고대의 지도 제작 전통을 가진 나라이며 정화의 발견이 실제로 세계사의 흐름을 바꾼 중대한 사건이었다는 사실을 흐려 놓는다. 이러한 진실을 간과하는 경향은 여전히 널리 퍼져 있으며, 그 결과 중국의 역사를 과장하거나 유럽의 역사처럼 흉내 내야만 역사적 균형이 맞을 거라는 불편한 인식마저 싹트고 있다. 중국은 '유럽 2.0'이 아니다. 중국의 역사는 유럽보다 열등하지도, 우월하지도 않다. 단지 '다를' 뿐이다.

Map 5
거꾸로 뒤집힌 세계, 신세계를 노리는 오스만제국

《서인도제도의 역사》 속 세계 지도, 1580년대

돛을 한껏 부풀린 탐험선들이 아메리카, 아프리카, 아시아 대륙 주변을 맴돌고 있다. 쉽게 알아볼 수 있는 그림이지만 뭔가 이상하다. 위아래가 뒤집혀 있기 때문이다. 지도를 거꾸로 놓으면 익숙한 모습이 보인다. 지중해 주변과 중동 지역은 꽤 정확한데, 이는 지도가 제작된 지역에 대한 단서를 제공해준다. 그런데 북아메리카의 형태가 이상하고, 하단 중앙에는 대서양을 가로질러 뻗어 있는 이상한 땅덩어리가 있다.

지도 맨 위에 남극대륙처럼 보이는 것이 있다. 아직 발견되지 않은 채 전설로 전해지는 남쪽 대륙이자 훗날 호주로 명명된 곳일 확률이 높다.

어찌 된 일일까? 그리고 이 지도는 왜 '거꾸로' 뒤집혀 있을까? 이 지도를 제작한 사람들은 우리가 '옳은' 방향이라고 생각하는 지도에 대해 똑같은 질문을 던졌을지도 모른다. 세계에는 양극단이 있지만, 둘 다 위나 아래가 될 수 있고 '북'과 '남'이라 칭할 수 있다. 1580년대에 콘스탄티노플(훗날 이스탄불로 개명된 도시)에서 제작된 이 지도에서 상정한 지도의 방향은 사실상 틀린 게 아니라 그저 다를 뿐이다.

이 지도는 오스만제국의 전성기에 만들어졌다. 오스만제국은 방대한 왕국이었다. 제국의 수도 콘스탄티노플은 튀르키예 전역은 물론 아프리카 북부와 동부 대부분, 아시아와 유럽 및 중동의 상당 부분을 통치했다. 하지만 이것은 과거의 영광을 돌아보려는 지도가 아니다. 이 지도가 실린 책을 보면 지도의 의도가 분명히 드러난다.《서인도제도의 역사(Tarih-i Hind-i Garbi)》라는 도서로, 이 책은 당시 '신세계'였던 아메리카 대륙에서 얻을 수 있는 부에 대해 논하고 있다.

오스만제국은 거대한 영토를 거느렸지만 지배층 일부에서는 더 많은 것을 원하는 목소리가 새어 나왔다. '신세계' 아메리카에 대한 정보가 속속 황궁에 도달하고 있었고, 이는 구미를 돋우는 동시에 껄끄럽기도 했을 것이다. 신세계는 무방비 상태의 정복하기 딱 좋은 땅이었지만, 기독교 국가의 제국 건설자들에게 마구 집어먹히고 있었다. 이 지도는 단순한 지형도가 아니라, 스페인과 포르투갈이 제멋대로 차지하는 금과 땅의 지분을 확보하겠다는 의도의 표명이자 경각심의 발로라고 할 수 있다.

이슬람 국가 출신의 지리학자들은 서양인들이 남쪽이라고 생각하는 곳을 맨 위에 두고 세계 지도를 그리는 오랜 전통을 가지고 있었다. 이러한 '거꾸로 된' 지도의 초기 버전 중 다수는 메카를 세상의 중심에 두었다. 유럽인들이 처음에는 예루살렘을, 그리고 나중에는 유럽을 중앙 무대에 두는 것이 타당하다고 생각했던 것과 동일한 논리로 오스만제국과 아랍, 이란의 지리학자들도 지도를 그릴 때 이슬람 국가를 세계의 중심으로 상정했다.

이 지도는 낡은 공식을 따르고 있었다. 하지만 세상은 변하고 있었고, 오래된 공식은 먹혀들지 않았다. 오스만제국이 정점에 이른 시점에도 이미 세계의 패권은 멀리 떨어진 해안 쪽으로 이동하고 있었다. 《서인도제도의 역사》는 이런 낯설고 새로운 땅에 대한 관심과 호기심을 잘 보여준다. 이 책은 주로 이탈리아의 자료에 기반한 온갖 삽화와 이야기들로 가득 차 있다.

책에 수록된 그림 중에는 코코넛, 구아바, 선인장, 바나나 나무를 비롯해 코끼리, 아르마딜로, 들소, 펠리컨, 재규어 등이 있다. 나체 여성이 열매처럼 매달린 나무 같은 좀 더 공상적인 이미지도 있다. 또한 오스만제국이 아쉽게 흘려 보낸 보물을 묘사한 부분도 있는데, 일테면 볼리비아의 포토시(Potosi) 마을 같은 곳이다. 마을 뒤에는 귀한 은이 가득한 푸른 산이 우뚝 솟아 있다. 산에서 흘러나오는 검은색 물줄기는 광석을 세척하는 용도로 쓰였다. 그림의 제일 앞쪽에는 상인들이 있다. 많은 광산을 보유한 제국에게 이것은 어마어마하지만 멀리 떨어진 감질나는 그림이었다. 미상의 이 저자는 다른 책에서 "10디르헴의 가치가 있는 금덩이가 흔하고 때로는 오렌지만 한 금덩이가 발견되기도 한다"라며 금광에 군침을 흘린다.

오스만제국의 권위의 핵심은 모든 게 이슬람을 위한 일이라는 주장이었다. 제국의 통치자들은 단순히 술탄이 아니라 예언자 무함마드의 계승자인 칼리프이기도 했다. 북미와 남미를 정복한 유럽인들이 기독교의 권능을 앞세워 그 지역에 대한 권리와 의무를 부여받았다고 주장했던 것과 마찬가지로, 《서인도제도의 역사》의 저자는 잘못된 길로 인도되고 있는 이 지역에 이슬람을 시급히 전파해야 할 필요성을 강조한다. 훗날

《서인도제도의 역사》(1600년경)에 수록된 볼리비아의 은광

히스파니올라(현재 아이티와 도미니카공화국이 공유하고 있다)로 확인된 카리브해의 한 섬에 대해서는 '모든 사람이 저주받은 악마를 숭배하고 악마의 모습을 형상화한 상징을 만든다'라고 설명한다. 그리고 유럽 침략자들의 잔인성을 언급하며 오스만제국의 개입을 호소한다.

스페인은 20년 만에 섬 전체를 정복하고 4만 명 이상을 노예로 삼았으며, 수십만 명이 칼에 희생되었다. 신께 바라건대, 고귀한 혈통의 이슬람 영웅들이 이 땅을 정복하고 이슬람 의식으로 가득 채워서 오스만제국의 다른 땅들에 통합시키는 날이 오기를 우리는 늘 소망한다.

그런 일은 일어나지 않았다. 아메리카 대륙은 '이슬람 영웅들에게 정복되지' 않았다. 술탄은 왜 행동에 나서지 않았을까? 아마도 제국의 규모가 충분하다고 생각했거나, 떠오르는 서방 강대국들과 충돌을 빚기보다 동쪽과 남쪽으로 영토를 확장하는 것이 더 타당하다고 생각했을 것이다.

어쨌든 이 지도는 세계 역사의 또 다른 경로를 촉구하는 움직임이 있었음을 말해준다. 그 길은 채택되지 않았다. 만일 그 길로 갔다면 세계는 지금과 사뭇 다른 모습이었을 것이다. 어쩌면 브라질이나 미국에 사는 사람들이 튀르키예어를 사용하게 되었을지도 모른다. 지도의 방향을 비롯해 여러 측면에서 현재 우리가 익숙하게 여기는 방향이 지금과는 달랐을 수도 있다.

matlactlixiui / tonatoati tlastouani quetzalecatzin
quihgual togu... tlalli ma cerwalli ypiltzin
dotos sanetos... no mo tenera ecatepe
juan Sitzili

Map 6
아즈텍족 Vs. 식민지 권력

케찰레카친 고문서 Codex Quetzalecatzin, 1593년

붉은 망토를 걸친 케찰레카친(Quetzalecatzin) 경이 재규어 가죽 위에 앉아 있고, 그 뒤에 아내가 무릎을 꿇고 있다. 이 그림은 땅의 소유권을 나타낸 지도 일부를 확대한 것이다. 51쪽에 실린 전체 지도를 보면, 케찰레카친의 남자 후손들이 아래로 층층이 줄을 이루고 그들 뒤로 아내가 앉아 있다. 이 후손들(더 자세하게는 살아있는 마지막 후손들)은 자신의 권리를 주장하기 위해 이 지도를 사용했다. "이 땅은 나의 것이다"라는 주장의 증명서였던 셈이다.

우리는 멕시코에 있다. 이것은 멕시코의 푸에블라(Puebla)와 오악사카(Oaxaca) 지역의 일부를 나타낸 지도다. 여기에는 해당 공간뿐만 아니라 시간의 흐름도 기록되어 있다. 이것은 15세기 케찰레카친의 시기부터 이 지도가 그려진 1593년까지, 스페인이 침략하기 이전부터 대대손손 이어져 내려온 땅 소유권을 나타낸 일종의 가계도이기도 하다.

이 지도에는 아즈텍 특유의 그림과 상징이 가득하며, 상형문자와 여러 형태의 나우아틀어가 적혀 있다. 나우아틀어는 아즈텍의 공용어였고, 지금도 약 170만 명이 이 언어를 사용한다. 지도를 보면 사람과 강, 도로와 길이 모두 아즈텍 양식이고, 시간(지도의 원과 점은 기간을 나타낸다)과 공간(이 지도는 실제 지형을 보여준다)을 동시에 표시한 형식도 전형적인 아즈텍 스타일이다.

수백 년의 세월이 흘러 색이 바래긴 했지만, 이것은 한때 눈부시게 하얗던 양피지 문서였다. 색깔을 입히는 데는 천연염료를 이용했다. 예를 들어 파란색은 쪽(indigo plant)의 잎에서 얻었고, 케찰레카친이 걸친 망토의 빨간색은 코치닐(cochineal)로 만들었다. 코치닐은 선인장에 사는 작은 벌레로, 말려서 으깨면 선명한 붉은색을 낸다. 스페인이 멕시코를 정복한 이후 코치닐

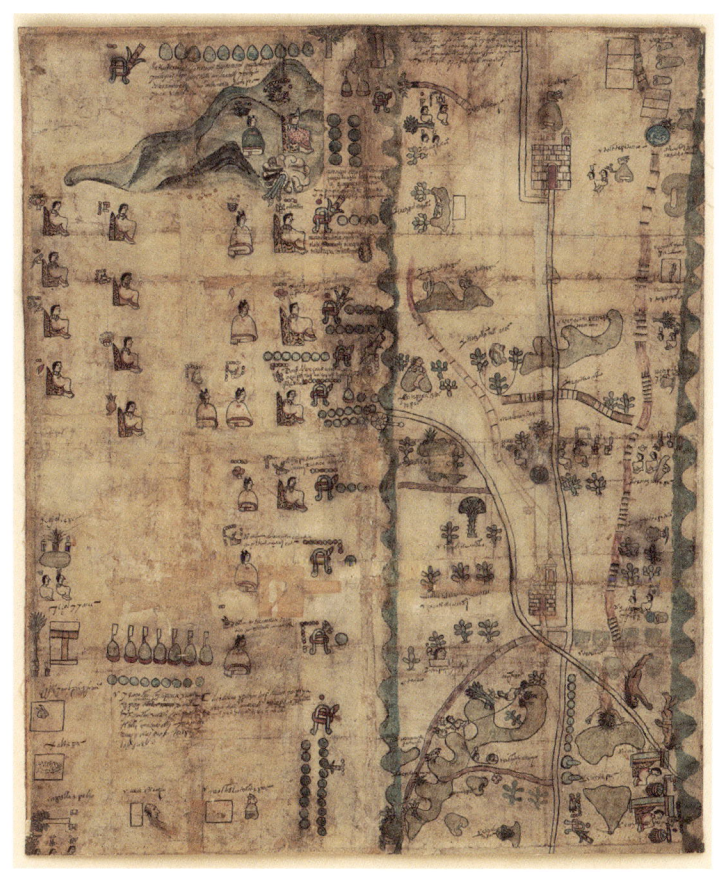

케찰레카친 문서(전체), 1593년

은 전 세계적으로 거래되는 상품이 되었으며, 영국 군인의 붉은 코트와 가톨릭 성직자의 망토 등을 염색하는 데 쓰였다.

 하지만 이것은 단지 아즈텍만의 지도가 아니라 식민지의 지도이기도 하다. 이 지도가 살아남아 지금까지 존재하는 이유는, 스페인 측이 조사하고자 하는 내역, 즉 누가 무엇을 소유하고 있는지를 보여주는 원천 자료였기 때문이다. 이것은 '케찰레카친 문서'라 불리기는 하지만 단순한 토착민 문서가 아니며, 문서에 담긴 땅 소유권은 엄연한 사실이라기보다 새로운 주인을 자청하는 침입자들을 향한 항변이라 볼 수 있다.

'케찰레카친 문서'라는 명칭은 최근 명명된 것으로, 해당 가문의 이름이 '케찰레카친'이 아니라 스페인 식으로 개명한 '드레옹(de Leon)'이라는 사실을 가려버린다. 지도 주변에 적힌 주석에 의하면 다른 특권 가문도 같은 변화를 거쳤음을 알 수 있다. 주석을 보면 '돈 알론소스(don Alonsos)'와 '돈 마테오스(don Matheos)'가 있다. 당시 토착 특권층 사이에서 스페인의 존칭인 '돈(don)'이 유행했던 것 같고, 이 가문들은 지도의 다른 곳에 표시된 교회 중 하나에서 세례를 받았을 것이다. 지도에 적힌 글자 중에는 아즈텍의 상형문자도 있지만 나우아틀어의 상당수가 라틴어로 표기돼 있고 스페인어도 꽤 많다.

그럼, 과연 이것이 무엇일까? 복합적이고, 과도기적이며, 중요한 무언가다. '케찰레카친 문서'는 아메리카 역사에서 가장 중요한 지도 중 하나다. 토착민 또는 식민지의 지도라서가 아니라, 이 지역의 변천사와 '메스티소(mestozo)' 사회의 탄생을 알려주기 때문이다.

'케찰레카친 문서'와 식민 지배 이전 멕시코의 같은 지역을 그린 지도를 비교해보면 차이가 확연히 드러난다. 수많은 책과 문서, 예술작품과 더불어 식민지배 이전에 제작된 거의 모든 지도는 침략자들과 그들을 추종하는 세력에 의해 훼손되었다. 악령이 깃들었다고 몰려 죄다 불태워지고 말았다. 간신히 살아남은 것은 극소수에 불과하다. 그중 가장 중요한 것으로 꼽히는 것이 다음 페이지에 실린 아포알라 계곡(Apoala Valley)의 지도 '너틀 문서(Codex Nuttall)'다.

'너틀 문서'는 지도처럼 보이지 않는다. 오늘날 우리가 생각하는 지도의 생김새는 있는 그대로를 직접적으로 나타낸 형태다. 우리는 위에서 바라본 실물의 축소판을 지도라고 여긴다. 하지만 그 시절 그곳에 사는 사람들의 생각은 달랐다. 그들에게도 우리가 '적절한 지도'라고 생각할 법한 지형도가 있었다. 지금은 모두 사라졌지만, 정복자들의 기록을 보면 그 존재를 분명히 알 수 있다. 정복자 에르난 코르테스(Hernán Cortes)와 베르날 디아스 델 카스티요(Bernal Díaz del Castillo)는 토착민들의 지도에 대해 묘사하면서 여행자들이 사용했다고 말했다. 그들은 또한 자산 소유권을 명시한 지도에 대한 설명도 남겼다. 이런 전통은 '케찰레카친 문서'에서도 확인해볼 수 있다. 그런데 흔적을 거의 찾아볼 수 없는 또 다른 지도 제작 전통도 있었다. 이는 1400년대부터 이어져 내려온 식민지배 이전의 매우 희귀한 자료인 '너틀 문서'에 담겨 있다.

'너틀 문서'는 아포알라 계곡의 단면을 그린 지도다. 지도 양옆과 하단에 표시된 줄무늬는 계곡의 측면과 바닥에 해당한다. 줄무늬는 흙을 의미하고 밑면의 양쪽으로 구부러진 문양은 돌을 뜻한다. 계곡 바닥에 있는 두 개의 U자 형태는 강을 나타낸 것으로, 물고기와 물결 모양을 볼 수 있다. 계곡의 왼쪽 높은 곳에는 입을 크게 벌린 무서운 괴물이 있다. 이는 이곳에 동굴이 있다는 의미다. 아즈텍의 이 지도는 이상해 보이겠지만 상징을 해석해보면 아귀가 맞아떨어진다.

주시-너틀 고문서, 약 1400년대

계곡의 오른쪽에선 무슨 일이 일어나고 있을까? 벌거벗은 사람의 상반신이 절벽 속으로 사라졌고, 그 위로 나무가 서 있으며 폭포로 보이는 것도 있다. 이 그림의 의미를 파악하기 위해 나는 아즈텍 예술의 권위자로 꼽히는 바버라 먼디(Barbara Mundy) 교수를 찾았다. 그녀는 지도의 이 부분에 토착민의 출신 및 혈통과 관련된 출생의 상징이 많이 함축되어 있다고 말한다. 하반신은 '아기 출산의 절벽'을 의미하고, 절벽 위에 있는 나무는 "중요한 '믹스텍(아즈텍)' 혈통이 탄생한 아포알라의 생명의 나무를 가리키는 듯하다"는 것이다. 먼디 교수는 최신 소식도 전한다. "아포알라 주민이 최근 확인한 바에 의하면, 이 나무는 거대한 테호코테(멕시코산 산사나무)이거나 아마도 한때 폭포 위 강둑에서 자라던 세이바 나무일 것이다."

아즈텍의 지도 제작 전통은 난해하고 복잡했다. 하지만 수많은 지도가 화염에 사라졌다. 이 책에 실린 두 지도를 나란히 놓고 살펴보면, 과거부터 이어져 현재로 스며드는 연속적인 전통의 특정 순간을 볼 수 있다. 이 멋진 지도들을 보고 있자면, 불타고 사라져 이제 영영 볼 수 없게 돼버린 지도들을 떠올리지 않을 수 없다. 이곳의 지리적 상상력은 수백 년을 거치면서 더욱 크게 자라나고 풍성해져 셀 수 없이 많은 뿌리와 가지를 뻗고 있지만, 그중 적지 않은 부분이 잘려나가고 뿌리째 뽑혀버렸다. 지금 우리 곁에 남아 있는 건 예쁘장한 조각들뿐이다.

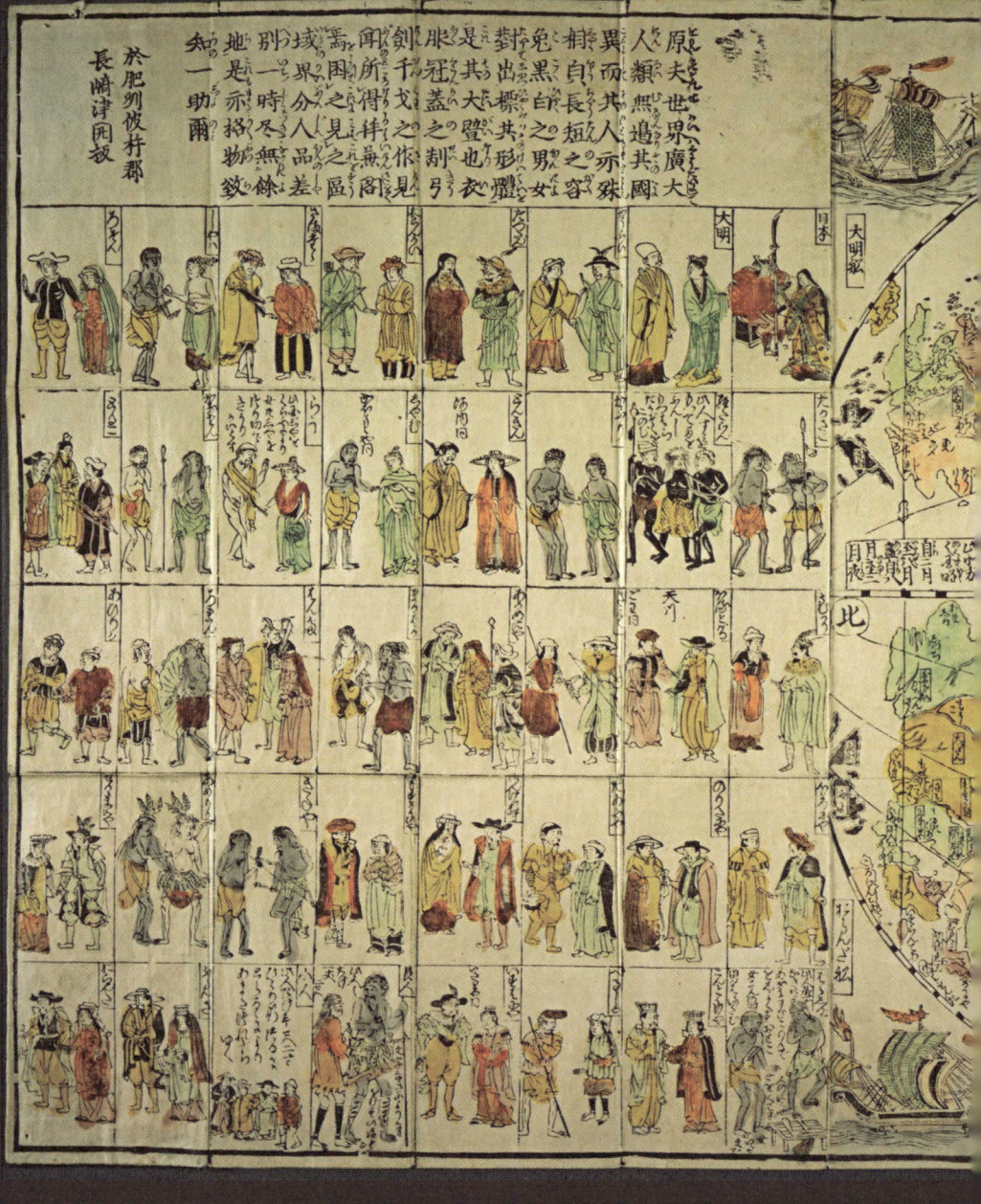

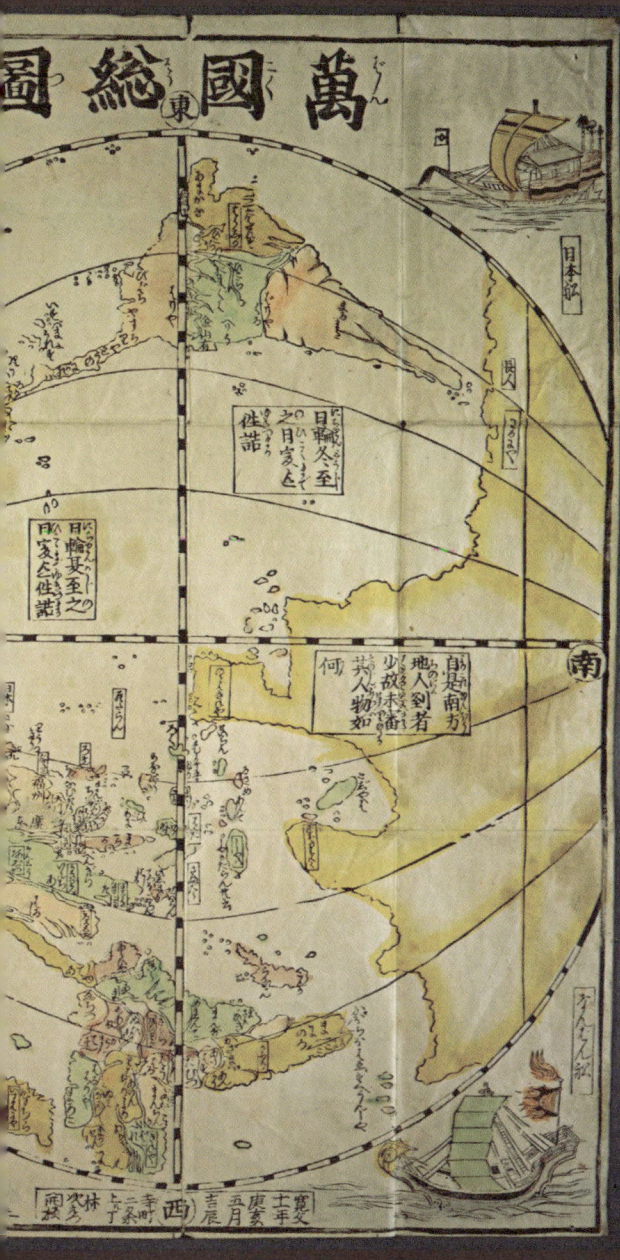

Map 7

일본인이 바라본 세계 사람들

일본의 세계 지도, '만국전도', 1671년

전통 복장 차림의 여러 민족이 짝을 이뤄 뽐내듯 도열해 있다. 총 40가지 유형이 나열되어 있는데, 일부에는 간략한 설명도 딸려 있다. 일례로 브라질 남녀에 대해서는 이렇게 적혀 있다. '이들은 집에서 살지 않고, 동굴에 사는 걸 좋아한다. 그들은 인육을 먹는다.' 그리고 이런 설명도 덧붙여 놓았다. '여성이 출산 시점에 임박하면 남성은 복통을 일으킨다. 여성은 출산의 고통을 겪지 않는다.'

'도둑의 섬(Island of the Thieves)'(북태평양에 있는 마리아나제도를 가리키는 듯하다) 주민에 대한 짧은 설명도 있다. "이 사람들은 잉크로 몸에 그림을 그리고 도둑질을 즐긴다." 지도의 다양한 그림 중에는 난쟁이와 거인처럼 진짜로 특이한 것들도 있다.

일본에는 훨씬 더 오래된 지도가 있지만, 진정 글로벌한 의미의 세계 지도는 이것이 최초라 할 수 있다. 이 지도는 중국과 유럽 지도에서 영향을 받았다. 1584년 중국에 파견된 이탈리아의 선교사 마테오 리치(Matteo Ricci)는 중국인들을 위해 '곤여만국전도'를 만들었다. 곤여만국전도는 큰 반향을 불러일으켰다. 중국 고대의 지도 관련 전통에 맞서 지도 제작 방식을 바꿔놓았으며, 이후 일본의 지도 제작에도 변화를 야기했다.

그렇지만 이 지도는 당대의 방식을 그대로 답습한 것이 아니다. 나름의 견해와 관점을 가지고 만든 독창적인 작업물이다. 가장 먼저 눈에 띄는 것은 지도의 방향이 일반적이지 않다는 점이다. 아메리카 대륙은 '북쪽' 끝에 놓여 있고 아시아는 가운데와 하단에 있다. 이로 인해 일본이 약간 중앙에 위치하게 되었지만, 이런 식의 대륙 배치 이면에 어떤 생각이 있었는지는 분명치 않다. 이 지도가 제작될 당시 세계 지도의 '위쪽'은 딱히 정해져 있지 않았다.

이것은 '만국전도(Bankoku sōzu)'라고 불리는 세계 지도다. 이 책에 실린 것은 일찍이 더 크게 제작된 원본을 본떠서 1671년도에 발행한 목판 인쇄본이다. 이런 종류의 지도는 원래 일본 부유층의 전통 가옥 응접실에 별도로 마련된 '도코노마(tokonoma)'에 걸리곤 했다. 도코노마에서 사람들은 예술품과 특이한 작품들을 감상하고 서로 의견을 나누었다.

17세기에, 그리고 이후로도 수년 동안 일본은 외부 세계와의 접촉이 매우 제한적이었다. 바로 이웃한 나라들 이외에 외국과의 접촉은 포르투갈과 네덜란드 정도로 한정되었다. 일본인 대부분은 이 지도에 있는 사람들을 만나본 적이 전혀 없을 뿐만 아니라 그들에 대한 지식과 개념도 없었을 것이다. 이 지도는 분명 강한 호기심을 불러일으키며 화제의 중심이 되었을 것이다.

하지만 이런 대화는 너무 많은 이목을 끌지 않도록 암암리에 이루어졌을 가능성이 높다. 당시 일본 지배층은 외부 세계의 영향력에 의혹을 품고 있었다. 외국인과의 교류를 제한하는 여러 정책도 시행되었다. 외세에 물드는 것을 방지하기 위해 원양 선박의 건조가 금지되었다. 외국 서적의 수입도 거의 중단된 상태였다. 우리 눈에는 이 지도가 귀한 골동품으로 보이지만, 이런 사회적 맥락을 감안하면 이 '세계 지도'는 단순한 흥밋거리를 넘어 위험한 물건으로 여겨지기도 했을 것이다.

이제 지도 모서리에 있는 네 척의 배를 살펴보자. 오른쪽 위에는 일본 배, 왼쪽 위에는 중국 배, 오른쪽 아래에는 포르투갈

무역선, 왼쪽 아래에는 네덜란드 배가 있다. 그림 옆에 딸린 설명을 통해 배의 국적을 식별할 수 있을 뿐, 각국 선박의 특징을 담아내려는 시도는 보이지 않는다.

지도 맨 위에 적힌 글을 보면 이 지도가 어떤 목적으로 만들어졌는지 알 수 있다. 이것은 인간의 다양성에 관한 지도이며, 모든 인종과 유형을 담아냈다고 적혀 있다. '나라가 다르고 사람도 다르다'고 설명하면서 '크고 작은 사람들이 있고 백인과 흑인인 여성과 남성이 있다'고 덧붙인다. 지도 제작자는 '복장과 머리 장식, 활과 칼, 방패와 창의 제작 방식'의 차이점을 짚으며 이 지도가 '서로의 차이를 이해하는 데 도움이 될 거라'고 결론 내린다.

지도에 포함된 난쟁이와 거인, 식인종은 상상력의 산물로 보일지 모르겠다. 그렇지 않다. 이들은 당대 유럽에서 제작된 세계 지도에도 등장하며 진지하게 받아들여졌을 가능성이 크다. 지도의 난쟁이에 관한 설명을 보면, 키가 약 36센티미터이고, '혼자 다니다가 두루미에게 잡아먹힐 수도 있어서 늘 무리 지어 다닌다.' 이 내용은 1609년에 나온 중국의 백과사전에서 차용했을 가능성이 크다. 이 백과사전에는 '새들은 난쟁이를 보면 잡아먹는다. 그래서 밖에 나갈 때 난쟁이들은 줄지어 다닌다'라며 자세한 보충 설명이 나온다.

거인들은 새의 먹이가 될 일은 없지만 고립된 상태로, 이 지도의 오른쪽 대부분을 차

만국전도에 묘사된 '난쟁이와 거인'

만국전도에 묘사된 '식인종'

지하는 거대한 남부 대륙에 산다. 중국의 백과사전을 보면, '여기부터는 사람을 거의 찾아볼 수 없다'는 설명이 나온다.

지도 왼쪽 하단에 있는 유럽 대륙은 모양이 엉성하긴 하지만 스페인(Isuhaniya), 포르투갈(Horutogaru), 프랑스(Furansa), 이탈리아(Itariya), 잉글랜드(Ingeresu), 아일랜드(Iheruniya) 등 쉽게 알아볼 수 있는 나라가 많다. 다른 대륙에는 나라 명칭이 기재된 곳이 별로 없다. 색이 칠해진 지역은 넓은 영토와 민족 집단을 나타낸다. 남아메리카의 중서부도 그런 곳 중 하나로, '금광이 있다'는 설명이 딸려 있다. 북아메리카의 북동부는 '아메리카(Amerika)'라는 명칭과 함께 '뉴프랑스(Nobafunsa)'라고도 표기되어 있다. 아메리카와 유라시아의 '북쪽(우리 지도에서는 서쪽)에 있는 섬들에는 '밤의 나라'라고 적혀 있다.

일본은 19세기 후반에 문호를 개방했다. 이전 수백 년간 세계와 동떨어져 지냈다. 이 지도는 국경이 봉쇄된 시기에도 사람들의 호기심은 계속된다는 것을 알려준다. 엄격한 통제에도 불구하고 세상을 알고 싶다는 욕구, 다른 사람과 다른 땅으로 상상력을 펼쳐나가려는 욕망은 지칠 줄 모른다.

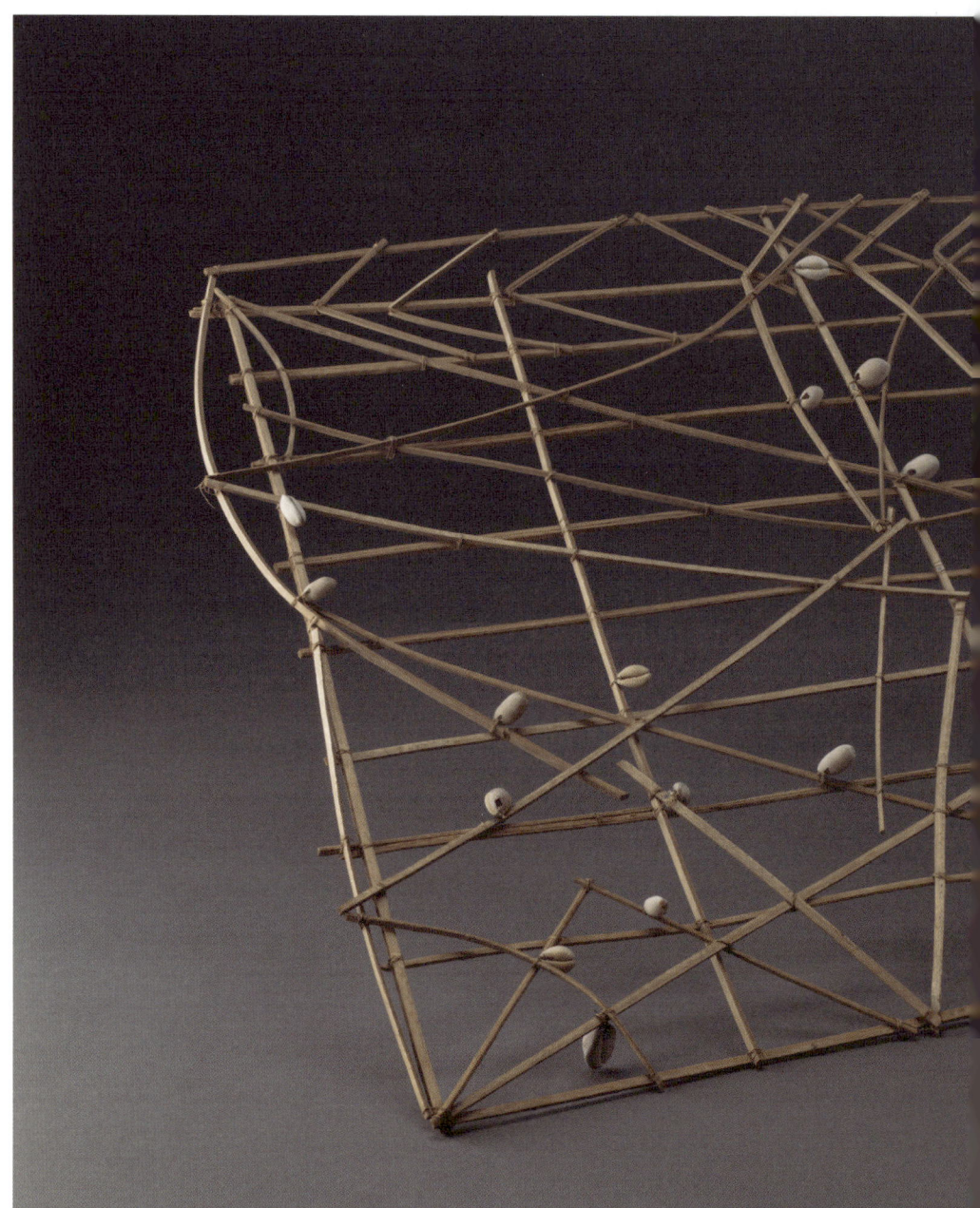

Map 8
막대기와 조개로 만든 항해도

스틱 차트, 마셜제도, 20세기 초

지도는 다양한 재료가 엮인 모습일 수도, 바위에 새긴 형태일 수도 있다. 길을 묻는 낯선 이에게 "저쪽에서 좌회전하세요"라고 말하며 손가락으로 공중에 그린 형태가 될 수도 있다. 땅이나 해변에서 주운 재료로 지도를 만드는 전통은 많이 있지만, 그중 단연 눈길을 사로잡는 것은 태평양 섬 주민이 만들었던 스틱 차트(stick chart)다.

가로세로 70센티미터에 약간 못 미치는 이 '스틱 차트'는 북태평양의 마셜제도에서 생겨난 산물로, 야자수 줄기와 조개껍질로 만든 것이다. 조개껍질은 섬을 나타내며, 비밀을 풀 수 있는 사람에게 이 지도는 방향과 거리, 위치를 비롯한 수많은 정보를 알려준다.

  태평양은 전 세계 대륙을 다 아우를 수 있을 정도로 방대하다. 끝없이 펼쳐진 이 망망대해에 점점이 박힌 섬들은 아주 작고, 야트막한 경우가 많으며, 서로 멀리 떨어져 있다. 그렇기에 태평양에서 길을 찾기란 엄청난 도전이 아닐 수 없다. 태평양의 모든 섬 주민들은 나름의 전통적 항해술을 발달시켜왔는데, 주로 바다의 움직임에 대한 지식과 별을 이용하는 방식이었다. 태평양을 기준으로 놓고 보아도 마셜제도는 모든 대륙에서 3,200킬로미터가량 뚝 떨어져 있고, 섬들의 크기도 작아서 대부분 축구장 몇 개 크기에 불과하다. 열대 섬들로 구성된 이 제도는 약 200만 제곱킬로미터 면적의 바다에 넓게 펼쳐져 있다.

  마셜제도의 항해사들이 만든 스틱 차트는 아름답지만 해석이 거의 불가능하다. 거기에 담긴 비밀 중 대다수는 아마도 영영 밝혀지지 않을 것이다. 지도는 꽤 작아서 이곳 바다에서 이용하는 늘씬하지만 튼튼한 '아웃리거'라는 카누에 실어도 별 문제 없을 듯하다. 몇몇은 실제로 지도를 가지고 항해에 나서 기도 했겠지만, 지도를 다시 살펴보면 사실상 그랬을 가능성 은 별로 없어 보인다. 이것은 휴대용 도구라기보다는 조형물에 더 가깝다. 파손의 우려가 있고, 좁은 카누에서는 멀쩡한 상태 로 오래가지 못했을 것이다.

　대체로 널리 공유되고 모두가 익히 아는 일반적인 지도와 달 리 마셜제도의 스틱 차트는 공유물이 아니다. 제각기 고유하고 지극히 개인적이며, 지도에 담긴 의미 중 일부는 오로지 만든 사람만 알 수 있다. 여러 세대를 거치며 수백 년간 축적된 경험 이 녹아든 결과물이기 때문이다. 이 지도는 망망대해의 특정 부 분을 요약해 보여주며 바다의 상태를 상기시키는 역할을 한다. 위험한 항해에 나서기 전 열심히 익히고 기억해둬야 할 대상인 셈이다.

　마셜제도에는 여러 종류의 스틱 차트가 있다. 몇몇은 입체가 아닌 평면 형태이고 파도의 흐름, 돌발적 해류, 바람의 패턴 등 에 대한 복합적인 정보가 담겨 있다. 이 책에 실린 지도처럼 입 체 조형물처럼 생긴 것도 있다. 이 지도들 모두 경험으로 쌓은 지식과 직결되어 있었다. 스틱 차트를 완벽히 이해할 수 없는 이유가 여기에 있다. 지도를 만든 뱃사람들이 바다를 항해하며 직접 경험하고 느낀 것들이 우리에게 고스란히 전달될 수는 없 을 테니 말이다. '파도를 다루는' 기술은 바다에서만 습득할 수 있다. 마셜제도의 어린 항해사들은 배 위에서 눈을 가린 채 본 능에 몸을 맡기곤 했다. 그럼으로써 다양한 너울과 파도, 물결에서 느껴지는 감각과 그것이 위치와 방향에 관해 일러주는 바를 깨우치곤 했다. 노련한 뱃사람인 섬 주민들도 눈을 감고 배를 통해 전해지는 느낌으로 바다의 패턴을 읽고 어디로 노를 저어야 육지가 나오는지 가늠하곤 했다. 이런 식으로 바다의 표면이 지도로 만들어졌고, 이 지도는 대우주를 드러내 보여주는 소우주였다.

바다를 지도화하는 작업은 다양한 방식으로 이루어졌고, 해변이나 그 주변의 물체를 이용하는 경우가 많았다. 앞에 실린 지도는 야자수 줄기와 조개껍질을 이용한 것이다. 사물을 깎아서 만든 또 다른 지도도 보자. 태평양의 따뜻한 바닷물로부터 멀리 떨어져 있는 그린란드의 토착민들은 얼어붙은 바다를 항해해야 했다. 그들도 작은 카누를 이용했지만, 마셜제도의 섬 주민들과 달리 그들에게는 길잡이 역할을 하는 긴 해안선이 있었다. 67쪽 사진의 두 지도에 표시된 것이 바로 이 해안선이다. 깎아서 만든 이 두 개의 지도는 그린란드 남동부에 있는 아마살리크(Ammassalik) 마을의 북쪽 해안선을 나타낸 것이다. 왼쪽의 지도는 바다로 돌출된 곳과 육지로 파고든 피오르를 보여주며, 내륙으로 배를 끌어올 수 있는 지점을 알려주는 홈도 파여 있다. 그 옆의 다른 지도는 연안의 섬들을 표시한 것이다. 마셜제도의 지도와 마찬가지로 이 지도들도 휴대용 도구라기보다 과거의 반추와 학습을 위한 것이었다.

지도 형식의 이런 조형물들은 낭만적이고 아름답지만, 마셜제도와 그린란드 사람들 모두 지금은 사용하지 않는다. 이 지도들은 과거의 유물이며, 일부 알려진 것 이외에 대다수는 소

깎아서 만든 지도, 그린란드, 1885년

실되었다. 이러한 지도 제작 전통이 쇠락한 데는 만드는 과정에 요구되는 엄청난 노력 탓도 있었겠지만 현대 세계의 약탈도 한몫했을 것이다. 마셜제도는 독일, 일본, 미국에 점령된 바 있으며 이후에는 핵실험 부지로 이용되었다. 마셜제도의 루닛 환초와 비키니 환초는 수십 차례 핵폭발을 겪었다. 1948년부터 1958년 사이 이곳에 66기의 핵폭발 장치가 뿌려졌다. 그중 일부는 폭발력이 어마어마했는데, 1954년에 투하된 폭탄은 일본 히로시마에 떨어진 것보다 1,100배 더 큰 파괴력을 보였다. 이 기간 동안 전 세계 방사성 낙진 피해의 50% 이상이 이 두 섬에 집중되었고, 마셜제도의 여러 지역이 사람이 살 수 없는 곳이 되었다.

핵실험은 이 매혹적인 지역에 대한 스토리의 정점을 이루는 충격적인 사건이다. 모든 대륙에서 멀찍이 떨어져 있는 이곳은 끔찍한 진입로를 거쳐 현대 세계로 유입되었다. 여행객을 태평양으로 끌어모으는 여행 책자들은 진실을 담고 있지만 전체 이야기를 다 들려주진 않는다. 태평양의 섬들에 야자수와 푸른 석호가 있는 건 사실이지만 이곳이 파라다이스는 아니다. 이곳은 재앙적 사건과 상실의 공간이기도 하다. 마셜제도는 과거의 방식과 옛 지식을 되살리려는 노력을 기울이고 있지만 되돌아갈 길은 없다. 바다를 누비는 많은 선원들 중에서 태평양의 선원들만 '전통적 방법'을 고수할 이유는 딱히 없으니 말이다. 세계에서 가장 큰 바다를 안전하게 건너갈 방법을 찾는 데 있어 과거의 회상에 기대어 길을 물을 공간은 전혀 남아 있지 않다.

그렇지만 어떤 이유에서건 과거에 대한 회상은 해변에 조수가 드나들듯 끊임없이 지속된다. 이 지도들은 우리와 오늘날의 섬 주민 모두에게 가슴 아픈 감동을 불러일으킨다. 머나먼 과거에 경험했던, 살갗에 닿을 만큼 가까웠으나 지금은 사라져버린 바다와의 관계에 대해 이야기한다.

Map 9
흩어진 눈물방울, 낯선 세상 속으로

미얀마의 세계 지도, 리처드 카르낙 템플 경의 저서
《37개의 낫: 미얀마의 정령 숭배》에서 발췌, 1906년

세상은 눈물방울이다. 강물을 따라 흐르다 눈물 모양의 섬들로 잘게 쪼개진다. 이 모든 것들 위에는 푸른 나무 한 그루가 서 있다. 이 지도는 우리를 여행길로 이끈다. 실제 어딘가로 이동하는 여행이 아니라 다른 세계관으로 떠나는 여정이다. 이 여행에서는 선입견과 확신을 뒤에 멀찍이 남겨두고 낯선 나라를 향해 걸어갈 필요가 있다.

이것은 남아시아의 지도다. 그리고 불교와 관련된, 신성한 세상을 그린 상상도다. 미얀마 만달레이 지역의 총독이었으며 전통문화에 관심이 지대했던 영국인 리처드 템플 경(Sir Richard Temple)이 편찬한 도서에 이 지도가 실리면서 1906년 인쇄 형태로 처음 그 모습을 드러냈다. 식민지 시대의 이력이 있긴 하지만 템플의 연구는 훌륭한 자료로 정평이 나 있으며 학자들이 계속해서 인용하고 있다. 이 지도에는 풀리지 않는 비밀이 있다. 만든 사람이 누구인지 알려지지 않았고 그 안에 담긴 의미도 모두 밝혀지지 않았다.

    이 지도는 고대 인도의 문헌에서 '염부제*(Jambudvipa)'라고 일컫는 영토를 나타낸 것이다. 지도 맨 위에 자리한 나무는 자두나무의 일종인 '염부나무'다. 그 아래에는 히말라야를 비롯한 산들과 7개의 호수가 있다. 호수들은 소용돌이 모양의 원형 문양 안에 마치 꽃잎처럼 포개져 있다. 가운데 호수에는 신성한 연꽃이 자라는데, 이 호수는 전 세계 강들이 시작되는 원천을 나타낸다. 이 강들은 미로 속에서 소용돌이치다가 아래의 대지 전체로 쏟아져 내린다. 대륙의 상단에는 또 다른 소용돌이 모양이 있다. 이것은 메루산*으로, 다섯 개의 봉우리로 이루어져

*불교 우주관에서 수미산 남쪽에 있다고 전해지는 대륙으로, 인간세계 전체를 의미한다. _옮긴이

*불교에서는 수미산이라고 불린다. _옮긴이

있으며 불교와 힌두교 우주론에서 신성시하는 산이다.

산의 남쪽으로 내려가면 신비감이 좀 덜한 영역이 나타나기 시작한다. 템플은 이 아랫부분에서 "미얀마인들이 경험해온 모든 인간이 사는 세상"을 볼 수 있다고 말한다.

여기서 가장 중요한 곳은 미얀마의 정령과 불교의 근원지인 인도다. 지도 중앙에는 또 다른 나무가 있다. 이것은 보리수(깨달음의 나무)로, 그 아래에서 고타마 싯다르타가 깨달음을 얻고 '깨달은 자'인 부처가 되었다. 아주 자세히 들여다보면, 나무 아래 부처가 앉아 있고 그 옆에는 승려로 보이는 사람들이 있다. 이들 주변에는 부처의 출생과 생애를 말해주는 신성한 장소가 있다. 이것들 모두 인도 안에 있으며 빨간색 작은 사각형으로 표시되어 있다. 여기에 만돌린을 연주하는 뱀도 있다고 하는데, 여러분의 눈에는 보이는가? 나는 계속 찾는 중이다.

지도를 따라 여기까지 내려오면 이름난 순례지들에 도달하고, 현대 세계의 국가들로 진입하게 된다. 이들 나라에는 선명한 국경이 그어져 있고 서로 다른 색깔이 칠해져 있다. 보리수가 서 있는 가운데 나라는 분명 인도인데, 명칭이 따로 적혀 있지는 않다. 이 지도에는 단박에 이해할 수 있는 것이 거의 없다. 템플의 주장에 따르면, 이 지도는 "17세기 유럽의 채색된 지도를 모방하려는 시도"였다. 산과 강이 그려진 방식과 국경선들에서 유럽의 지도 제작 전통을 적용한 흔적을 찾아볼 수 있다. 지도를 가로지르는 두 개의 희미한 점선, 즉 위도처럼 보이는 표시에서도 유럽의 영향력이 엿보인다. 그러나 이마저도 해석이 그리 간단치 않다. 이것이 정말로 위도라고 쳐도 과연 어떤 위도를 표시한 것인지는 불분명하다.

　바다로 들어가 보면 눈물방울이 흩어져 있다. 갖가지 크기의 섬들이 바다를 장식하고 있다. 이것은 느닷없는 발상이 아닐뿐더러 지도 제작 공정에 끼어든 공상도 아니다. 바다에는 무역선들이 보인다. 템플은 당시 미얀마인들이 알았던 것과 알지 못했던 것을 바탕으로 이 지도를 해석하고 이렇게 적는다. "이 모든 것은 '자연스러운' 지형이다. 미얀마인들에게 알려져 있던 바다는 전부 남쪽에 있었고, 커다란 산이 있는 육지는 주로 북쪽에 있었다."

　그러면 눈물방울은 왜 흩어져 있을까? 바다의 테두리는 왜 점선으로 나타냈을까? 점선 안쪽에 있는 섬들은 노란색과 옅은 녹색이고 점선 바깥의 섬들은 모두 분홍색인 이유는 무엇일까? 이는 잃어버린 전체성을 의미하는 한편 내부와 외부의 섬이 존재한다는 것을 시사한다. 섬들은 모두 한결같이 눈물방울 모양이지만 완전히 똑같지는 않다. 몇몇 섬에는 산과 강 같은 특정 지형이 표시되어 있지만, 사람이 살고 있음을 보여주는 표시는 아무 데도 없다. 이 섬들은 소문으로만 전해지는 아주 멀리 떨어진 미지의 지역을 나타낸 것으로 보인다.

　템플은 눈물방울 모양의 이 지도와 함께 또 다른 지도도 책에 실었다. 두 지도는 뚜렷한 차이를 보인다. 부드러운 색감과 평화로운 상징물 대신 섬뜩한 빨간색과 칠흑 같은 검은색, 고문 장면과 괴로워하는 모습으로 채워진 지도다. 이것은 지옥도이며, 17세기에 제작된 것으로 추정된다. 불교에서 지옥을 뜻하는 '나라카(Naraka)'는 윤회 과정의 일부다. 전생에 나쁜 행실이

'미얀마인이 생각하는 지옥',
《37개의 낫: 미얀마의 정령 숭배The Thirty-Seven Nats:
A Phase of Spirit Worship Prevailing in Burma》에서 발췌,
리처드 카르낙 템플 경 지음, 1906년

쌓이면, 지옥에서 태어나 악행의 대가를 다 치를 때까지 머물게 된다. 불교에서 말하는 지옥은 머무는 기간이 길 수는 있지만 영원하진 않다. 언젠가는 지옥에서 풀려나 더 높은 구역으로 가게 된다.

템플 경의 책에서 발췌한 미얀마의 지옥도에는 지옥의 한 층을 구성하는 다양한 동굴과 정문이 표시되어 있다. 이 그림은 꽤 익숙한 모습이라 오히려 시선을 끄는 측면이 있다. 유럽의 여러 미술작품을 비롯해 전 세계 곳곳에서 지옥에 관한 유사한 표현방식을 찾아볼 수 있다. 템플 경의 책에 실린 두 개의 지도를 비교해보면, 사후세계에 대한 인간의 상상력은 한정적인 반면, 실제 세상을 이해하는 방식은 놀랍도록 다양하다는 결론에 이르게 된다.

*알케불란Alkebu-lan은 아프리카 대륙을 일컫는 고대 명칭으로, '인류의 어머니' 또는 '모든 문명의 기원'이라는 뜻이다. 아프리카 대륙이 고대 문명과 인류 역사에서 중요한 역할을 했다는 점을 강조하는 의미가 있다. _옮긴이

Map 10
아프리카가 식민지가 되지 않았다면

알케불란*, 니콜라이 예스퍼 쉬온 제작, 2011년

아프리카 대륙의 국경선과 국가들은 대부분 유럽 식민지 개척자들의 야심과 상상력에서 비롯되었다. "식민지주의가 없었다면 아프리카는 어떤 모습일까?" 정답을 알 수는 없지만 생각해볼 필요가 있는 문제다.

1914년까지 유럽은 아프리카 대륙의 90%를 식민통치했으며, 이러한 지배 상황은 오늘날의 국경선에 잘 반영되어 있다. 만약 그런 일이 일어나지 않았다면 어땠을까? '만약 ~라면?(What if?)'은 역사에서 흔히 제기되는 질문이다. 이 질문은 '반사실적 역사(counterfactual history)', 즉 실제로 발생하진 않았지만 있었을 법한 역사로 이어진다. 실제로 일어난 모든 일들이 필연에 따른 결과는 아니다.

스웨덴의 그래픽아티스트 니콜라이 예스퍼 쉬온(Nikolaj Jesper Cyon)은 역사 속 제국과 민족 및 어족(語族)을 기준으로 이 지도를 제작했다. 이것은 1884년의 한 장면을 담은 스냅숏이다. 쉬온은 "우선적으로 역사에 기록된 국가들에 주목했다"고 설명한다. 즉, "1300년에서 1844년 사이 중앙집권적 정부를 갖추고 최대 규모의 땅을 확보한 시점의 영토"를 지도로 나타냈다는 말이다. 중앙집권적 정부가 없었던 나라의 경우, "특정 지역에 터를 잡은 문화의 명칭을 살펴보았고, 마지막 수단으로는 해당 지역에 존재하는 어족의 명칭"을 참고했다고 말한다.

쉬온은 식민지배가 없었다면 아프리카 국가들의 발생 과정도 유럽 국가들과 별반 다르지 않았을 것이라고 추측한다. 유럽 대륙의 국경은 직선이 아니다. 계곡 안팎을 넘나들고 이리저리 휘어지면서 구불구불한 형태를 취한다. 이 국경선들에는 이탈리아인이나 독일인 등 특정 민족이 모여 살던 곳의 복잡한 패턴이 반영되어 있다. 반면 현재 아프리카 대륙의 지도에는 직선이 많다. 이집트와 수단 사이의 1,276킬로미터에 이르는 국경선은 사막을 화살처럼 쌩하고 가로지른다. 이것은 영국의 식민지 통치자들이 머릿속으로 구상하고 그린 것이다. 이런 통치자들의 영향력을 완전히 걷어낸다면 아프리카는 어떤 모습이 될까? 수백 년에 걸친 돌발적 변동 상황이 고스란히 반영된 불규칙한 국경선, 즉 여기에 실린 지도와 훨씬 더 가까운 모습이었을 것이다.

  이 지도에서 먼저 눈에 띄는 것은 지도가 거꾸로 뒤집혀 있다는 점이다. 이는 이슬람의 지도 제작 전통에서 영감을 얻은 결과로, 아프리카를 다시 들여다보고 재차 생각하게끔 만든다. 위아래를 뒤집는 방식을 통해 지도 제작자는 그동안 별로 주목받지 못했던 추정들에 이목을 집중시킨다. 예리한 사람이라면, 스와힐리어로 적도를 뜻하는 '이케타(ikweta)'가 새로운 중앙자오선을 가로지르고 있음을 눈치챘을 것이다. 자오선은 시간대를 지정하는 선이다. 영국 런던 교외의 그리니치 천문대를 지나는 그리니치 자오선은 국제적으로 기준이 되는 본초자오선이다. 런던에서 동쪽으로 가면 그리니치 표준시보다 앞서게 되고 시침을 앞으로 돌려야 한다. 런던에서 서쪽으로 이동한다면 시침을 뒤로 돌리면 된다. 쉬온의 지도에서는 이 본초자오선이 말리의 팀북투(Timbuktu)를 통과해 지나간다.

본초자오선의 새로운 설정은 꽤 적절한 선택으로 보인다. 팀북투는 한때 무역의 거점이었고 학문의 중심지였다. 중세시대에 팀북투의 대학에는 2만 5,000명에 이르는 학생이 있었다. 이러한 문화유산을 기리는 의미에서 이 지도는 전 세계 시간의 기준점을 팀북투로 설정했다. 이로써 팀북투는 이 행성의 모든 시간대가 기준으로 삼는 도시가 되었다.

이 지도의 모든 나라에는 각자 나름의 스토리가 있다. 몇 가지만 살펴보기로 하자. 지도 하단을 보면 현재 스페인에 해당하는 곳에 '알안달루스(Al-Andalus)'라고 적혀 있고, '알마그리브(Al-Maghrib)'(아랍어로 '서쪽'을 의미한다)라는 나라에 속해 있다. 현재의 모로코가 확장된 모습인데, '알마그리브'라는 국가명은 당시의 시대상황을 반영한 것이다. 모로코인들이 자국을 일컫는 명칭 중 하나가 '서쪽 왕국(Kingdom of the West)'이다. 이 지도의 다른 부분과 마찬가지로 이는 추론을 통해 짐작한 역사다. 이슬람의 북아프리카 정복은 이베리아반도 거의 전역으로(스페인과 포르투갈) 확대되었다. 유럽이 패권국으로 부상하지 않았다면 지금 세계는 이런 모습일 확률이 높다.

우리가 '아랍아프리카(Arab Africa)' 또는 '북아프리카'라고 부르는 곳의 국경선들은 이 지도에서도 쉽게 알아볼 수 있다. 왼쪽 하단의 '미스르 술탄국(Misr Sultanae)'을 보자. 여기는 분명 이집트다. '미스르'는 이집트인들이 자국을 일컫는 명칭이고 지도상의 국경선도 익히 알려진 그대로다. 이는 유럽인들이 아프리카 대륙에 영향을 미친 유일한 해외 세력이 아니었음을 상기시킨다. 유럽이 진입하기 수백 년 전 아랍의 군대들도 아프리카의 국경선을 바꿔놓았다. 698년까지 아랍 세력은 북아프리카의 대부분을 점령했고, 그 과정에서 많은 나라와 문화가 재편되었다.

왼쪽 최상단에 위치한 섬에도 또 다른 스토리가 있다. 여기는 '메리나(Merina)' 왕국으로, 현재 마다가스카르라고 불리는 곳이다. 메리나는 1540년부터 1897년까지 독립 왕국이었다. 메리나 왕국의 마지막 군주였던 라나발로나 3세(Ranavalona Ⅲ) 여왕은 22세에 왕위에 올랐다. 프랑스가 침략한 이후 그녀는 레위니옹(Réunion)으로 쫓겨났고, 더 나중에는 알제리로 추방되어 1917년 그곳 자택에서 55세의 나이로 세상을 떠났다. 이로써 마다가스카르의 왕조는 최후를 맞았고, 메리나 왕국은 기억 속으로 가라앉고 말았다.

상상으로 그려낸 이 나라들에는 제각기 스토리가 딸려 있지만, 여기에 의문의 여지가 없는 건 아니다. 서로 다른 부족들을 한데 모아놓은 나라가 꽤 많다. 대륙 중앙에서 왼쪽으로 가면 옅은 보라색으로 표시된 '부간다(Buganda)'라는 나라가 있다. '부간다'는 익숙한 지명일 텐데, 여기에는 나름의 이유가 있다. 당시 부간다 왕국은 우간다라는 나라에게 자국명의 차용을 허용했고, 현재도 '부간다'는 우간다의 최대 행정구로 존재하기 때문이다. 하지만 이 지도에서는 부간다의 국토 범위가 우간다를 넘어 이웃 국가들까지 뻗어 있다. 지도상의 '부간다'는 여러 부족과 언어 및 국적을 아우른다. 전체의 일부에 불과한 지명을 지역 전체에 부여한 결정은 논란의 여지가 있다. 반사실적 지도 제작과 반사실적 역사는 개연성 있는 결과가 아니라 가능성을 보여주는 작업인 탓이다.

부간다에서 그리 멀지 않은 곳, 즉 약간 아래로 내려와 더 왼쪽으로 가면 옅은 갈색으로 표시된 낯선 명칭의 또 다른 친숙한 나라를 찾아볼 수 있다. 만지스타 이티오피아(Mangista Ityoppya)는 '에티오피아 제국'이라는 의미다. 이 지도의 기준 시점인 1844년도에 에티오피아는 독립 국가였고, 몇 차례 외세의

제작자의 허락 하에 업데이트된 지도에서 발췌

침략을 받긴 했지만 독립국의 위상을 유지하고 있었다. 이러한 자주권을 지켜내기 위해 에티오피아는 전쟁을 치러야 했다. 84쪽에 실린 에티오피아의 그림은 국가 수호의 중요한 한 장면을 담고 있다. 그림 상단의 백마를 탄 인물은 1,000년 동안 에티오피아의 성인으로 추대받아온 성 조지(Saint George)다. 그는 이탈리아 침략군에 맞서 싸우는 에티오피아 군대(그림에서 왼쪽 진영)를 격려하고 있다. 이 그림은 1896년의 아두와 전투(Battle of Audwa)를 그린 것으로, 에티오피아 방어군은 이 전투에서 자랑스러운 승리를 거뒀다. 오늘날 에티오피아는 그날을 국경일로 지정해 아두와 전투의 승리를 기념하고 있다. 이 승리는 또한 아프리카의 지도가 단지 유럽이나 아랍이 창조한 작품이 아니라 아프리카의 이야기들로 가득하다는 사실을 재차 확인시켜준다.

에티오피아의 수호성인 성 조지가 아두와 전투를 지켜보고 있다.

Map 11
한 제국이 차지한 방대한 영토
러시아의 영토 확장, 1300–1945년

식민주의는 하나의 모습으로 발현되지 않는다. 많은 사람들이 식민주의와 관련해 먼 땅의 정복과 해외 영토를 조각조각 이어붙인 제국을 떠올린다. 러시아의 식민주의와 러시아제국은 다르다. 러시아는 단순히 영토를 넓혀나가며 이웃 국가들을 흡수했을 뿐이다.

오늘날의 세계 지도에서 러시아는 블라디보스토크까지 막힘없이 쭉 이어져 있다. 러시아가 어떻게 그렇게 커졌는지 새삼 궁금해하는 사람은 거의 없다. 앞의 지도를 보면 러시아는 한때 훨씬 더 멀리까지 진출했었다. 동쪽으로 더 밀고 나아가 북아메리카 대륙의 주요 식민지 개척자가 되었다. 러시아가 태평양 해안을 따라 팽창을 계속 이어간 목적은 곰과 비버 및 야생 동물의 모피를 확보하기 위해서였다. 러시아의 사냥꾼들은 베링해협을 건너 대거 몰려들었고, 1784년 알래스카의 스리세인츠 베이(Three Saints Bay)에 러시아 최초의 영구 정착촌이 들어섰다. 곧이어 선교사들이 속속 도착해 토착 부족민들의 개종을 이끌었다. 모피 무역을 장악한 러시아-아메리카 회사(Russian-American Company)*는 노보아르한겔스크(New Archangel, 현재의 싯카)에 본사를 설립하고, 해안을 따라 내려가 캘리포니아 북부까지 러시아 정착지를 넓혔다. 이곳 캘리포니아 북부 외딴곳에 1812년 건설된 러시아의 요새 포트로스(Fort Ross, 89쪽 사진)는 지금도 그 자리를 지키며 러시아가 아메리카 대륙에 남긴 발자취를 보여준다.

러시아의 개척자들은 돈을 벌겠다는 희망을 품고 있었고, 과도한 사냥으로 인해 동물 가죽이 바닥난 상태에서도 어떻게

*1799년 러시아제국이 알래스카를 중심으로 설립한 모피 무역 및 식민지 기업. 알래스카에서 모피 채집, 원주민과의 무역, 탐험 및 식민지 확장 활동을 벌였다. _옮긴이

포트로스, 캘리포니아주 소노마 카운티

든 근근이 버텨나갔다. 반면 러시아 황실은 참을성이 없었고 부담스러운 영토를 청산하고 싶어 했다. 1867년 러시아 황제 알렉산더 2세는 720만 달러에 알래스카를 매각하겠다고 미국에 제안했다. 러시아와 미국 모두에게 알래스카를 팔고 사는 문제는 숙고할 사안이 아니었다.

당시 러시아의 지배하에 놓인 가장 크고 중요한 영토는 아시아에 있었다. 이곳은 모피를 찾아다니는 사냥꾼들뿐만 아니라 장기 정착을 위한 공간이기도 했다. 이런 지역 대부분은 지금도 러시아에 속해 있다. 1582년부터 1650년까지 러시아는 시베리아(지도에서 녹색으로 표시된 부분)를 침략해 정복 전쟁을 벌였다. 러시아 군대는 시베리아의 칸국을 제압하고 1631년 태평양까지 이르렀다. 정복 이후 새로운 도시 건설과 문화 통합이 이루어지며 러시아어가 주요 언어로 자리 잡았다. 그리고 1785년부터 1830년까지 또 한 차례 영토가 확대되었다. 이번에는 흑해와 카스피해 사이의 캅카스 지역으로 눈을 돌려 아르메니아와 조지아(지도에서 노란색으로 표시된 부분)를 점령했다. 1829년까지 러시아는 캅카스 지역 전체를 점령했다. 그 세기 후반에는 중국 북쪽의 일부 지역을 합병했고, 이후 서쪽으로 방향을 틀어 중앙아시아 일대를 평정했다. 러시아의 팽창은 가차없이 계속되었고 아시아의 운명을 바꿔놓았다.

1917년 공산주의 혁명 후에도 제정러시아*의 식민지 중 핀란드를 제외한 거의 모든 나라는 독립을 쟁취하지 못했다. 레닌

*1917년의 혁명이 일어나기 이전의 러시아 _옮긴이

과 스탈린은 러시아의 식민지 역사에 또 다른 국면을 열었다. 혁명 이후 정권을 차지한 레닌의 볼셰비키 러시아는 1922년 벨라루스, 트랜스캅카스, 우크라이나와 함께 소비에트사회주의 공화국연방(USSR, 소련)을 수립했고, 소련연방은 1991년 12월까지 지속되었다. 엄연히 동등한 합병이었지만, 이 방대한 다문화 제국을 실질적으로 통치한 곳은 명실상부 모스크바였다.

흡수통합을 통한 러시아식 식민주의 모델의 경우 식민지와 본국 사이에 큰 차이를 찾기 힘들다. 반면 영국, 스페인, 프랑스의 제국들은 식민지와 본국 사이의 차이가 꽤 뚜렷했다. 러시아의 영토 확장 과정은 여러 측면에서 덜 파괴적이었다. 일례로, 러시아의 팽창 역사에는 아메리카 대륙에서 자행된 노예무역과 토착민 몰살에 준하는 사건이 거의 없었다. 이런 면에서는 서방 제국들에 비해 러시아제국에게 덜 가혹한 평가를 내릴 수도 있을 것이다. 하지만 2022년 러시아의 우크라이나 침공은 또 다른 관점을 시사한다. 흡수통합 혹은 이웃 나라로의 영토 확장이 낳은 한 가지 결과는, 정복 활동이 벌어졌다는 사실에 대한 인식의 결여와 이에 따른 투철한 특권의식이다. 이는 자국에 인접한 땅이 엄연한 국가들이 아니라 러시아의 부속 지역에 불과하다는 확고한 확신으로 귀결된다. 푸틴을 지지하는 러시아인들에게 우크라이나를 점령하려는 시도는 침략이 아니라 잃어버린 옛땅을 되찾는 일에 더 가깝다.

러시아의 극우 민족주의자들에게 우크라이나는 제국 시절의 옛 명칭인 '소러시아(Little Russia)'에 불과하고 우크라이나어는 '소러시아어'로 인식된다. 한편, '별도의 소러시아어는 지금껏 존재한 적 없고, 존재하지 않으며, 존재할 수 없다'는 이유로 우크라이나어 출판물을 금지한 1863년의 기이한 칙령도 있었다. 존재하지 않는다고 주장하는 대상을 금지하는 일은 어불성설이다. 다분히 방어적이고 무시하는 태도가 조합된 조치로 보인다.

이 지도는 러시아의 흥망성쇠를 보여준다. 대부분의 국가가 흥망성쇠를 겪지만 러시아의 부흥과 쇠퇴는 그 규모와 복잡성에 있어 이례적이다. 모든 나라가 지도상의 변화를 겪지만 러시아의 지도에서 특히 눈에 띄는 극적인 상황은 지금도 진행 중이다. 오늘날 러시아는 우크라이나를 비롯해 이웃 국가들과 다수의 분쟁에 휘말려 있다. 쿠릴 열도를 두고 일본과 다툼을 벌이고 있으며 트란스니스트리아(Transnistria)를 놓고 몰도바와 분쟁을 빚고 있다. 2008년에는 조지아를 침범해 남오세티야와 압하지야 자치 구역을 차지했다.

과거의 팽창주의적 침략과 달리 이러한 분쟁의 다수는 러시아어 사용자의 거주지에 대한 권리 주장과 관련이 있다. 지정학적 용어로 러시아는 '민족통일주의(irredentist)' 경향을 보여왔는데, 이는 동일 민족이 단일 국가에 모두 포괄되어야 한다는 이념이다. 이런 명분하에 푸틴은 자신이 침공하는 국가들의 결정적 특징으로 러시아어를 쓰는 사람들에 대한 억압을 지목한다.

하지만 지난 세기를 통해 우리는 몇 가지 사실을 배웠다. 그중 하나가 어떤 국가든 다양성을 포용할 수 있다는 점이다. 영어를 쓰는 사람이 모두 영국인이 아니듯, 러시아어를 쓴다고 해서 반드시 러시아인이어야 할 필요는 없다. 21세기에 소수 민족을 '조국'으로 '구출'하려는 시도는 갈등의 씨앗이 된다.

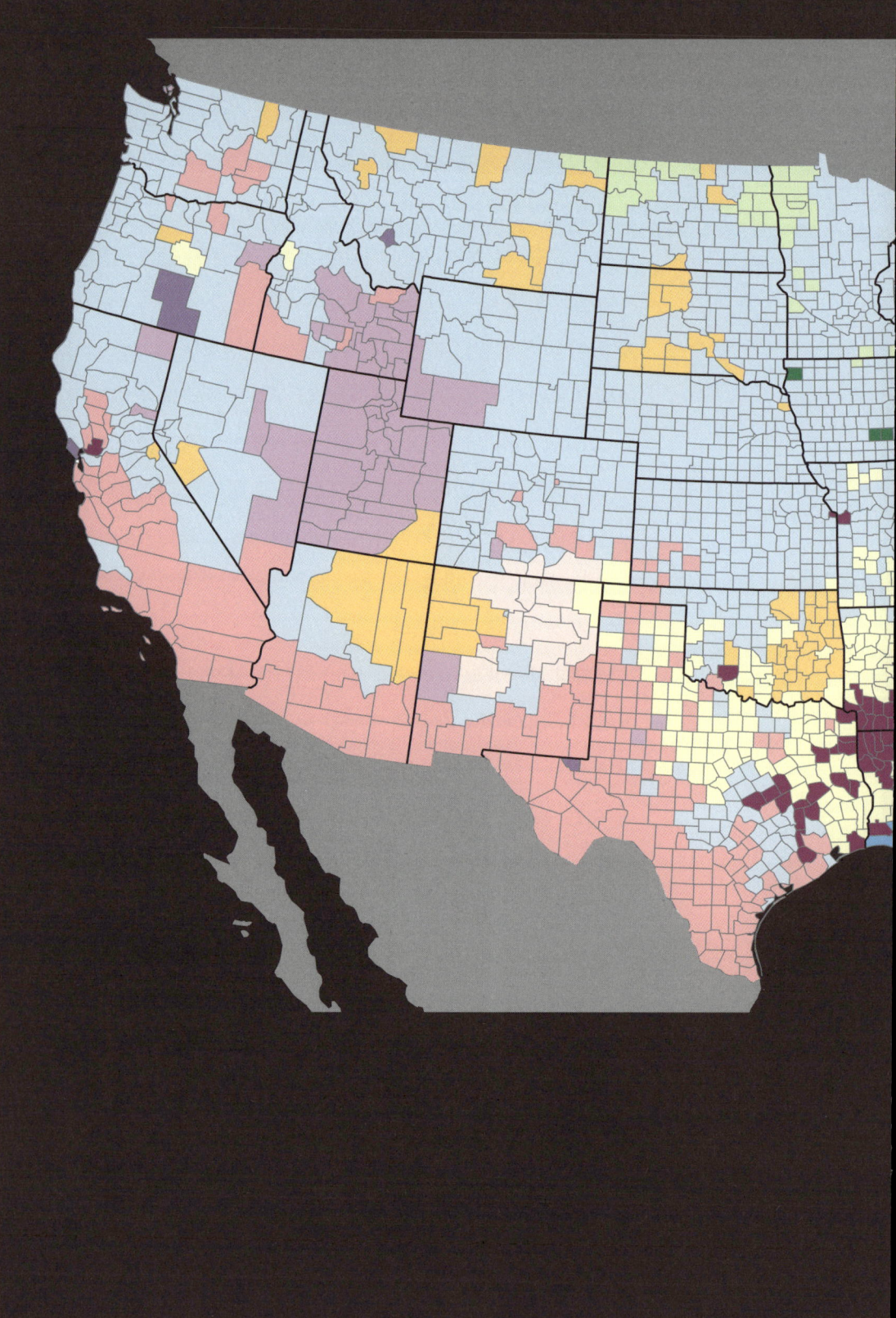

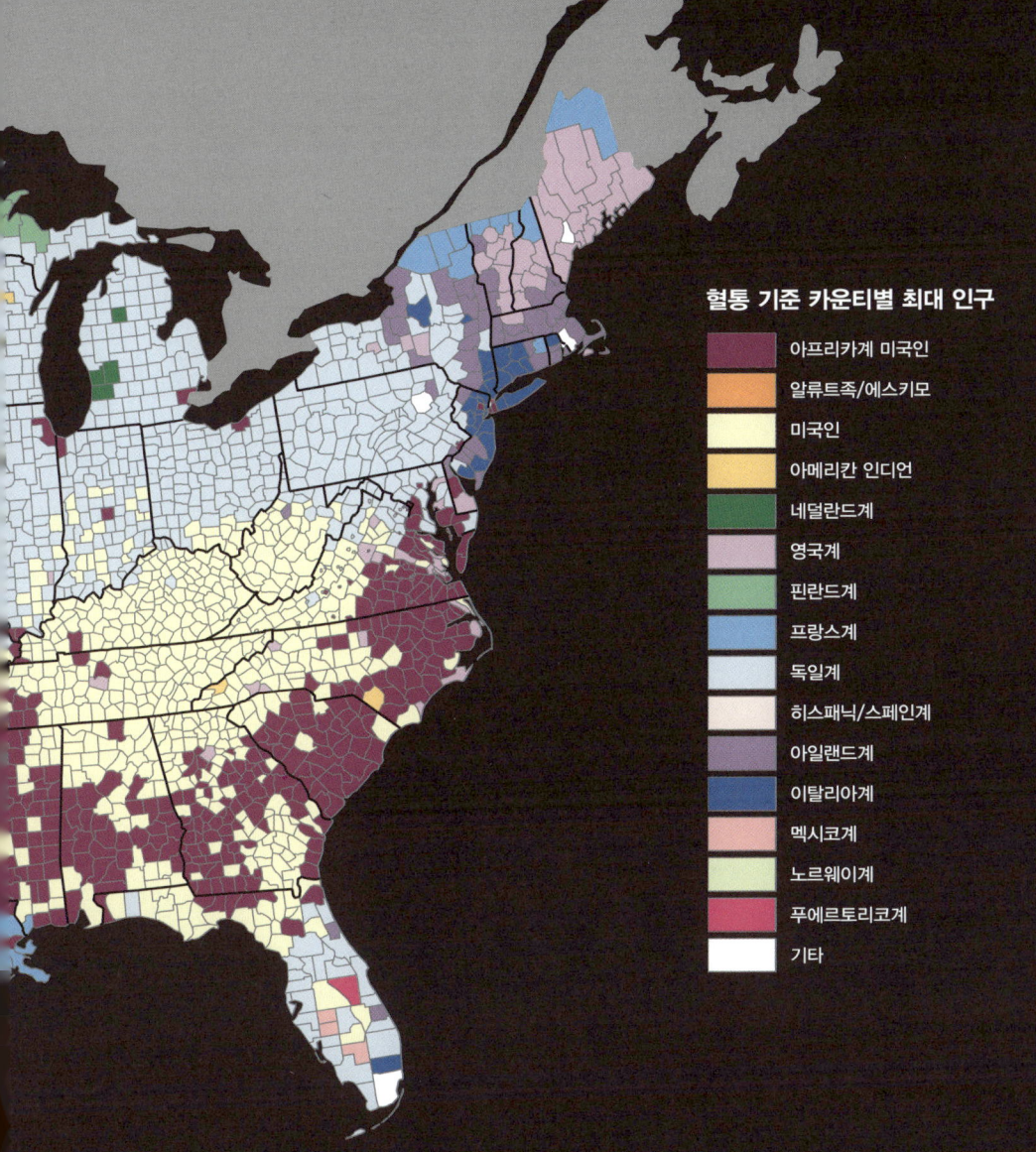

Map 12
미국을 접수한 독일계 시민
미국의 지역별 최대 혈통 분포도, 2000년

이 지도에서 옅은 파란색은 독보적 비중을 차지하며, 미국의 중앙에서 북, 서, 동쪽으로 넓게 퍼져 있다. 이곳은 모두 독일계 미국인이 단일 최대 인구인 곳이다. 남쪽에는 넓은 띠가 형성되어 있는데, 여기에는 멕시코계(분홍색)와 아프리카계 미국인(진한 보라색)이 연이어 포진해 있다. 북동쪽 상단에는 영국계(연보라색)와 아일랜드계(중간 보라색)가 몰려 있다.

미국 인구조사에는 집안의 뿌리를 묻는 항목이 있는데, 이 질문을 통해 나온 결과가 바로 이 지도다. 답변 형식상 응답자가 꼭 외국을 지목할 필요는 없다. 테네시주와 켄터키주에 거주하는 대다수 사람들은 '미국인'이라고 답했다. 하지만 가장 대중적인 답변은 '이민'이다.

 미국인의 가계 혈통에서 독일이 이토록 큰 비중을 차지한다는 사실이 놀라울 수도 있겠다. 약 100만 명의 미국인이 독일어를 사용하지만, 그들은 넓은 지역에 드문드문 흩어져 있다. 독일어는 노스다코타주에서 두 번째로 많이 사용되는 언어지만, 이 지역은 인구가 많지 않고 그중에서도 독일어를 쓰는 사람은 전체의 1.4%에 불과하다.

 지난 세기는 독일계 미국인으로 살기에 그리 평탄한 시절은 아니었다. 두 차례 세계대전에서 미국은 독일과 맞서 싸웠고, 한동안 독일계 혈통은 드러내기 꺼리는 정체성이었다.

 2022년 실시한 미국 지역사회조사(American Community Survey)의 혈통에 대한 또 다른 항목을 보면 더 자세한 내용을 확인할 수 있다. 스스로 독일계 혈통이라고 밝힌 응답이 여전히 가장 큰 비중을 차지한다(4,100만). 유럽에 뿌리를 둔 혈통 중에서 독일

다음으로 큰 인구집단은 잉글랜드계와 아일랜드계 사람들이다(둘 다 약 3,100만). 독일계와 마찬가지로 크게 부각되진 않지만 상당한 규모를 차지하는 유럽 계통의 커뮤니티도 있는데, 일테면 스웨덴계(330만), 네덜란드계(300만), 노르웨이계(400만)가 그렇다. 영국제도에서 유입된 다른 집단, 즉 스코틀랜드-아일랜드계(250만), 스코틀랜드계(530만), 웨일스계(150만)도 꽤 두드러진다. 약 200만 명은 영국인이라고 응답했다.

자신의 조상에 대한 답변을 내놓는 방식과 이유는 간단치 않다. 이는 일종의 선택이다. 미국은 물론 다른 나라에도 100% 순수 혈통은 극히 드물다. 우리는 자랑스럽게 여기는 가계 혈통의 일부를 찾아내 자신과 동일시하고, 그 선택은 우리가 스스로를 어떻게 규정하는지에 영향을 미친다. 때로는 특별한 조상이 우리를 이색적으로 보이게 할 수 있다는 단순한 기대감에서 그러는 것일 뿐 별다른 뜻이 없을 수도 있다. 어쩌면 나도 아주 먼 과거에 우리 집안이 포카혼타스*와 인연이 있다고 공공연히 떠드는 친척의 말에 모른 척 입을 다무는 게 나을지도 모르겠다. 이건 나도 어쩔 수 없다. 말도 안 되는 소리인 줄 알지만, 그 말을 듣는 순간 잠깐 스릴을 느꼈던 게 사실이니 말이다. 이렇듯 혈통은 희망사항과 뒤섞인다.

그토록 많은 사람이 독일을 떠나고 싶어 했던 데는 많은 이유가 있다. 1871년 이전까지 독일은 분열되어 있었고 일자리와 토지, 정치적 권리가 부족했다. 조각조각 파편화된 이 나라는 정치적으로도 불안정했다. 1848년 독일을 휩쓴 혁명의 물결은 당시 만연한 절망감의 표출이었고, 수백만 명이 대서양을 건

*영국인과 결혼한 아메리카 원주민으로, 런던으로 건너가 유명인사가 된 여성이다. 아메리카 원주민과 영국 정착민들 사이에 평화로운 관계를 유지하는 데 큰 역할을 했다. _옮긴이

너는 게 더 낫겠다는 결정을 내렸다.

1860년부터 1890년까지 미국으로 이주한 최대 민족 집단은 독일인이었다. 그들은 자신이 처음이 아니라는 사실, 즉 이 땅에 독일인이 정착한 오랜 역사가 있다는 것을 알고 고무되었을 것

독일 출신 이민자들, 뉴욕 엘리스아일랜드, 1920년

이다. 1608년, 일찍이 미국으로 이주한 독일인들은 제임스타운으로 몰려들었다. 제임스타운은 아메리카 대륙 최초의 영국인 정착지로, 조성된 지 불과 1년밖에 안 된 상태였다. 1620년에는 네덜란드의 식민지였던 암스테르담(현 뉴욕) 건설 과정에서 큰 활약을 펼쳤다. 이들 '독일인'은 유리와 타르 제조 등의 특수한 기술력을 갖추고 있었다. 여기서 독일인에 작은따옴표를 붙인 데는 이유가 있다. 이주 초창기에 이주민들은 현재 우리가 쓰는 식의 국적 표현을 사용하지 않았다. 당시는 신앙과 언어가 국적보다 더 큰 의미를 지니는 경우가 많았다.

미국에서 독일계 미국인이 가장 많이 거주하는 지역은 펜실베이니아다. 1683년에 형성된 가장 오래된 독일인 정착지 '저먼타운'도 이곳에 있다. 이 저먼타운은 필라델피아시 한복판에 위치해 있으며 미국에 들어선 17개의 저먼타운 중 하나다.

18세기에는 다양한 형태로 상당한 규모의 독일인이 미국으로 이주했다. 그중 하나가 영국이 데려온 용병들이었다. 약 3만

명의 독일 용병 '헤센(Hessian)'이 영국 편에 서서 전투를 치렀다. 결국 전쟁은 영국의 패배로 끝났고 독일 용병 중 일부는 미국에 남았다. 19세기에도 독일계 유대인 수만 명이 암암리에 미국으로 들어왔다. 이후 나치가 부상하면서 약 10만 명에 이르는 새로운 물결이 미국, 특히 뉴욕으로 밀려들었다. 그들 대부분이 독일어를 읽고 썼으며 미국 문화에 큰 영향을 미쳤다. 하지만 앞에서 보았듯 혈통은 부분적으로 선택의 대상이 된다. 선택권이 주어졌을 때 다수의 독일계 유대인은 자신을 독일이 아닌 유대계 미국인이라고 응답했다.

단순히 수치로만 따져봐도 독일에 뿌리를 둔 미국의 인구 규모는 미국인 정체성의 잠자는 거인과 같다. 미국인들의 관습 중에는 독일의 특징이 묻어나는 것들이 많다. 유치원과 크리스마스트리, 그리고 핫도그와 햄버거 같은 음식 등이 대표적이다. 보잉(윌리엄 보잉의 부모는 1868년에 미국으로 이주했다)과 리바이스(레비 스트라우스는 1853년에 바이에른에서 샌프란시스코로 이주했다) 등 미국의 유명 브랜드 다수도 독일인이 설립했다.

이 스토리에는 각주가 있다. 독일은 이주의 나라였다. 사람들은 그곳을 떠났다. 지금은 사실상 그 반대다. 사람들은 독일에 들어가고 싶어 한다. 오늘날 독일 인구의 약 20%가 해외 태생이다. 이런 변화는 기회와 권리가 부족했던 국가에서 이 둘을 모두 충족한 국가로의 전환을 잘 드러내 보여준다. 그리 오래되지 않은 과거에 많은 독일인들은 오늘날 다른 이들을 독일로 끌어들이는 바로 그 이점을 누릴 수 있었다.

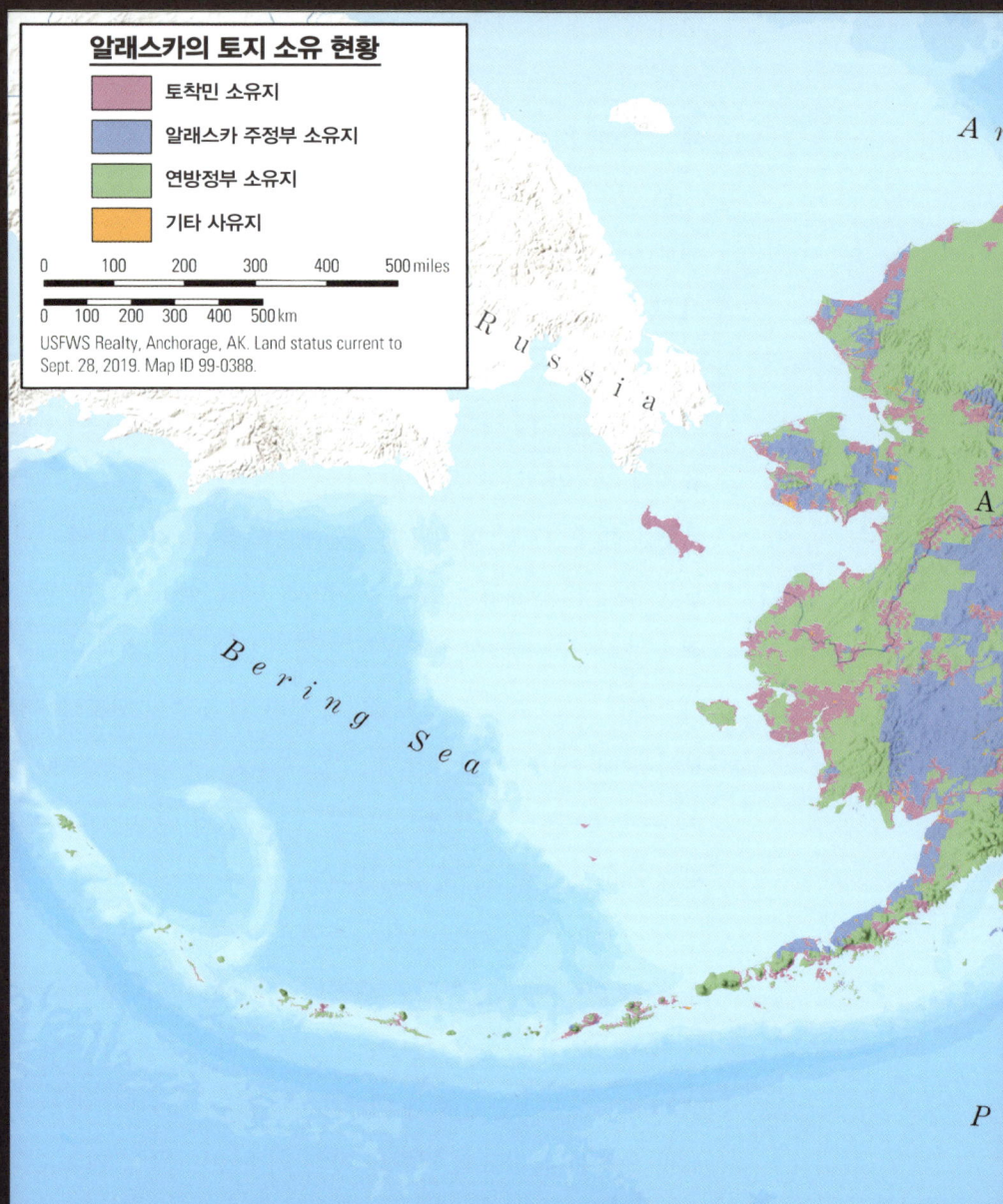

Map 13
알래스카는
누구 소유일까?
알래스카의 토지 소유권, 2019년

1867년 미국이 러시아로부터 알래스카를 매입했을 때 그 땅의 규모는 미국의 초기 식민개척지 13개를 모두 합한 크기의 2배에 달했다. 당시 알래스카의 거의 모든 주민은 토착 원주민이었다. 이 땅에 대한 그들의 소유권 주장은 고려의 대상조차 되지 않았다. 이 지도는 알래스카 땅의 얼마나 많은 부분이 연방정부의 수중에 놓여 있는지 또렷이 보여준다. 또한 파란색으로 표시된 곳은 모두 알래스카 주정부가 소유한 토지다.

미국에 대한 고정관념 중 하나는 미국이 작은 정부의 나라이자 자유시장과 사유재산이 보장되는 국가라는 것이다. 후자는 사실이지만 '작은 정부'는 어떨까? 현실적으론 사실이 아니다. 미국 정부는 토지 소유의 주된 주체로, 특히 서부와 알래스카에서 더욱 그렇다. 그런데 알래스카도 연방정부 소유지가 가장 많은 주는 아니다. 연방정부가 가장 많은 땅을 가지고 있는 지역은 네바다주로, 전체 토지의 80%가 연방정부(즉, 중앙정부) 소유다. 유타주는 그 수치가 63%, 아이다호주는 62%에 이른다. 미국에서 면적이 가장 큰 알래스카주의 경우 연방정부 소유지는 61%다(알래스카는 영국보다 6배 더 크다). 전체적으로 미국 땅의 27%가 연방정부 소유지다. 여러 주정부들도 대규모 토지 지분을 확보하고 있다.

큰 권한에는 큰 책임이 따른다. 특히, 토착민 토지 반환은 오래전에 이행되었어야 할 일이다. 1867년 미국이 알래스카 매입 대가로 러시아에 720만 달러를 지불한 이래로 거의 20년 동안 이 땅은 개인 구매자나 모든 종류의 재분배 정책에 문이 닫혀 있었다. 이후 광산 회사와 정부 공여 농가에 개방되었지만, 외떨어진 지리적 특성과 혹독한 기후 탓에 토지를 매입하려는 사람이 거의 없었고, 땅의 극히 일부만 매매되었다. 1959년 알래스카가 준주(準州)에서 주로 승격된 시점에 연방정부 소유지가 아닌 땅은 겨우 0.5%에 불과했다.

주로 승격되면서 힘의 균형에 변화가 생겼다. 알래스카의 정치인들은 훨씬 더 많은 통치권을 원했고 실제로 확보했다. 알래스카 주정부는 28%의 적잖은 땅을 할당받았다. 원주민들이 토지 반환 청구권을 행사하기까지는 시간이 좀 더 걸렸다. 1971년 알래스카 원주민 청구권 해결법(Alaska Native Claims Settlement Act)이 제정되면서 마침내 1만 7,806제곱킬로미터의 땅을 넘겨받았다(아마도 '돌려받았다'라는 표현이 더 정확할 것이다). 꽤 많다고 생각하겠지만, 알래스카의 총면적은 약 170만 제곱킬로미터에 달한다.

지금도 연방정부는 알래스카 땅의 가장 큰 몫을 차지하고 있으며, 자연보호와 개발을 위해 확보해둔 토지를 관리하고 있다. 여기에는 9개의 군사시설을 비롯해 무스, 늑대, 곰 등이 자유롭게 돌아다니는 키나이피오르(Kenai Fjords) 국립공원과 국유림, 9만 3,000제곱킬로미터 면적의 노스슬로프 국립석유보존지역(North Slope National Petroleum Reserve)이 포함된다.

이 지도는 확정본이 아니며, 책을 집필하는 시점에 확보한 최신 버전이다. 이 지도를 제공해준 제프리 브룩스(Jeffrey J. Brooks)와 미국 어류 및 야생동물 관리국(US Fish and Wildlife Service)의 스콧 맥기(Scott McGee)에게 이 자리를 빌려 감사드린다. 그동안 토착민에게 더 많은 땅을 되돌려주기 위한 활동이 꾸준히 추진되었고, 현재는 알래스카 토지이전 프로그램(Alaska Land Transfer

Program) 관리 감독하에 미국 역사상 최대 규모의 토지 반환 사업이 진행 중이다. 이 작업은 수만 마일의 땅에 대한 추적 조사, 법적 검증, 동의 절차가 수반되는 복잡한 과정이다. 지금까지 '알래스카 원주민 기업, 원주민 할당자, 알래스카 주정부'가 종합적으로 얻은 '권리'는 1,850만 헥타르(지도의 분홍색 부분)로, 이는 대략 워싱턴주만 한 크기다.

오늘날 알래스카의 땅에 대한 논의는 석유 사업에 대한 언급 없이는 이해하기 힘들다. 1971년의 '청구권 해결법'은 단순히 토지뿐만 아니라 석유와도 연관되어 있었다. 이 법에 의해 원주민에게 지불해야 할 금액은 정확히 9억 6,250만 달러로 책정되었다. 그리고 그중 절반은 석유 생산에 따른 로열티로 지불되는 방식이었다. 석유가 토지 청구권 문제를 신속히 해결하기 위한 핵심 요인이었던 셈이다. 당시 알래스카의 부지사이자 틀링깃족 출신인 바이런 멀롯(Byron Mallott)은 "원주민의 토지 소유권에 대한 해결은 전적으로 석유의 경제적 가치에 달려 있다"고 설명했다. 원주민의 토지 반환 청구권은 석유 생산을 막아서지 않는다는 전제하에 받아들여졌다. 이는 한때 윈윈으로 여겨졌다. 하지만 기후변화로 인해 계산이 틀어져버렸다. 현재 승자는 아무도 없는 것으로 보인다.

오늘날 알래스카 주민 대다수는 그 지역의 석유 기반 경제에 의문을 제기한다. 알래스카는 세계 평균의 2~3배 속도로 온난화되고 있으며, 이는 그곳 환경과 주민의 생계에 심각한 영향을 미치고 있다. 땅이 녹아내려 사라지면서 많은 마을이 터전을 옮겨야 했다. 심지어 어휘도 달라지고 있다. 영구동토층이 차츰 사라지고 한때 탄탄했던 지형이 허물어지면서, 짙고 조밀한 얼음을 뜻하는 'tagneghneq' 같은 토착어들이 더는 쓸모가 없어졌다.

알래스카 원주민은 최초로 기후변화를 경고하고 나선 집단 중 하나다. 알래스카 원주민 과학위원회(Alaska Native Science Commission) 책임자인 패트리샤 코크런(Patricia Cochran)은 "우리 지역사회가 수십 년간 말해온 것을 과학은 한참이 지나서야 파악하기 시작했다"고 말한다. 이어서 "적어도 지난 40~50년 동안 우리 지역사회는 알아차리기 힘든 가장 미묘한 변화를 목격해왔다"라고 말하며 이렇게 덧붙인다.

> 과학자와 연구자들이 기후변화라는 용어를 사용하기 훨씬 전부터 우리는 그 조짐을 내내 지켜보았다. 우리에게 기후변화는 단순한 논의 대상이 아니다. 그것은 현실이다. 우리가 매일같이 마주하고 살아내는 그런 것이다. 그리고 수십 년간 우리는 그래왔다.

최근 알래스카의 원주민 청소년들 사이에서 환경운동이 눈에 띄게 활발해졌다. 105쪽 사진은 2019년 알래스카 원주민 연합대회(Alaska Federation of Natives Convention)에서 나니에즈 피터(Nanieezh Peter, 15세, 왼쪽)와 콴나 체이싱 호스 포츠(Quannah Chasing Horse Potts, 17세, 오른쪽)가 기후 비상사태 선포에 대한 지지 연설을 하는 장면이다. 이들의 모습에서 결연한 의지가 느껴지는 한편, 자신들의 메시지가 제대로 호응을 얻을 수 있을지 불안해하고 긴장하는 기색도 엿보인다. 원주민과 정착민 양측 모두에서 다수가 그들의 반대편에 서 있는 실정이다. 석유 사업은 수십 년 동안 상당한 액수의 돈을 가져다줬고, 개인과 지역사회 전체가 그 수혜를 누려왔기 때문이다. 모두가 판을 뒤엎고 싶어 하는 건 아니다.

나니에즈 피터와 콴나 체이싱 호스가 2019년 알래스카 원주민 연합대회에서 연설을 하고 있다.

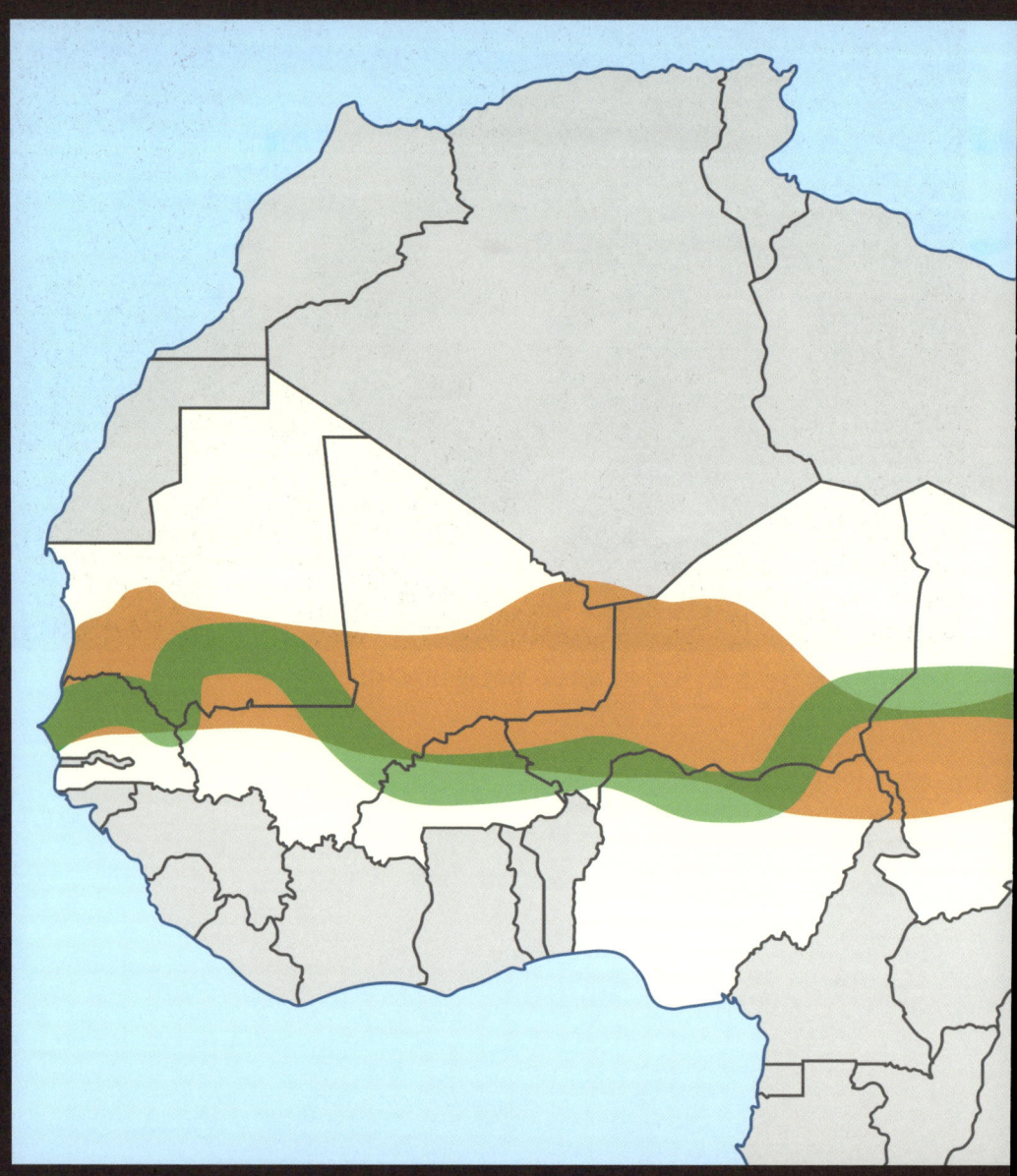

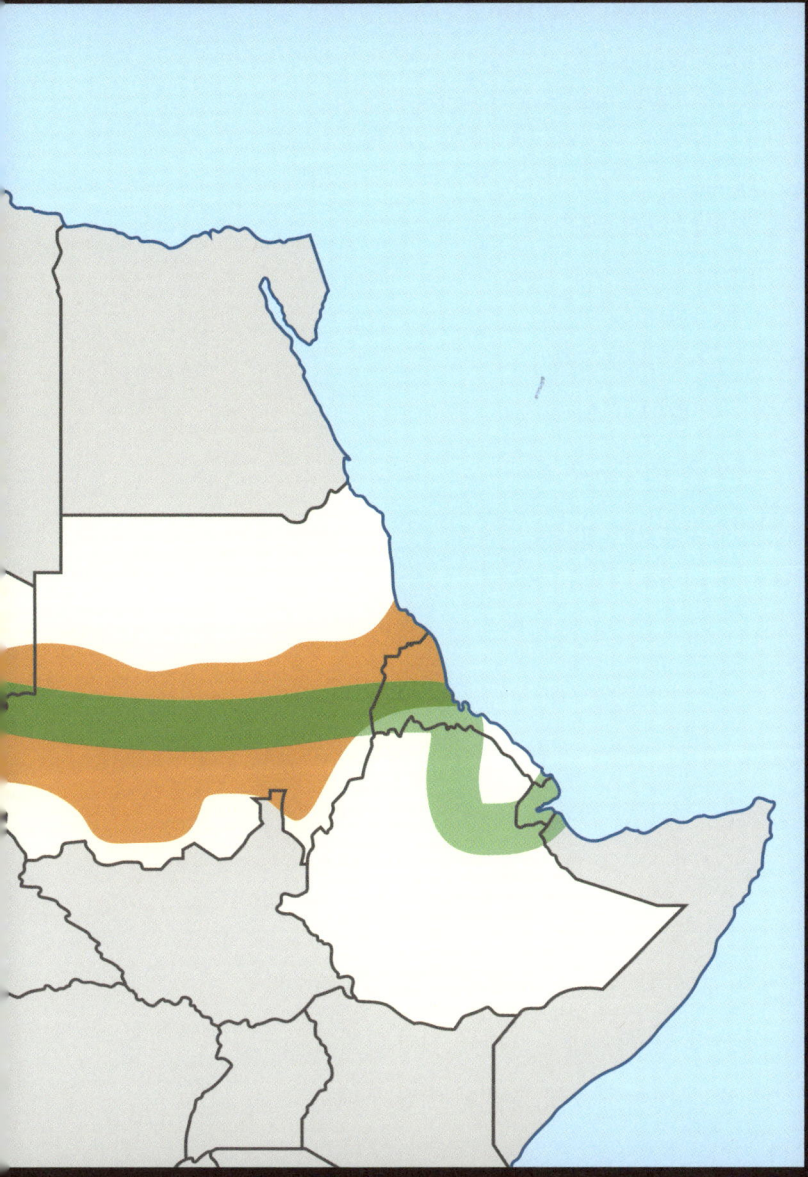

Map 14
아프리카에서 추진 중인 거대한 환경 프로젝트
아프리카의 초록 장벽, 2021년

심각한 토지 황폐화가 세계 168개국에 영향을 미치고 있다. 토양은 복잡한 생태계다. 기온이 상승하면 토양이 죽고 먼지로 변하기 시작한다. 그 결과는 명백하다. 죽은 토양이 의미하는 바는, 작물이 자라지 못해 사람이 굶주리게 된다는 것이다. 지구의 인구가 계속 증가하는 가운데 이런 일이 진행 중이다. 1950년에 지구의 인구는 25억이었고, 지금은 80억이며, 2050년에는 100억을 돌파할 것으로 예상된다.

토양을 보존하기 위한 각종 해법이 속속 등장하고 있다. 중국에서는 갈대와 풀을 엮은 망으로 토양을 덮어 표토의 유실을 막으려 노력 중이다. 스페인은 국가 차원의 새로운 정책을 통해 덜 집약적인 농업을 장려하고 있다. 이런 모든 노력 가운데 최대 규모의 프로젝트는 아프리카에서 찾아볼 수 있다.

세네갈에서 지부티까지 약 6,500킬로미터(영국 세로 길이의 7배에 조금 못 미치는 정도)에 이르는 지역에 넓은 띠 형태로 나무를 심어 사막화의 확대를 막고 농지를 보호하기 위한 사업이 진행되고 있다. 앞에 실린 지도는 무척 심플한 형태이지만, 혜택을 누리게 될 생명체의 숫자를 감안하면 이 책에서 가장 중요한 지도라고 할 수 있다. 이 지도에서 녹색의 굵은 선은 '초록 장벽(Green Wall)'이고 황토색 넓은 띠는 사헬 지대다. 사헬 지대란 사하라 사막과 그 이남의 좀 더 습한 땅 사이에 분포하는 지역을 말한다. 이 지도에는 첫 참여국들 사이에 초록 장벽이 어떻게 배분되었는지도 잘 나타나 있다.

초록 장벽 프로젝트는 현재 진행 중이다. 2023년까지 나무를 심는 작업이 이행된 곳은 계획한 구역의 18%에 불과하지만, 그 면적은 1,800만 헥타르에 이른다. 이 정도 성과가 현실이고 그만큼 이 프로젝트는 힘겨운 과제다. 초록 장벽은 세계에서 가장 가난하고 불안정한 국가들과 불확실한 시대 상황을 통과해 지나고 있다. 세네갈의 전 대통령이며 초록 장벽 프로젝트를 주도한 인물 중 하나인 압둘라예 와데(Abdoulaye Wade)는 "사막은 주변으로 번지는 암이다"라고 설명하며 이렇게 덧붙여 말했다. "우리는 맞서 싸워야 한다. 그래서 우리도 이 대규모 전투에 합류하기로 결심했다." 2007년, 초창기 초록 장벽이 지나는 국가(우리 지도에서 왼쪽부터 오른쪽 순으로 세네갈, 모리타니, 말리, 부르키나파소, 니제르, 나이지리아, 차드, 수단, 에티오피아, 에리트레아, 지부티, 소말리아) 수장들이 행동에 나서기 위해 처음 한자리에 모였다.

2010년대 후반부터는 초록 장벽의 야심찬 계획에 대한 재고와 확대가 이루어졌다. 프로젝트 초기에 심었던 나무 중 다수가 허무하게 죽고 말았기 때문이다. 식수(植樹) 작업을 외부인에게 의지하는 탑다운 방식에 문제가 있었음이 드러난 것이다. 이에 따라 나무와 용수를 관리하는 더 저렴하고 효과적인 해법을 보유한 현지 농부들과 협력하는 방식이 새로 적용되었다. '아프리카 거대 초록 장벽'의 새로운 국면에는 이러한 접근방식이 핵심에 자리하고 있으며, 생기와 활력을 되찾은 이 프로젝트에는 현재 21개국이 참여하고 있다.

초록 장벽 프로젝트 자체는 아프리카 외부에 그리 잘 알려져 있지 않지만, 세계적으로 널리 알려진 기관들이 협력에 나서고 있다. 그중 하나가 국제올림픽위원회(IOC)다. IOC는 아프리카에 '올림픽 숲(Olympic Forest)'을 조성하는 계획을 발표하고 말리와 세네갈의 초록 장벽 사업에 약 60만 그루의 나무를 제공하기로 했다. 또 다른 협력 파트너인 친환경 인터넷 검색엔진 에코시아(Ecosia)도 대량의 나무를 기부하고 있다. 이러한 파트너십과 더불어 혁신 기술도 이 프로젝트의 큰 특징으로 꼽힌다. 일례로 나무의 생장을 돕기 위해 설계된 작은 상자 '그로아시스(Groasis)'를 들 수 있다. 네덜란드인이 처음 발명한 이 장치는 효율적으로 물을 비축하고 보유한다. 이것은 파이프를 통해 물을 조금씩 뿌리는 기존 방식보다 90% 더 저렴하고 90%의 용수 절감 효과가 있다고 알려져 있다. 2023년, 나이지리아의 초록 장벽 전담기관은 나이지리아에 그로아시스 박스 생산 시설을 유치하기로 합의했다. 나이지리아 정부의 웹사이트 설명에 따르면, '이 합의를 통해 초록 장벽 지대에 나무 심기 캠페인이 가속화되고 경제 활동이 촉진되며 수천 개의 일자리가 창출될 것이다.' 즉, 이는 '거대 초록 장벽 지대를 경제의 허브로 변모시키기 위한 일'이다.

　이 메시지에서 명확히 밝히는 것처럼 초록 장벽은 경제의 생명선으로 간주된다. 즉 시골에서 사람이 쏟아져나와 도시로 몰려드는 현상을 늦춰줄 거라는 기대가 담겨 있다. 죽어가는 토양과 죽어가는 농장은 농촌의 인구감소를 야기하고, 이는 다시 통제 불가의 도시 팽창과 식량 수입에 의존하는 결과로 이어진다. 초록 장벽은 이 위험한 사슬을 끊는 데 도움이 될 것이다. 한편, 정치적 이점도 있다. 굶주림과 빈곤은 극단주의의 성장에 이상적인 여건을 조성한다. 초록 장벽이 지나는 척박하고 절망적인 땅에서 최근 몇 년 사이 이슬람 테러리스트 집단이 번성해 왔다. 극단주의와의 전쟁에서 더 효과적인 것은 군대와 총알이

사막의 끝자락: 말리의 사헬 지대

아니라 토질 개선이다.

아프리카의 초록 장벽은 규모와 포부 측면에서 독보적이지만, 과거에도 유사한 아이디어가 있었다. 미국에서 더 작은 규모의 비슷한 사업인 그레이트플레인스(Great Plains)* 방풍림 프로젝트가 추진된 적이 있다. 토양 침식을 막기 위해 1934년부터 수백만 그루의 나무를 심었다. 이 나무가 방풍림 역할을 하고 모래 폭풍(Dust Bowls)의 발생을 저지할 수 있다는 아이디어에서 나온 사업이었다. 1942년까지 2억 2,000만 그루의 나무를 심어 약 4만 8,000제곱킬로미터를 수풀로 뒤덮었다. 이 프로젝트는 성공적이라는 평가를 받았지만, 그 유산은 허무하게 무너져 내렸다. 죽은 나무가 새로 채워지지 않았고, '방풍림 지대'는 드문드문 유지되긴 했지만 예전 같지 않은 모습이 되어버렸다.

*북아메리카의 중앙, 로키산맥의 동쪽에 위치한 대평원._옮긴이

그레이트플레인스 방풍림 스토리에는 교훈이 있다. 환경보호에 있어 정책 수립은 절반의 해법일 뿐이고 나머지 절반은 그것을 잘 유지하는 것이라는 사실이다. 중국은 이런 점을 잘 파악한 듯하다. 중국에서도 고비 사막의 확대를 막기 위해 초록 장벽 사업(Three-North Shelter Forest Program)을 활발히 추진해왔다. 1978년에 개시된 이 프로젝트는 이제 거의 완료된 상태로 면적이 약 4,500킬로미터에 이른다. 인도에는 아라발리 초록 장벽 프로젝트(Aravalli Green Wall Project)라는 더 작은 규모의 사업이 있다. 아라발리산맥 주변에 1,400킬로미터의 '완충 녹지'를 조성하는 계획으로, 하리아나, 라자스탄, 구자라트주의 농지를 보호하려는 목적이다.

세계 곳곳에서 초록 장벽이 늘어나는 추세다. 아프리카의 초

록 장벽은, 가장 빈곤한 대륙의 최빈국들에서 시작된 환경을 위한 연합이자 지역사회의 참여를 보여주는 하나의 사례로서 단연 가장 인상적이라 할 만하다. 더 부유한 국가들은 이를 주목하고 배울 필요가 있다.

Map 15
신흥 초강대국을 위한 새로운 지도
세로형 지도, 하오샤오광, 2013년

세계 권력의 판도가 바뀌고 있으며, 지도 작법은 권력의 하수인 노릇을 하기도 한다. 중국의 이 지도는 아시아를 중앙 무대에 놓는다. 지도에서 아시아는 지배적 위치를 점하고 있다. 아메리카 대륙은 주변부로 밀려나 싹둑 잘려 있다. 지도 상단의 북아메리카는 '옆으로' 누워서 기어가는 모양새고, 남아메리카는 남쪽에서 미끄러지듯 솟아오르는 모습이다.

중국에서 지도를 재구성하는 좀 더 전통적인 방식은 세계 지도를 통째로 돌려서 동아시아가 지도 중앙에 놓이도록 하는 것이다. 어떤 방식을 쓰든 중국은 한자 명칭이 표방하는 대로 '가운데 나라'처럼 보이게 된다. 중국에 해당하는 중국어 '중궈(Zhōng guó)'는 가운데 중(中)과 나라 국(國)이 조합된 단어고, '가운데 나라'를 뜻한다. 수천 년 동안 중국 학자들은 중국이 세상의 중심이며 세계에서 가장 문명화된 국가라고 설명해왔다. 지난 2세기는 중화사상의 이런 자신만만한 태도를 폭삭 주저앉혔다. 오늘날 이런 의식이 되살아나고 있으며, 이 새로운 자신감을 표현하는 핵심 수단으로 지도가 활용되곤 한다. 이런 지도들은 세계를 향해 구체적인 주장을 펼친다. 애국적인 연설과 음악은 국가의식을 고취시키고 열띤 호응을 이끌어낼 수 있지만, 지도는 불가능을 가능으로 만드는 기적을 일으킬 수 있다.

  중국 정부는 습관적으로 지도 발행을 통한 도발을 벌이곤 했다. 여기에 실린 지도는 큰 관심을 유발하지만 논란거리는 없어 보인다. 나는 이 지도에서 제시한 방향 재설정이 창의적이면서도 유용한 보정이라고 생각한다. 지도를 제작한 중국과학원의 연구원 하오샤오광(Hao Xiao guang)은 일반적인 지도보다 이 세로형 지도가 북반구 국가들이 서로 얼마나 가까운지 훨씬 더 정확하게 보여준다는 점을 강조한다. 지도에서 알 수 있듯, 베이징에서 뉴욕까지 비행할 경우 태평양을 건너는 경로(1만 9,000킬로미터)보다 북극해를 가로지르는 경로(1만 1,000킬로미터)가 훨씬 짧다. 북반구에 세계 인구의 절대다수가 산다는 측면에서 이는 유용한 정보다.

하오샤오광의 지도는 도전의식이 묻어나지만 깊은 인상을 남긴다. 단순히 도발적인 지도를 찾으려 했다면 2014년 중국 교육부가 발행한 지도가 좋은 사례일 것이다. 그 지도는 태평양 대부분이 중국의 영유권에 해당한다는 주장을 담고 있었다. 수많은 주권국들이 방대한 영역 안에 묶여 있었는데, 그중에는 미국과 멕시코의 서부 해안과 하와이도 포함되어 있었다. 당시 미크로네시아의 대통령 매니 모리(Manny Mori)는 이 지도를 일컬어 "지도를 통한 국가주권 유린"이라고 말하며 불쾌감을 토로했다.

중국의 지도들이 국경을 넓히려는 시도를 하고 있다. 중국 정부의 한 관료가 "중국 영토에 해당하는 지역에 관한 연구가 진행 중이다"라고 발표한 이후, 남극대륙 일부가 중국 영토였다는 말이 나돌기 시작했다. 현재 아르헨티나, 호주, 칠레, 프랑스, 뉴질랜드, 노르웨이, 영국 등이 남극대륙에 대한 영유권을 주장하고 있다. 대부분 남극대륙과 멀리 떨어져 있는 국가들이다. 신흥 초강대국인 중국도 이 경쟁에 뛰어들고 싶어 하리라는 건 그리 놀랄 일도 아니다.

하오샤오광의 지도를 보면 남극대륙이 유난히 돋보이는데,

지도 상단의 북아메리카는 '옆으로' 누워서 기어가는 모양새다. 하오샤오광, 2013

어쩌면 중국이 남극대륙이라는 파이의 한 조각을 차지할 수 있다는 희망이 반영된 결과일 수도 있다. 남극과 북극의 위치는 이 지도의 큰 특징 중 하나다. 지도를 보면 양극이 기존의 변변찮은 역할에서 벗어나 있다. 일반적으로 세계 지도 하단에 삐죽빼죽한 형태로 자리하던 남극대륙이 이 지도에서는 아무도 차지하지 못한 새하얀 영광으로 보인다. 지도 상단의 아시아 대륙 바로 위, 육지에 둘러싸인 북극은 마치 머지않아 활짝 열릴 바다처럼 보인다.

이 세로형 지도에서 가장 우려되는 점은 양극을 나타낸 방식이다. 접근과 개발이 얼마든 가능하다는 식으로 표현되어 있다. 한때 캐나다 북쪽에 갇혀 있던, 일년 내내 얼음에 뒤덮인 북극해를 통과하는 항로를 찾기 위해 탐험가들이 아주 멀리까지 수십 년간 모험을 감행했다는 사실이 점점 믿기 힘들어지고 있다. 수백 년에 걸쳐 항해사들은 이 전설적인 북서 항로*(Northwest Passage)를 개척하고자 목숨을 걸었다. 노르웨이의 탐험가 로알 아문센이 1903년부터 1906년까지 3년의 고생 끝에 최초로 항해에 성공했는데, 그마저도 살짝 스치고 지나간 수준이었다. 아문센이 배를 저어 지나간 곳의 물 깊이는 당시 3피트(1미터 미만)에 불과했다. 이제 그 지역을 살펴보자. 이 지도에서 북극은 온통 푸른 물로 뒤덮인 항해 가능한 바다처럼 보인다. 오늘날 '북서 항로'는 일년 내내 뚫려 있다. 크루즈 선박들은 수천 명의 관광객을 태우고 아문센 항로를 여유롭게 오간다.

지금도 여전히 북극해의 많은 부분이 얼음에 뒤덮여 있다. 하오샤오광은 그린란드나 남극처럼 육지를 덮고 있는 얼음만 지

*대서양에서 북극해를 거쳐 태평양에 이르는 항로. 16세기 후반부터 이 항로를 개발하기 위해 많은 탐험이 이루어졌다. _옮긴이

도에 표시하겠다는 나름 타당한 결정을 내렸다. 그렇지만 지도상에 푸른빛의 북극을 두드러지게 배치함으로써 그는 무역로로서 북극의 떠오르는 위상을 보란 듯 드러냈다. 2004년 캐나다의 루이 생로랑(Louis S. St-Laurent)과 미국의 폴라시(Polar See)라는 두 쇄빙선이 협력해 최초로 북극해를 횡단했다. 일반적인 선박으로는 그 일이 불가능했을 것이다. 하지만 매년 북극의 얼음은 줄어들고 두께도 얇아지고 있다. 1981년부터 2010년까지 30년 사이 여름철 북극을 덮는 얼음의 양은 현재 알래스카 크기에 해당하는 만큼 줄어들었다.

극지방 횡단 해로(Transpolar Sea Route)가 언제 완벽하게 뚫릴지는 지금도 상당히 불확실한 상태다. 일반 화물선이 다니려면 얼음이 없는 안전한 여건이 조성되어야 한다. 다시 말해, 북극이 종말을 맞이해야 한다는 의미다. 그 시점이 이르면 2030년일 거라고 말하는 사람이 있는가 하면, 더 멀게 2050년으로 추정하는 사람들도 있다. 해운회사들은 이미 장기 계획에 이 항로를 포함시키고 있다. 극지방 횡단 해로는 세계 운송에 혁명을 가져올 것이다. 동아시아와 대서양 사이를 오가는 상품의 이동 시간이 크게 단축될 것이며, 수에즈운하와 파나마운하를 통한 수송은 줄어들 것이다.

이외에도 북극은 관심을 끌어당기는 여러 매력을 지니고 있다. 석유, 가스, 광물 등 아직 발견되지 않은 개발 가능한 세계 자원의 약 22%가 북극권에 매장되어 있다고 추정된다. 21세기판 골드러시를 곧 목격하게 될 수도 있다. 남쪽에 있는 쌍둥이 남극대륙도 같은 운명을 맞이할지 모른다.

이 지도에서 아시아의 미래 비전을 보는 사람도 있을 것이다. 그렇게 보이긴 한다. 하지만 다시 살펴보면 다른 일이 일어나고 있음을 알 수 있다. 아주 오랫동안 간과해왔던 극지방이 경제적 잠재력을 지닌 지역으로 우리 앞에 떠밀려오고 있다. 지구에서 가장 외떨어진 곳이 우리 사정권 안에 들어와 있다. 불편한 순간이다. 전 세계가 발가벗겨지고 있으며 온전히 남게 될 곳은 이제 아무 데도 없다.

Antarctic Treaty
Number of voyages
40
80
120
160
Number of visits
300
600
900

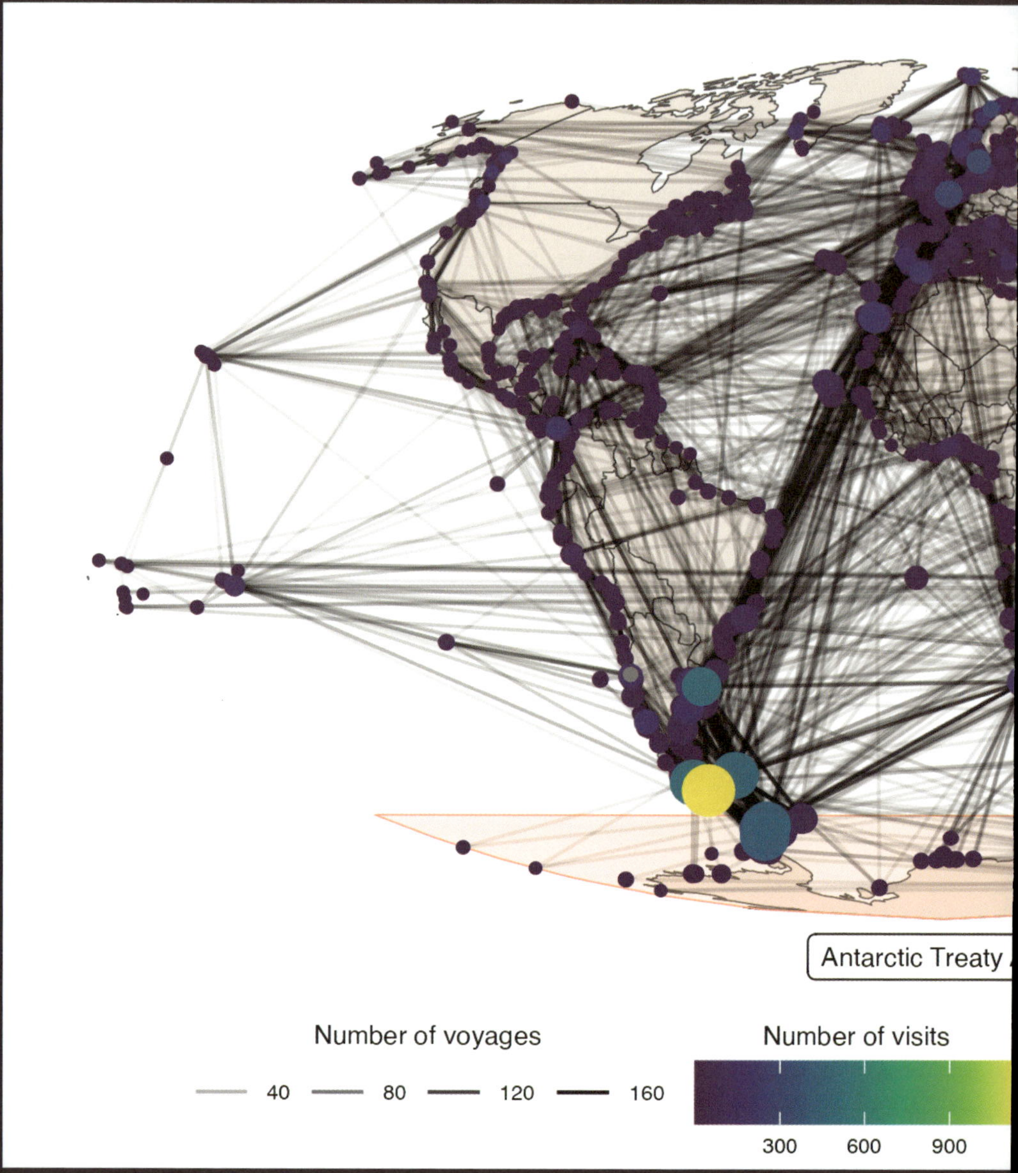

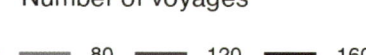

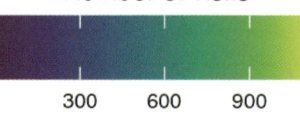

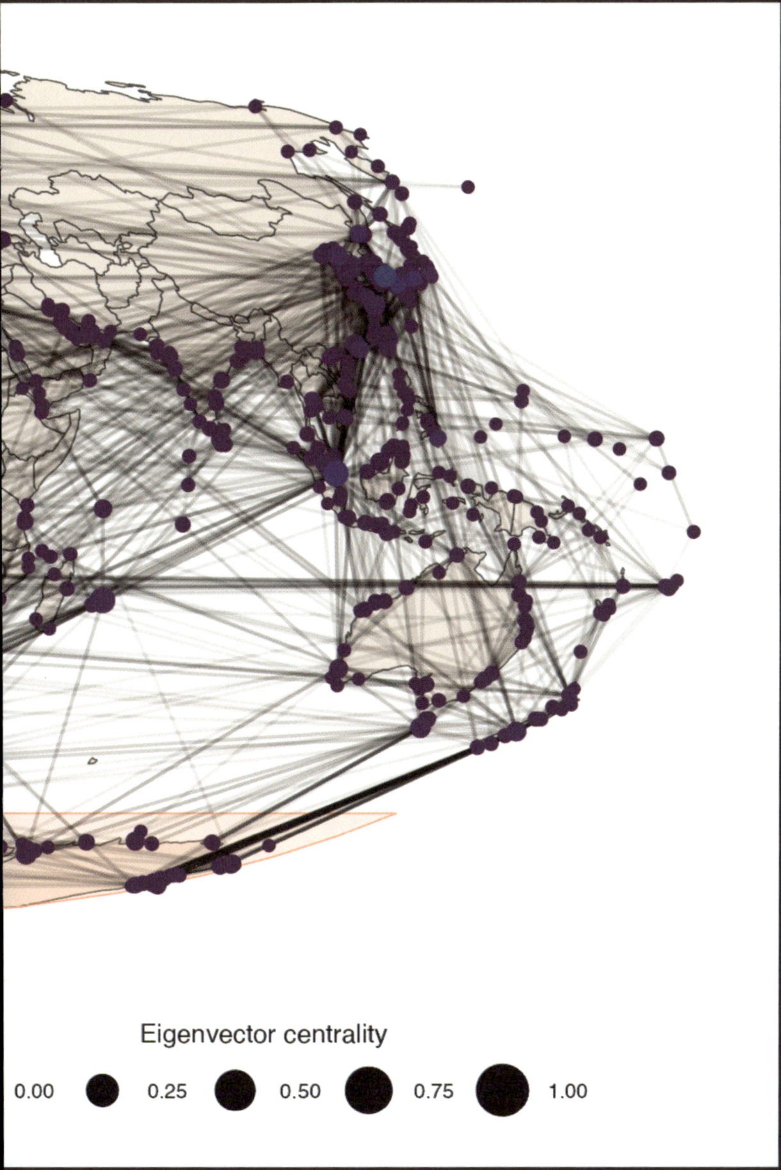

Eigenvector centrality

0.00   0.25   0.50   0.75   1.00

Map 16
모두 남쪽으로!
북적이는 남극대륙
남극을 방문한 모든 선박의 항구 간 통행망, 2014-2018년 남극대륙에 첫발을 디딘 사람은 영국 태생의 미국인이자 바다표범 사냥꾼이었던 존 데이비스(John Davis)다. 그날은 1821년 2월 7일이었고, 그곳은 현재 데이비스코스트(Davis Coast)라 불린다. 당시 일지에 그는 '땅이 높고 온통 눈으로 뒤덮여 있다. 나는 이 남쪽 땅이 대륙이라고 생각한다'라고 적었다.

남극대륙의 크기는 호주의 약 2배에 달하고 미국이나 유럽보다 훨씬 넓다. 높은 산과 널찍한 계곡이 있으며, 수백만 년 동안 사람의 손길이 닿지 않은 채 그대로 남아 있었다. 데이비스가 다녀간 이후, 다음으로 그곳을 찾은 사람은 노르웨이 출신의 헨리크 불(Henryk Bull)로, 약 74년이 흐른 뒤였다.

하지만 지금은 어떤가. 지도에는 2014년부터 2018년 사이 남극대륙을 방문한 모든 선박이 표시되어 있다. 유럽, 동아시아, 남아메리카를 떠난 배들이 지구에 사실상 마지막 남은 청정 지역을 향했다. 현재 매년 약 200척의 선박이 남극대륙을 방문한다. 이들 대다수가 노란색과 푸른색으로 표시된 가장 접근하기 쉬운 지점을 향한다(참고: 원의 크기는 다른 주요 항구와의 연결성을 기준으로 해당 항구의 상대적 중요도를 나타낸다). 이 지점이 남극반도다. 비교적 온화하고 접근이 쉬우며, 고래와 물개 및 많은 수의 펭귄을 볼 수 있는 곳이다.

오늘날 남극이 북적이는 가장 큰 원인은 관광객의 증가다. 많은 사람이 꼭 한 번 가보고 싶은 '버킷리스트'를 가지고 있다. 그리고 다수의 버킷리스트에는 남극의 오염되지 않은 순백의 자연이 포함된다. 관광용 배는 남극을 방문하는 선박의 67%에 이른다. 성수기인 12월부터 2월 사이에는 10만 명 이상이 남극을 찾는다. 그 수는 매년 증가하는 추세다(2020~2021년 팬데믹 기간은 예외로, 당시 관광객은 단 15명에 불과했다). 향후 이 수치는 더욱 늘어날 것이다. 앞으로도 버킷리스트를 작성할 사람이 전 세계에 엄청나게 많기 때문이다.

그다음으로 많은 비중을 차지하는 것은 조사연구 목적의 선박들이다. 나머지는 어선과 보급선이 차지한다. 지도에 표시된 선들 중 가장 많은 수가 연구용 선박에 해당한다. 이 지도를 제작한 영국의 남극조사단(British Antarctic Survey) 연구원들이 주목하는 것이 바로 이 유형의 연결성이다. 즉, 남극이 외래유입종에 취약하다는 사실을 강조하려는 것이다. 남극에 드나드는 배가 많아지고 외부와의 접촉면이 넓어질수록 선체에 들러붙은 불청객들이 무임승차로 남극에 유입될 확률이 커진다. 세계 전역이 생태계를 교란하고 야생동물을 위협하는 외래종 유입으로 몸살을 앓지만, 남극의 경우 수백만 년간 다른 생물 종과의 접촉이 전혀 없었기 때문에 이는 특히 중요한 사안일 수밖에 없다.

남극대륙은 다르다. 모든 측면에서 동떨어져 있다. 여기엔 국가가 없다. 여러 국가가 남극대륙의 일부에 대해 영유권을 주장해왔지만 이 주장은 국제적으로 용인되지 않는다. 영국, 프랑스, 호주, 뉴질랜드, 노르웨이가 남극에 대한 각자의 영유권을 서로 승인하기도 했지만 다른 국가들은 이를 인정하지 않는다. 외떨어진 이 땅을 관리하는 가장 중요한 법적 수단은 1959년 체결된 남극조약(Antarctic Treaty)으로, 이는 남극이 정치적으로 중립임을 규정한 국제사회의 약속이다. 조약에 서명한 모든 국가(현재 56개국)는 남극 지역 전체에 대한 접근권을 가지며 군사적 목적이나 방사성 폐기물 처리 용도로는 남극을 이용할 수 없다. 시급히 처리해야 할 문제도 있다. 광물 자원 개발을 금지하는 조항이 포함되어 있긴 하지만 2048년이면 조약의 효력이 만료된다. 보호와 개발 사이에서 국제적 갈등이

남극반도 트리니티섬 미켈센 항구Mikkelsen Harbor의 아르헨티나 대피소에서 배출된 쓰레기 더미 옆에 젠투펭귄이 서 있다.

싹트고 있다. 벌써부터 남극대륙에서 자원의 시추와 굴착을 개시하려는 열망을 드러내는 국가들도 있다.

남반구의 여름철에는 약 5,000명의 과학자와 지원 인력이 남극대륙에 머문다. 이곳에서 인간의 존재를 가장 잘 보여주는 것이 각국이 건설한 연구기지들이다. 이 기지들은 남극의 '마을'을 형성하는 동시에, 안타깝게도 이곳저곳에 쌓인 쓰레기와 폐기물의 원인이 되기도 한다. 그중 최대 규모는 미국의 전초기지인 맥머도(McMurdo)로, 이곳에는 80여 개의 건물이 있으며 약 1,250명이 상주한다. 맥머도 기지에는 소방서와 상점 및 남극에 단 하나뿐인 현금인출기(ATM)도 있다.

남극대륙은 척박한 불모지가 아니다. 이끼류 이외에 식물 종은 거의 없지만 주변 바다에는 고래와 바다표범 등 국제적으로 중요한 동물 개체군이 가득하다. 남극 땅에는 약 2,000만 마리의 펭귄이 산다. 남극대륙의 혹독한 추위와 지리적 여건 덕분에 이 모든 생명체는 외부 세계로부터 보호를 받아왔다. 또한 해파리와 갑각류 등을 밖으로 밀어내는 남극대륙 주변의 남반구

해류(Southern Ocean)도 보호 장치로 작용한다. 남극대륙은 지난 1,500만~3,000만 년 동안 폐쇄된 채 진화한 특이하고 독자적인 생태계를 이루고 있다.

이 지도 제작에 참여한 영국 남극조사단의 연구원 알리 맥카시(Arlie McCarthy)는 자신의 연구에 대해 이렇게 설명한다. "나는 선체와 배관을 긁어내 따개비나 침전물을 분석한다. 이를 통해 어떤 종들이 배에 딸려 들어오는지, 그 종들이 세계 어디에서 유입된 것인지 파악하고 있다." 영국의 또 다른 연구원인 케임브리지대학의 데이비드 올드리지(David Aldridge)는 "남극의 생물 다양성에 가장 큰 위협을 가하는 것 중 하나가 외래종이다"라고 말한다.

연구원들은 현재 남극 해역에서 번식 중인 다양한 외래종이 모두 선박을 통해 유입되었다는 사실을 확인했다. 그중에는 게와 홍합류도 있다. 문제는 지금껏 이곳 해역에 유사종이 전무했다는 점이다. 이들은 환경을 완전히 뒤바꾸는 존재가 될 수 있다. 칠레의 또 다른 연구진도 남극 해역에서 번식력이 강한 홍합들을 찾아냈다. 칠레 아우스트랄대학(Austral University of Chile)의 레이라 카르데나스(Leyla Cardenas) 교수는 "홍합은 공간 지배력이 탁월한 개체이며, 빠르게 성장해 주변을 순식간에 장악해버릴 수도 있다"고 경고한다.

수백만 년 동안 남극대륙은 고립되어 있었다. 더는 그렇지 않다. 별의별 방문객들이 지구의 텅 빈 대륙을 향하고 있다.

중화인민공화국 철도 지도

CRH(중국철로고속)와 기타 고속철도 노선
최신 업데이트: 2023년 11월 27일

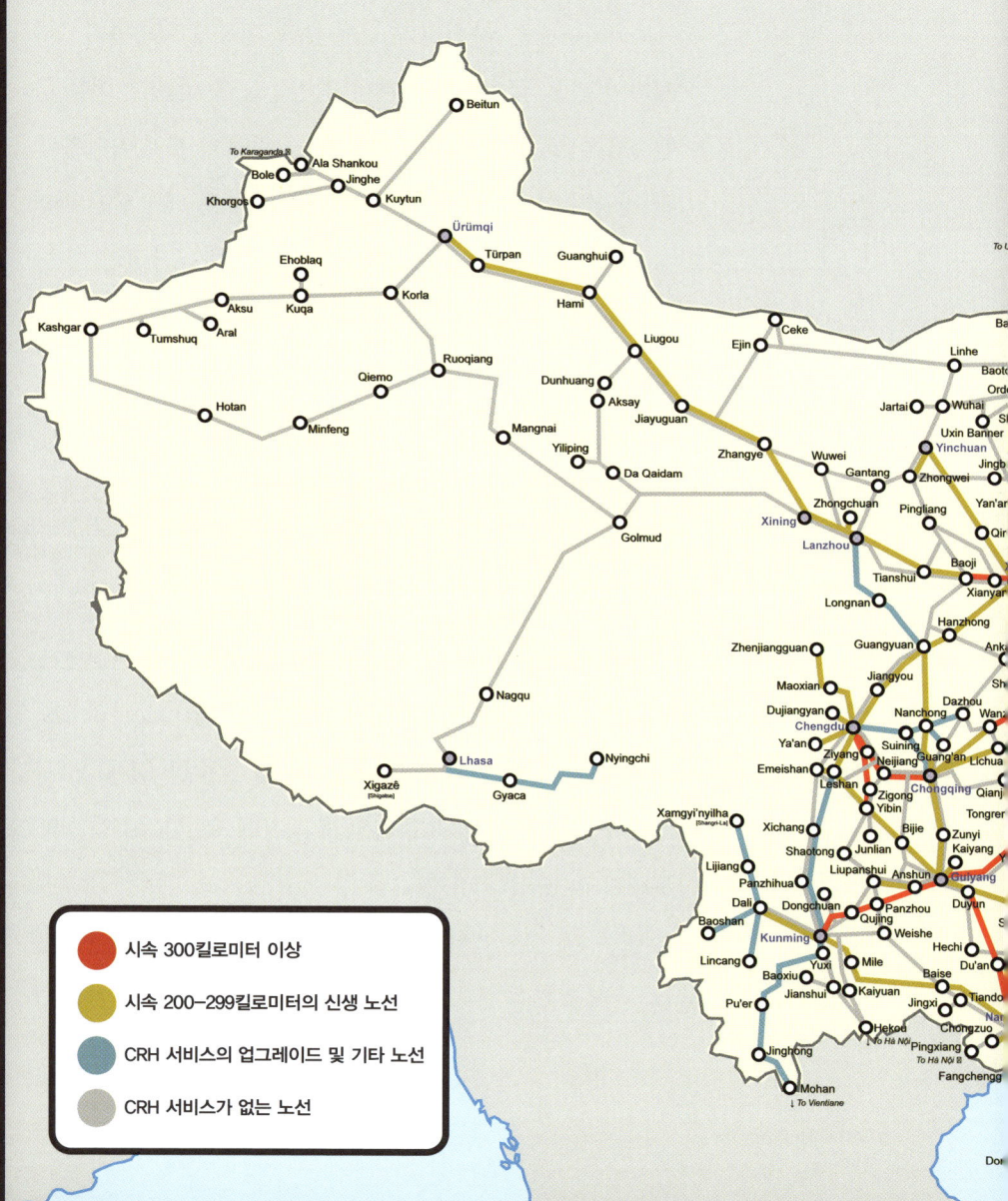

Map 17

중국의 고속 혁명

중국의 철도 지도, 2023년

이것은 혁명을 보여주는 지도다. 놀랍지 않은가. 지도에 보이는 모든 것이 기차 노선이다. 구체적으로는 중국 전역을 가로지르는 고속철도들이다. 이 노선들은 수백 년간 이어진 고정관념과 가정을 뒤집어놓는다. 중국은 '개발도상 중' 혹은 '따라잡는 중'이 아니라 고속으로 추월 중이다. 전 세계 고속철도의 약 3분의 2가 중국에 있다. 중국의 고속철도 노선망은 급속히 성장해왔고 2035년까지 최대 7만 킬로미터까지 연장될 예정이다.

지도를 보면 붉은색 노선이 조밀하게 연결돼 있다. 이 노선의 열차는 시간당 300킬로미터 이상의 속도로 달린다. 노란색과 파란색도 고속철도 노선이지만 상대적으로 느린 시속 200~299킬로미터로 운행된다.

이는 또한 인구 지도이기도 하다. 중국의 대다수 시민은 동부에 산다. 서부는 인구밀도가 굉장히 낮다. 지도에 서부 내륙으로 깊숙이 뻗어 있는 노란색 선이 있는데, 이는 '일대일로'의 일환으로 건설된 고속철로다. 일대일로는 중국이 서부 진출을 위해 추진 중인 프로젝트로, 아시아와 아프리카, 유럽에 걸쳐 교통망을 구축하고 경제적 협력을 도모하려는 사업이다.

철도는 사람과 물자를 운반하는 데 있어 도로나 항공편보다 더 효율적인 수단이다. 기차는 더 저렴하고 안전하다. 운송해야 할 사람과 물품이 많을수록 기차가 더 합리적이다. 비행기는 일단 상공에 뜨고 나면 이동 속도가 기차보다 더 빠르다. 그러나 더 짧은 거리를 이동할 때는 기차를 이용하는 쪽이 목적지에 더 빠르게 닿을 수 있다. 공항들은 대개 도심에서 떨어져 있으며, 줄서기와 보안 검색, 초조감("비행기 출발시간 최소 2시간 전에 공항에 도착하세요")이 수반되고, 탑승과 하차에도 꽤 많은 시간이 걸린다. 항공기를 통한 이동은 엄청난 탄소발자국도 남긴다. 이에 비해 기차는 도심으로 곧장 연결되며, 승하차 수속 시간이 짧고, 환경에도 훨씬 덜 해롭다. 중국과 일본, 유럽 전역에서 고속철도는 도시들을 오가는 단거리와 중거리 항공편을 몰아냈다. 난징과 우한 또는 마드리드와 바르셀로나 사이를 비행기로 오간다는 건 더는 말이 되지 않는다. 모두 기차를 탄다.

앞에서 '우왕의 행적도(18쪽)'를 읽었다면, '강을 통해 이동할 수도 있잖아?'라고 생각할지도 모르겠다. 중국에서 수로는 수천 년에 걸쳐 사람과 물건을 실어나르는 주된 통로 역할을 했다. 지금도 여전히 수로는 상품을 수송하는 제일 저렴한 수단이지만 사람이 이동하기엔 너무 느리다. 현대의 여행은 도로나 항공로, 수로가 아니라 대부분 고속철도를 통해 이루어진다.

중국은 1870년대부터 철로를 깔았고 곧이어 철도망도 확대되었지만, 시대에 뒤떨어져 있었다. 1980년대 이전까지 중국의 기차들은 대부분 증기로 가동되었다. 1978년 중국의 최고지도자 덩샤오핑이 일본을 방문해 세계 최초의 고속기관차인 신칸센에 크게 감명받은 일을 계기로 이 모든 게 바뀌었다. 일본은 고속철도 분야의 세계적 리더였다. 1964년부터 고속열차가 일본 전역을 가로지르고 있었다. 중국은 2007년 처음 고속철도 노선을 개통한 이후 줄곧 발전을 거듭해왔다.

중국의 고속철도 이용 건수는 매년 20억 건이 훌쩍 넘는다. 이용 고객이 매우 많긴 하지만, 단기적인 상업성이 최우선 고려 사항은 아니다. 실제로 정부의 투자 없이는 고속철도의 정상적인 운영이 불가능하다. 특히 중국 정부는 고속철도에 엄청난 규모의 재정을 투입하고 있다. 2023년 기준 국유 철도회사의 부채는 약 9,000억 달러에 이른다.

중국의 고속열차들

통계자료 수치도 어마어마하다. 매년 수천 킬로미터의 고속철도가 건설되었다. 중국철도건설공사의 고용 인력은 26만 명이 넘는다. 이 회사는 중국을 변혁시키고 있으며, 아시아와 아프리카에서도 철도와 도로를 건설하고 있다. 오늘날 인구 50만 이상의 중국 도시 중 4분의 3에 고속철도 시설이 들어서 있다. 중국에는 베이징과 홍콩 사이를 연결하는 2,440킬로미터의 세계 최장 고속철도 노선도 있다.

고속철도는 세계 여러 나라에서 빠르게 확산 중이다. 스페인은 유럽에서 가장 방대한 총 3,600킬로미터의 철도망을 갖추고 있다. 고속철도 시대를 개척한 일본과 프랑스는 약 2,800킬로미터의 철도망을 보유하고 있다. 우즈베키스탄, 튀르키예, 모로코, 인도네시아, 사우디아라비아를 비롯한 많은 나라들이 고속철도에 막대한 자금을 투자하고 있다.

이 스펙트럼의 반대쪽 제일 끝에는 고속철도가 아예 없거나 거의 없는 국가가 있다. 여기에는 세계 최빈국뿐만 아니라 미국과 영국도 포함된다. 국제적으로 '고속철도'의 기준에 대한 합의는 없기 때문에, 영국 북서부와 동부 해안을 오가는 일부 노선이 시속 201킬로미터까지 운행이 가능하다는 점을 들어 영국에도 고속철도가 있다고 주장할 수도 있다. 하지만 영국에서 열차를 정기적으로 이용하는 내 입장에서 말하자면, '고속'이라는 표현은 머릿속에 제일 먼저 떠오르는 단어가 아니다. 일반적인 기준상, 영국에서 고속철도라 부를 수 있는 구간은 런던과 유럽 대륙을 잇는 약 100킬로미터의 단일 노선뿐이다. 미국도 이 대열에서 많이 뒤처져 있다. 미국의 여객철도공사 암트랙(Amtrak)의 아셀라 익스프레스(Acela Express)가 유일한 고속열차라 할 만하다.

미국과 영국 모두 고속철도와 관련해 더 많은 계획을 가지고 있다. 현재 210킬로미터로 축소된 영국 HS2의 도시 철도망과 미국 캘리포니아의 고속철도(High-Speed)가 2030년경 개통될 예정이다. 고속철도 사업에 막대한 자금을 투입하는 다른 나라들에 비해 이들은 비교적 소규모 사업이고 둘 다 논란에 휩싸여 있다. 두 나라 모두 철도 관련 사업에 세금을 투입하는 일에 민감한 편이다. 도로에는 통행료가 부과되지만 철도는 그렇지 않기 때문이다.

중국의 이 철도 지도는 일종의 혁명으로, 세계 권력의 재편을 보여준다. 앞을 향해 직진하는 국가가 있는가 하면 뒤를 응시하는 국가도 있다. 중국은 고속으로 질주 중이다. 많은 국가가 이를 인식하고 따라잡으려 노력하고 있다. 하지만 영국과 미국 같은 국가들은 저속 선로에 놓여 있다는 것을 아직 깨닫지 못하고 있다.

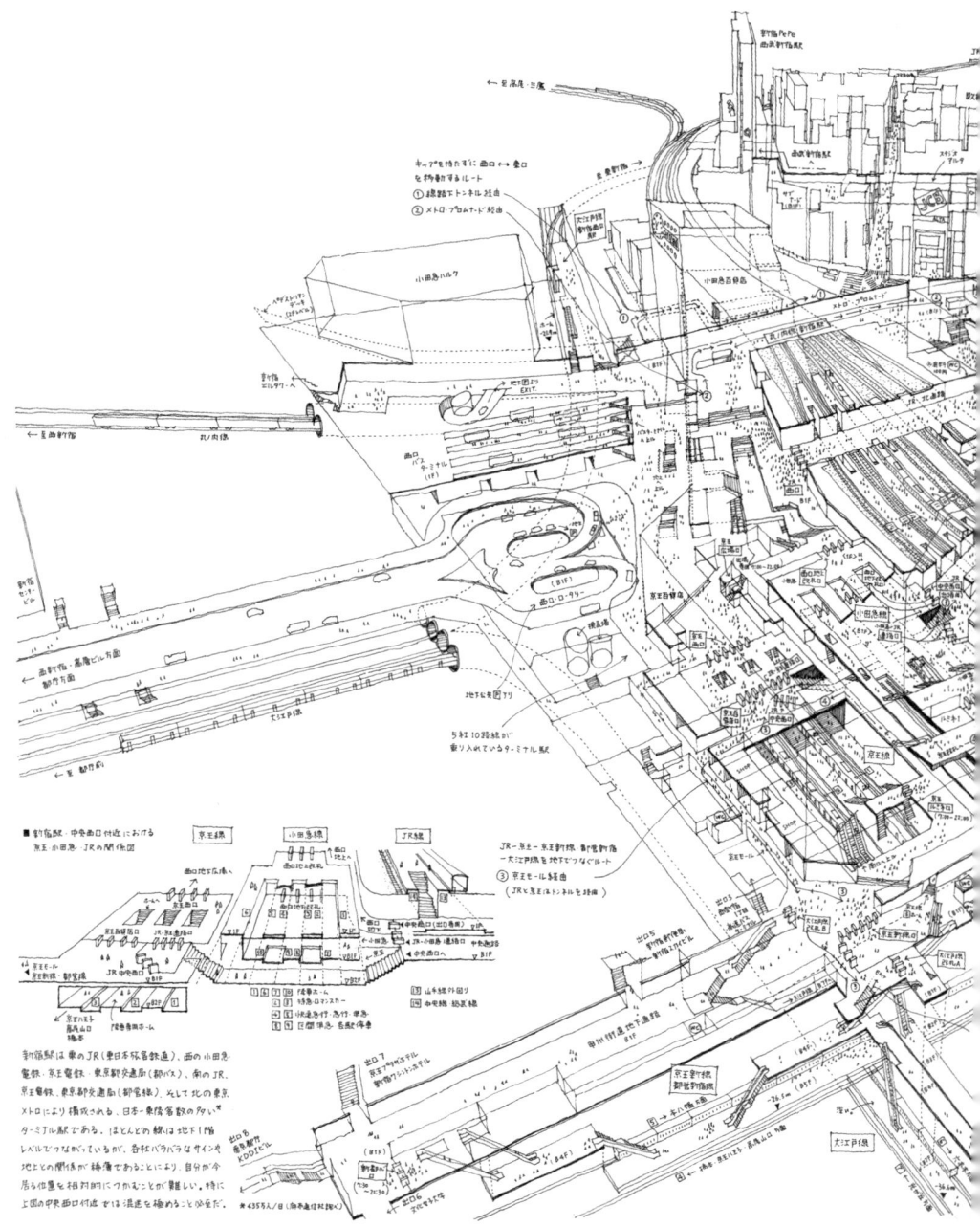

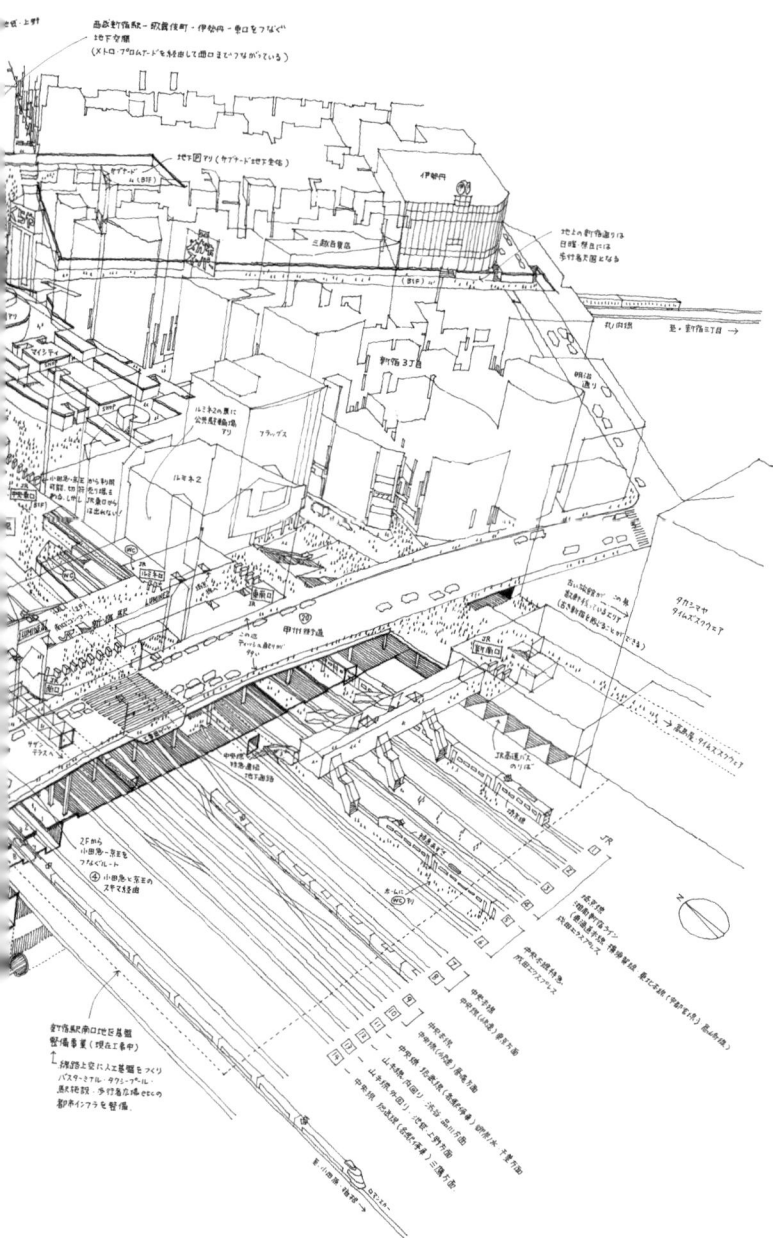

Map 18
투명하게 드러나는 3차원 도시
신주쿠역 해체하기, 도모유키 다나카, 2005년

일본의 건축가 도모유키 다나카(Tomoyuki Tanaka)는 도시의 여러 층을 투명하게 보여주는 지도를 만든다. 그는 컴퓨터가 아니라 연필과 볼펜을 사용한다. 이런 간단한 도구들로 마치 공상과학 소설 같은 굉장히 복잡하고 신기한 세상을 펼쳐 보인다.

이 지도는 일본의 교통 중심지를 그린 것이다. 신주쿠역은 200개의 출입구와 36개의 플랫폼이 있는 세계에서 가장 혼잡한 기차역이다. 하루에 약 350만 명의 사람이 이 역을 이용한다. 지하철, 도시 간 철도, 지방 및 공항 노선으로 환승할 수 있으며, 매분 3,000명의 승객이 하차하거나 도착한다. 승객들은 제각기 환승구나 출구를 찾아 이동하는데, 길 찾기가 늘 쉬운 건 아니다. 이 역에는 다수의 층과 계단, 에스컬레이터가 있으며, 길 안내 표시가 잘 되어 있긴 하지만 그로 인해 오히려 주눅이 들기도 한다. 다나카는 이 그림이 "일종의 미로 같지만, 단순한 미로가 아니라 마치 살아 있는 생명체처럼 느껴진다"고 말한다.

    이것은 카오스 상황을 그린 지도가 아니다. 신주쿠역은 잘 작동한다. 열차가 정시에 오가고 깨끗하고 효율적이며 밤낮없이 운영된다. 하지만 엄청나게 복잡하다. 그리고 다나카의 상세한 묘사는 우리를 그 복잡함 속으로 빠져들게 만든다. 이 지도에는 플랫폼 번호, 화장실 위치, 역 주변 쇼핑몰과 연결된 통로와 도로까지 모든 정보가 담겨 있다. 거미줄, 태피스트리, 층층의 케이크처럼 보이는가? 그 어떤 비유도 완전히 들어맞지 않는다. 이건 그 무엇과도 닮지 않은, 완전히 독특한 풍경이기 때문이다. 그리고 우리는 이 풍경에 압도당하고 만다. 여기에 '살아 있는 생명체'가 있다면, 그건 바로 우리 자신일 것이다.

다나카는 이런 유의 투시도 제작 전문가다. "나는 역의 내부와 외부 공간 사이의 관계를 보여주고 싶다"라고 그는 설명한다. 그는 도쿄의 시부야역을 비롯해 이 지도만큼 복잡한 다른 지도들도 그렸다. 지도 작업에는 2주 정도밖에 걸리지 않는다. 공간 조사 및 레이아웃 작업에 일주일, 연필과 펜을 이용한 본격적인 작업에 일주일이 소요된다. 이것이 수작업이라는 사실은 중요하며 거론할 가치가 있다. 일본은 컴퓨터 기술력에 부족함이 없지만 여전히 전통과 공예 기술을 매우 높게 평가한다. 다나카의 핸드 드로잉(hand-drawing) 전문성은 감탄을 자아낸다. 능숙하고 사실적 묘사가 돋보이는 한편 마술을 부려놓은 것 같기도 하기 때문이다.

신주쿠역은 일본 최초의 민간 철도회사 일본철도(Nippon Railway)가 운영한 신설 노선의 한 정류장으로 1885년에 문을 열었다. 예전 사진을 보면 기와지붕을 얹은 낮은 건물에 사람은 하나도 보이지 않는다. 이후 새로운 선로가 개통되고 통행량이 증가하면서 역이 더욱 복잡해졌다.

대부분의 사람들이 여러 층으로 이루어진 쇼핑몰과 교차로에서 길을 찾느라 애먹은 경험이 있을 것이다. 어느덧 3차원 지도의 필요성이 명백해졌다. 기존의 전통적 지도는 공간을 2차원의 평면에 나타낸다. 단층으로 구성된 세상에서는 2차원 지도가 통할 테지만, 오늘날의 도시에는 고가도로가 공중에서 교차하고, 건물이 층층이 쌓여 있으며, 길과 에스컬레이터와 엘리베이터가 3차원의 형태로 배치된다. 일반적인 해법은 층마다 하나씩 2차원 지도를 여러 개 그리는 것이다. 이 방법은 한동안 효과가 있겠지만, 층들이 서로 연결되고 확장되기 시작하면 제 기능을 하지 못하게 된다.

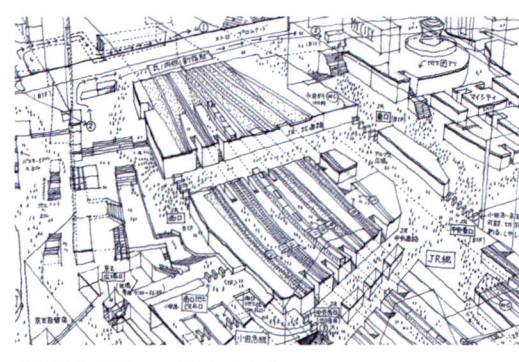

신주쿠역 일부, 도모유키 다나카

도시가 복잡해지면서 오랫동안 기준점으로 삼아온 지면이 시야에서 사라지고 있다. 도쿄는 물론이고 홍콩을 비롯한 여러 도시에서도 이런 현상을 볼 수 있다. 홍콩에는 추정상 6만 356개의 엘리베이터가 있지만, 협소한 국토 면적을 가장 상징적으로 보여주는 것은 에스컬레이터다. 홍콩의 '센트럴미드레벨'은 세계 최장 옥외 에스컬레이터 시스템으로, 진행 방향이 통근자들의 출퇴근 시간에 따라 달라진다. 오전 6시부터 10시까지는 아래로 운행되고 오전 10시 15분부터 밤 12시까지는 위쪽을 향한다.

3차원 지도에는 문제가 있다. 우리가 이해할 수 없다는 점이다. 도시는 복잡해졌지만 우리 뇌의 공간 지각력은 크게 달라지지 않았다. 다나카의 지도는 편의성을 갖춘 가이드라기보다 예술에 더 가깝다. 신주쿠를 찾는 방문객들은 역에서 제공하는 훨씬 간략한 3차원 지도를 이용할 수 있다. 가능한 한 단순화시킨 지도이지만 여전히 파악하기 힘든 게 사실이다.

이 '살아있는 생명체'는 전설과 미스터리의 배경으로도 꽤 적합해 보인다. '도쿄의 버뮤다 삼각지대'라고도 불리는 전설에 의하면, 신주쿠역에서 집으로 돌아가지 못하는 통근자들도 간

혹 있다고 한다. 이 역에서 엉뚱한 길로 들어섰다가 또다시 잘못된 길로 들어서고, 당혹감에 휩싸여 엉뚱한 계단을 달려 내려갔다가 엉뚱한 엘리베이터를 타고, 결국 저 멀리 위쪽 어디선가 지하철 소리가 희미하게 들리는 조용한 통로에 혼자 남게 된다는 것이다. 그렇게 그들은 영영 사라져버린다. 실제로 확인된 사례나 실종자 목록은 없다. 도쿄는 너무나 크고, 너무나 비인간적이고, 너무나 기계적이어서 우리가 그 안에서 사라지는 일이나 도쿄가 우리를 집어삼키는 모습을 쉽게 떠올릴 수 있다. 이 도시에 유령 통로, 이를테면 이름 없는 비밀 터널과 복도가 있고, 방심하는 이들이 그런 통로에 홀려서 빨려 들어간다는 게 마냥 터무니없는 이야기 같지는 않다.

풍문에 따르면 신주쿠역은 유령 집단들이 머무는 공간이기도 하다. 유령이라고 다 무서운 건 아니다. 한 무리의 유령들은 자살하려는 사람들을 선로에서 멀찍이 떨어뜨려 보호한다고 한다. 이 고마운 유령들에게도 나름의 어두운 사연이 있다. 이들은 숨겨진 집단 자살 사건의 희생자들로, 현재는 여기저기 떠돌면서 다른 이들이 자신과 같은 운명을 맞이하지 않도록 막고 있다고 한다.

현대 도시는 복잡하고, 일본의 경우 효율적이기도 하다. 수백만 명의 사람들이 쉴 틈 없이 이리저리 돌아다닌다. 이렇게 얽히고설킨 이동 선들이 모두 모여서 우리의 인지력을 넘어서는 미로를 만들어낸다. 이 미로를 완벽히 파악하기란 불가능하며 어쩌면 미로에서 영영 벗어날 수 없을지도 모른다.

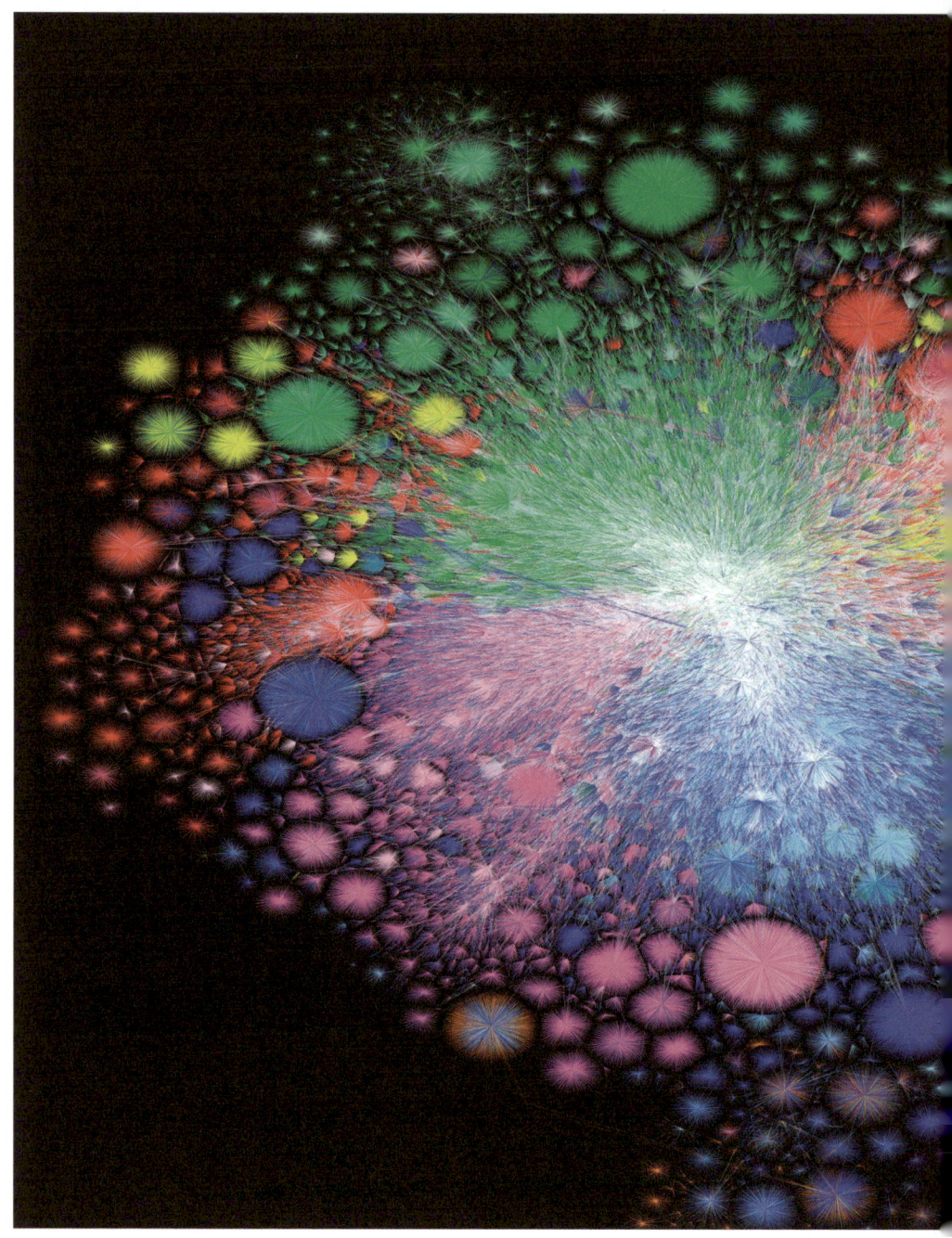

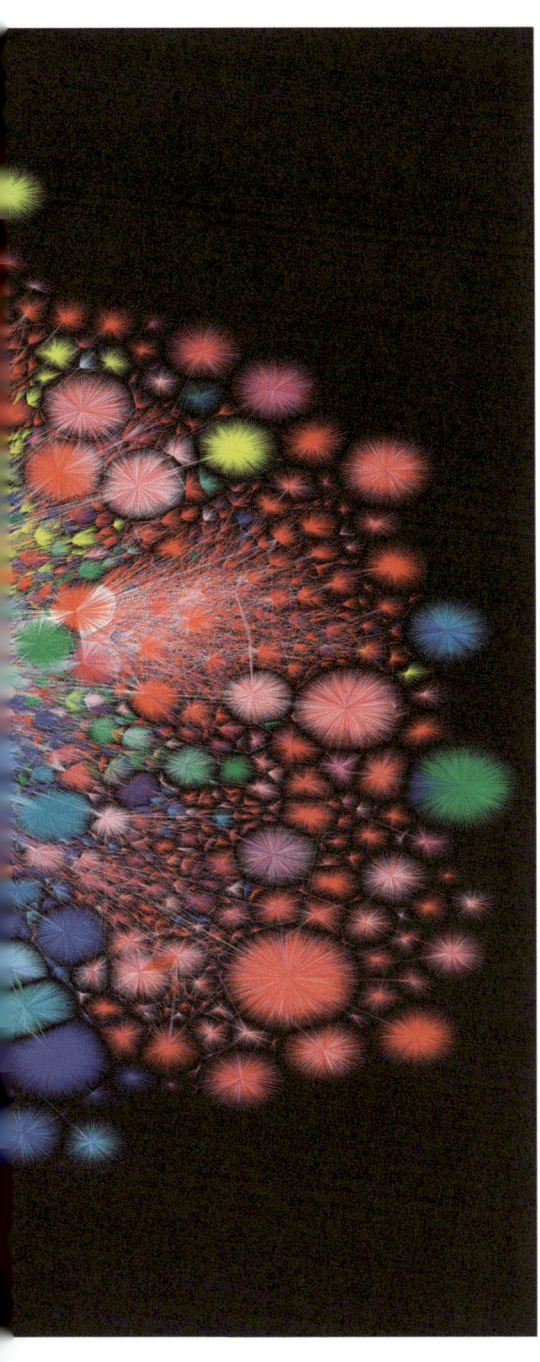

Map 19
빅데이터를 위한 빅맵

전 세계 인터넷 트래픽 흐름, 배럿 라이언, OPTE 프로젝트, 2023년 인터넷은 전 세계를 연결하고, 이 지도는 그 양상을 보여준다. 이것은 마치 불꽃놀이의 한 장면 혹은 몽롱한 눈앞에서 피어나는 눈부신 꽃처럼 보인다. 선명한 색깔로 물들인 라인들과 패턴이 의미하는 것은 무엇일까?

이 장면은 전 세계 인터넷 사용자 수가 50억을 넘어선 시점인 2023년 인터넷 이용 현황의 한순간을 포착한 스냅숏이다. 이 지도를 만든 배럿 라이언(Barrett Lyon)은 예술가이자 컴퓨터 과학자다. 직업 특성상, 인터넷을 자주 이용하지만 작동 원리는 잘 모르는 수십억 컴퓨터 사용자들의 이해를 돕기에 적합한 위치에 있는 인물이다.

  이것은 인터넷 연결망을 가시화한 지도로, 라우터들 사이에 데이터가 흐르는 경로를 보여준다. 라이언은 대륙별 인터넷 레지스트리(Regional Internet Registry, RIR)의 자료에 근거해 인터넷망을 지역별로 취합해 이 지도를 제작했다. RIR은 정해진 지역 내에서 IP(Internet Protocol, 인터넷으로 연결된 모든 기기에 주어지는 고유의 식별 번호)와 ASN(Autonomous System Number, 하나의 네트워크에 속하는 IP 집단의 고유한 숫자)을 할당하고 관리하는 기관이다.

  대부분은 이 내용을 이해하기 힘들 것이고 나도 마찬가지다. 내용을 풀어보자면, 인터넷 운영 권한이 어떻게 분배되는지를 시각화한 지도라는 의미다. 이 운영권은 실제 건물과 삐걱대는 의자, 피와 살로 된 인간이 있는 실재하는 기관에서 관리된다. 대륙 단위로 나뉘어 있는 이 등록기관들은 지도에 각기 다른 색깔로 표시되어 있다. 지도 상단의 대부분을 차지하는 초록색은 유럽과 중동 네트워크다. 본사는 암스테르담에 있고 두바이에 지사가 있다. 파란색은 미국과 캐나다의 네트워크다. 빨간색은 아시아-태평양, 노란색은 아프리카, 핑크색은 라틴 아메리카의 네트워크다. 라이언은 여기에 두 가지 색깔을 추가했다. 흰색은 중추, 즉 네트워크들을 연결하는 '주된 데이터 경로'를 나타내고, 지도 어딘가에 있지만 찾기 힘든 갈색은 미군 네트워크다.

이 지도를 통해 우리는 전 세계 인터넷이 어떤 비중으로 분포하는지 그리고 각기 다른 색깔이 어떻게 퍼져나가고 충돌하는지 한눈에 파악할 수 있다. 네트워크가 지도 중심부에 가까울수록 상호연결의 강도가 더 크고, 중심에서 멀수록 연결 강도도 약해진다.

이 지도의 핵심 메시지는, '오늘날 인터넷 이용은 전 지구적 현상'이라는 점이다. 불과 몇 년 전만 해도 이 지도는 꽤 다른 양상을 보였을 것이다. 서구 지역은 굉장히 활발한 반면 다른 곳의 활동성은 크게 떨어졌을 것이다. 지금은 그렇지 않다. 이제 인터넷은 그야말로 전 지구적 존재다. 그렇다면 이것이 서구의 지배에서 벗어난 세상을 의미하는 것일까? 모든 대륙이 하나도 빠짐없이 포함되어 있으니 말이다. 그러나 인터넷 산업을 장악하고 있는 미국 기업들의 영향력과 인터넷상의 주력 언어가 영어라는 점을 감안해보면, 인터넷 영역에서 서구(혹은 미국)는 이미 어디에나 존재하는 셈이며, 따라서 이 지도는 서구(혹은 미국)의 직접적인 지배가 더는 필요없는 세상을 보여주는 것일 수도 있다.

라이언은 말한다. "인터넷은 정말로 거대하고 촘촘히 연결되어 있으며 극도로 복잡하다. 이 지도는 당신이 볼 수 없는 세상 전체를 보여준다. 시각화의 가장 큰 매력이 바로 여기에 있다." 과거 2003년에 라이언은 컴퓨터시스템의 취약성을 점검하는 '침투 테스터(모의 해커)'로 일했다. 그는 고객의 네트워크를 매핑하는 방식을 통해 이 작업을 자동으로 처리하는 소프트웨어를 개발했다. 이후 작업의 범위를 넓히는 게 가능할지 궁금해졌다. 그는 친구들에게 아이디어를 살짝 흘려보았다. 네트워크 전체를 매핑할 수 있을까? "친구들은 꽤 재밌겠다는 반응을 보이며, 내가 그 일을 해내지 못할 거라는 데 50달러를 걸었다"라고

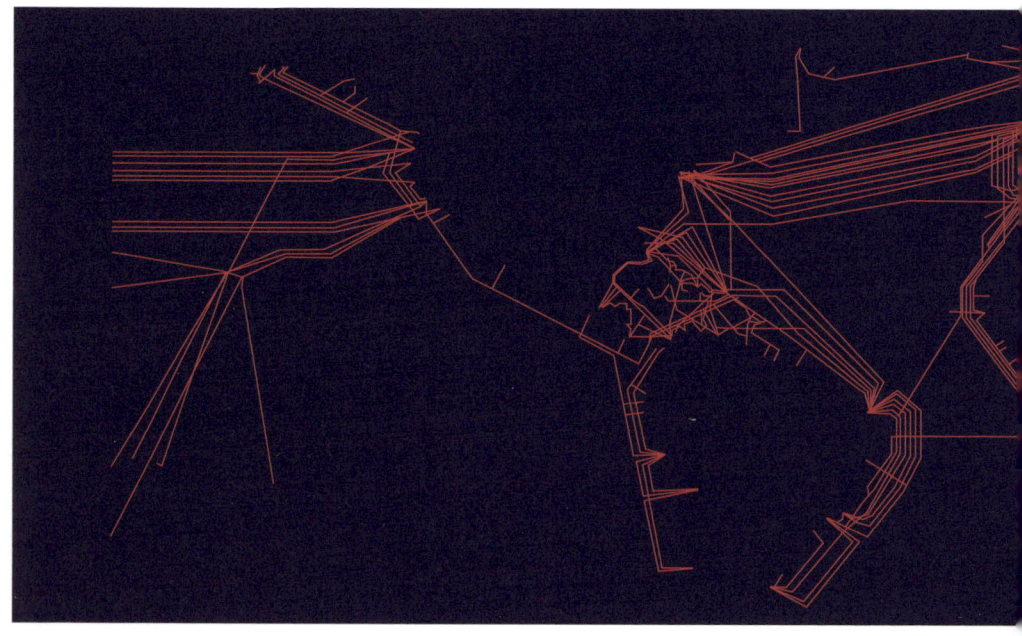

해저 인터넷 케이블

라이언은 말한다.

2000년대 초 라이언은 첫 번째 인터넷 지도를 선보였다. 지금 우리가 보고 있는 지도는 그 이후의 최신 버전이며, 시간에 따라 인터넷이 전 세계로 확산되는 모습을 보여주는 동영상도 있다. 이 영상에서는 시간이 흐를수록 더 많은 꽃들이 피어나고 불꽃이 터지는 듯한 장면이 펼쳐진다. 이것은 인터넷 연결망을 시각화한 지도인 동시에, 그 자체로 아름다운 예술 작품이기도 하다. 실제로 라이언의 작품은 뉴욕 현대미술관에 전시된 적도 있다. 라이언의 작품은 우리에게 인터넷에 관한 새로운 인식을 불어넣는다. 인터넷은 단순한 기술이 아니라 일종의 마법, 즉 보이지 않는 힘이 밀물과 썰물처럼 흐르는 존재라는 사실을

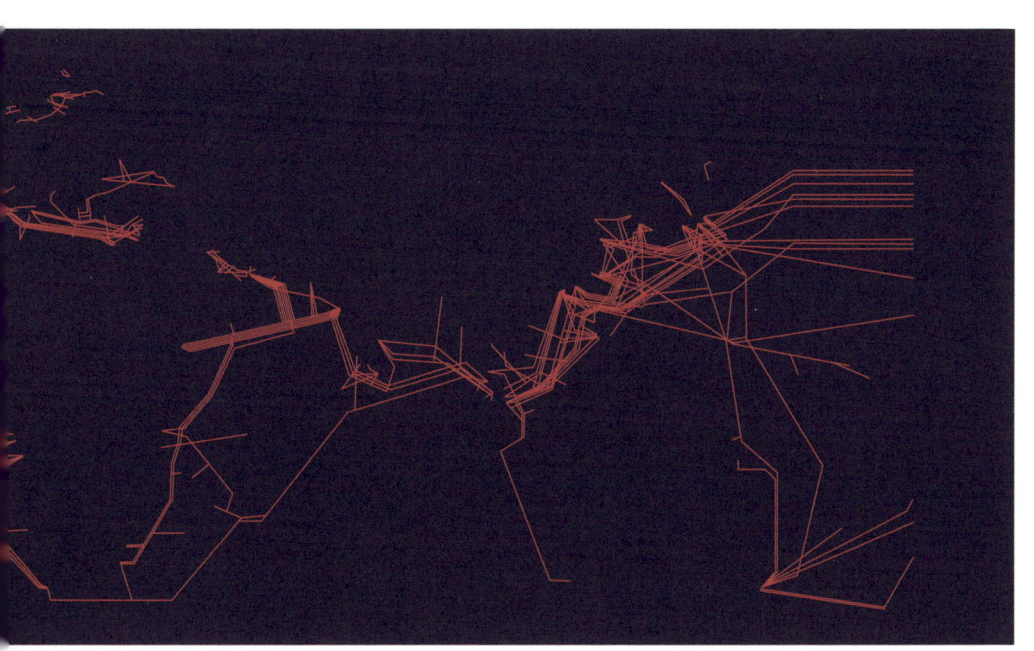

말해준다.

우리는 데이터 저장과 관련해 '클라우드(Cloud)'라는 추상적인 개념을 사용하지만, 사실 데이터 전송은 실체적이고 물리적인 케이블을 통해 이루어진다. 이런 측면에서, 라이언의 지도와 함께 또 다른 지도도 살펴보는 게 좋겠다. 144-145쪽의 지도는 전 세계 주요 해저 케이블을 나타낸 것이다. 그 수는 계속 늘고 있지만 아주 많지는 않다. 전 세계 대양을 가로지르는 데이터의 거의 전부는 약 500개의 케이블 시스템을 통해 전달된다. 현재 남극대륙을 제외한 모든 대륙이 해저 케이블로 연결되어 있다. 이 지도에서 우리는 동아시아와 동남아시아 및 북대서양 지역의 연결 밀도가 특히 높다는 점을 확인할 수 있다. 반면, 인구가 적은 지역은 케이블 수도 적다. 예를 들어, 지도 오른쪽 하단에 위치한 호주 대륙의 서부는 지도에서 거의 보이지 않을 정도로 케이블 연결망이 미미한 수준이다.

이러한 새로운 세상이 열리게 된 역사를 짚어볼 필요도 있겠다. 1844년 미국의 발명가 새뮤얼 모스(Samuel Morse)는 최초의 전신 메시지를 보냈다. 워싱턴 DC에서 메릴랜드주 볼티모어로 전송된 이 전보에는 '하느님께서 이렇듯이 큰일을 해내셨도다'라고 쓰여 있었다. 이후 1866년 최초의 대서양 횡단 케이블이 건설되었고, 1870년에는 인도에서 예멘까지 해저 케이블이 깔렸다. 최근 수십 년 사이에는 전송 가능한 데이터의 종류와 양 측면에서 가히 혁명이라 할 만한 상황이 전개되었다. 구식 케이블들은 단순히 특정 지점들 사이를 잇는 방식이었다. 요즘은 하나의 케이블로 여러 지점을 연결할 수 있도록 해주는 해저

분기장치(submarine branching units)를 이용한다. 1988년에는 최초의 대서양 횡단 광섬유 케이블이 도입되었다.

해저 케이블은 위성보다 훨씬 우수한 통신 서비스를 제공한다. 속도가 훨씬 빠를 뿐 아니라 초당 수십 테라비트의 데이터를 전송할 수 있어서 위성보다 훨씬 더 많은 양의 정보를 처리할 수 있다. 이 케이블들은 빛을 이용해 정보를 부호화하고 광속에 가까운 속도로 데이터를 전송할 수 있다. 또한 날씨의 영향을 받지 않고, 상어가 갉아먹는 드문 경우를 제외하면 매우 안정적이고 견고한 시스템으로 입증되었다. 통신사들은 케이블의 전송 용량이 한계에 도달했을 때에만 차선책으로 위성을 사용한다. 인터넷은 마법 같은 환상이 아니다. 그것은 마법처럼 어디에나 존재하고 우리 모두를 연결하지만, 동시에 실제로 존재하는 무언가이기도 하다. 어두운 바닷속 어딘가에서는 케이블을 따라 빛처럼 빠른 속도로 정보가 오가고 있다.

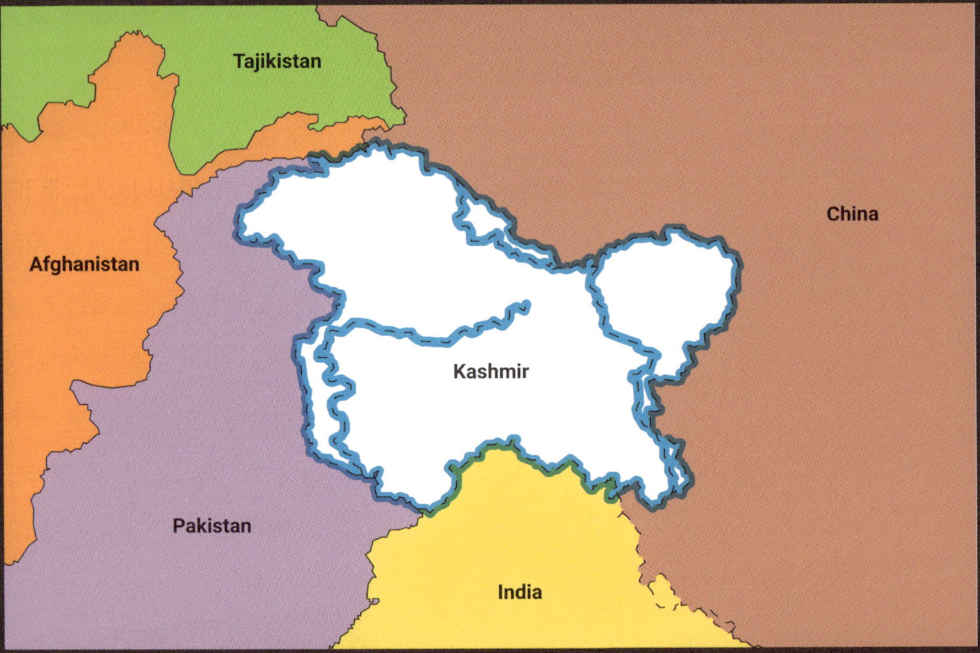

인도 밖에서 본 구글 지도

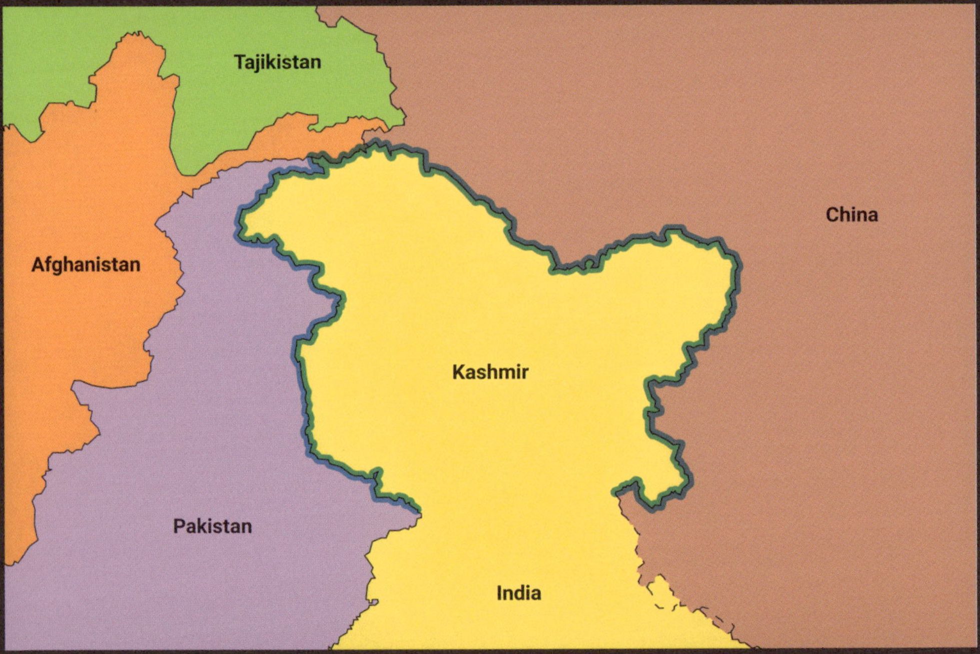

인도 안에서 본 구글 지도

Map 20
카멜레온을 닮은 구글맵
인도 밖 구글 이용자가 보는 카슈미르 vs. 인도 내 구글 이용자가 보는 카슈미르, 2024년 과연 구글의 영향력에서 벗어날 수 있을까. 우리는 지식에 접근할 때도, 지도를 이용할 때도 대부분 구글에 의존한다. 물론 애플맵 같은 다른 서비스 때문에 구글은 절대적인 지배력을 행사하지 못한다. 이 두 회사는 단순히 시장점유율이 높은 수준을 넘어, 사실상 온라인 지도 시장 그 자체라고 할 수 있다. 러시아와 중국처럼 이런 현실이 통하지 않는 국가도 있다. 정부가 개입해 자국의 기업들을 위한 공간을 마련해주기 때문이다.

구글은 우리가 세상을 바라보는 프리즘이다. 하지만 이 프리즘은 변경이 가능하다. 구글맵에서 프리즘을 바꾸는 방법 중 하나는 '사용자 국가'를 변경하는 것이다. 나는 영국에 살고 있으니 기본적으로 '사용자 국가'가 영국으로 설정되어 있다. 나는 이 설정값을 바꿀 수 있고, 그러면 흥미로운 일이 생긴다.

구글은 사용자가 있는 국가에 맞춰 지도를 조정한다. 예를 들어, 당신이 러시아에 있다고 구글이 판단하면, 크림반도는 러시아 영토로 표시되며 딱 떨어지는 국경선이 보인다. 크림반도는 실제로 러시아의 통치하에 놓여 있다. 2014년 러시아가 크림반도를 강제병합했기 때문이다. 우리가 우크라이나에 있다고 구글이 인지하도록 만들면 어떻게 될까? 러시아의 국경이 남쪽으로 내려가면서, 크림반도가 우크라이나의 일부로 표시된다. 다른 국가들에서는 이 국경이 불확실하다는 의미로 점선으로 표시된다.

튀르키예의 구글맵 사용자들 사이에서는 '북사이프러스 튀르키예공화국(Turkish Republic of Northern Cyprus)'의 표기 방식이 논란을 빚는다. 이곳은 사이프러스섬 북부에 해당하는데, 1974년 튀르키예 군대가 무력으로 점령하면서 이 명칭이 생겨났다. 문제

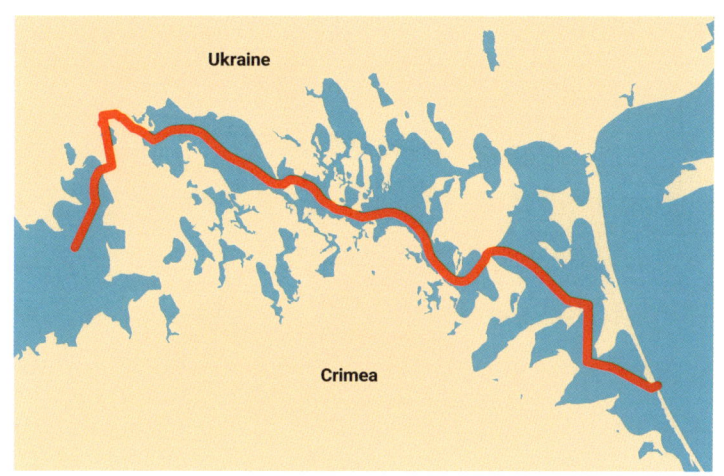

러시아의 구글 이용자에게 보이는 크림반도

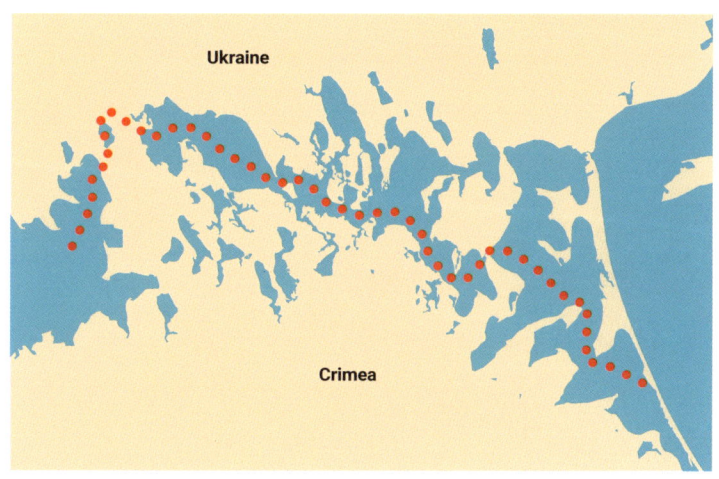

러시아 밖의 구글 이용자에게 보이는 크림반도

는 튀르키예 이외에 세계 어느 국가도 인정하지 않는 지명 또는 국가명이라는 점이다. 튀르키예 외부의 구글맵 사용자들에게는 이 섬을 가로지르는 불확실한 의미의 점선이 보이긴 하지만 '북사이프러스 튀르키예공화국'이라는 표기는 뜨지 않는다.

지역 이름은 중요하며, 많은 지역이 지명을 두고 다툼을 벌여왔다. 구글이 이 분쟁의 바다를 어떻게 헤쳐나가는지 확인하려면 위치 설정은 물론 이따금 언어 옵션도 변경해야 한다. 홍콩에서 구글맵을 이용할 경우, 언어 설정을 중국어로 바꾸면 남중국해의 섬에 '융슈자오(永署焦)'라는 표기가 나온다. 이는 중국 정부가 일컫는 명칭으로, 이곳은 한때 천연 암초였지만 지금은 중국이 영유권을 주장하면서 콘크리트로 덮고 군사 전초기지와 활주로로 바꿔버렸다. 언어 설정을 영어로 변경하면, 이 섬은 국제적으로 공인된 '피어리크로스 암초(Fiery Cross Reef)'가 된다. 이 영어 명칭에서 우리는 한 가지 힌트를 얻을 수 있다. 중국이 이 섬을 장악하고 있긴 하지만, 이곳을 비롯해 남중국해에 흩어져 있는 중국의 여러 섬 군사기지도 국제적으로 인정된 중국의 영토는 아니라는 점이다.

또 다른 사례를 보자. 한국과 일본 사이에 있는 바다는 흔히 '일본해(Sea of Japan)'라고 불린다. 그러나 남한과 북한 모두에서 이 바다는 공히 '동해(East Sea)'다. 이에 따라 한국에서는 구글맵에도 이곳이 '동해'로 표기된다. 북한에서도 마찬가지일 텐데, 북한 주민이 실제로 해외 검색엔진이나 인터넷에 접속할 수 있다면 그렇겠지만 대부분은 이용에 제한을 받는다.

마지막 사례다. 아르헨티나 국내에서는 동쪽 해안에서 멀리 떨어진 남대서양의 섬들이 구글맵상에 '말비나스제도(Islas Malvinas)'로 뜬다. 이곳은 영국이 영유권을 주장하며 점령 중인 군도로, 영국인들의 구글맵에는 다른 명칭인 '포클랜드제도

(Falkland Islands)'로 표기된다.

마치 카멜레온과도 같은 구글의 지도는 서비스를 제공하려는 지역에 맞춰 적응하고 섞여든다. 이게 왜 문제일까? 지도가 달라지면 보이는 것도 달라지기 때문이 아니다. 예로부터 지도는 시공간이나 상황에 따라 항상 서로 달랐고, 오히려 지금은 세계화와 인터넷 덕분에 역사상 가장 통일된 지도가 사용되고 있다고 볼 수도 있다. 문제는, 국가들 간에 국경이나 지명에 대한 의견 차이가 있다는 사실이 아니라, 이 차이를 조율하고 지도에 표시할 수 있는 권한을 가진 주체가 미국 캘리포니아 마운틴뷰의 구글 본사에 있는 하나의 민간 기업이라는 점이다. 그리고 구글은 자사의 판단에 따라 이러한 차이를 어떻게 표현할지 결정할 수 있는 위치에 있다. 이것은 엄청난 권력이다.

인터넷은 사용자들에게 접근권만 허용할 뿐 그 이상의 권한은 부여하지 않는다. 구글은 자사의 저작권을 엄격히 보호한다. 여러분이 보는 구글의 모든 지도는 기업의 자산이다. 구글맵을 보는 것은 허용되지만 그 이외의 사용 권한은 주어지지 않는다. 이 책에 실린 크림반도와 카슈미르의 지도도 우리가 직접 다시 그린 것이다.

카슈미르는 눈으로 덮인 새하얀 산과 드넓은 푸른 계곡이 있는 고원지대로, 관광객들로 가득 차도 모자랄 마당에 군인들이 잔뜩 들어차 있다. 이곳은 인도 북부와 파키스탄 동부 사이에 위치한다. 양국 모두에서 구글은 모바일 검색엔진 시장을 거의 100% 점유하고 있다. 그래서 이 챕터 맨 앞에 실린 지도가 중요한 의미를 갖는다. 아래 지도는 인도 내 구글맵 이용자에게 보이는 모습이다. 인도의 실효 지배 지역뿐만 아니라 카슈미르 전체가 인도의 통치권에 포함되어 있다. 그 위의 지도는 파키스탄이나 기타 다른 국가의 구글맵 이용자에게 보이는 모습인데 좀 더 복잡하다. 지도에 표시된 여러 점선은 분쟁 지역의 통제선(실효 지배 지역의 경계선)이다. 이들 분쟁국에는 파키스탄과 인도뿐만 아니라, 지도 동쪽의 점선으로 표시된 구역에 대한 영유권을 주장하며 해당 지역을 관리하는 중국도 포함된다. 카슈미르의 중앙을 가로지르는 점선은 너무나 불확실한 상황으로 인해 더 나아가기를 포기한 듯 보인다. 이 점선은 높고 추운 어딘가에서, 좀 더 정확하게는 카슈미르와 중국 사이를 가르는 히말라야의 얼어붙은 경사면에서 뚝 끊겨 있다.

두 지도 모두, 카슈미르의 많은 사람들이 인도도, 파키스탄도, 중국도 원하지 않는다는 사실은 보여주지 않는다. 그들이 원하는 건, '카슈미르'라는 이름의 독립 국가다. 하지만 그 바람이 이루어질 가능성은 극히 낮다. 인도, 파키스탄, 중국 모두 국가의 자존심을 걸고 카슈미르가 자기 땅이라고 주장하고 있기 때문이다. 카슈미르는 지구상에서 가장 군사화된 지역 중 하나다. 수십만의 병력이 족쇄처럼 그곳을 옥죄고 있으며 소규모 충돌과 폭력이 끊이지 않는다. 이미 수천 명의 민간인이 살해당했고, 현재로서는 평화의 기미가 거의 보이지 않는다. 2019년, 인도는 자국이 통제하는 카슈미르 지역에 대한 지배를 더욱 강하게 주장하며, 과거 이 지역이 누리던 정치적 자치권을 철회하고 뉴델리에서 직접 통치하기 시작했다.

구글 지도는 이런 현실에서 한발 물러나 있다. 마운틴뷰에서 내려다보는 시선은 마치 고대 올림푸스 신들의 시선처럼 초월적이다. 구글 본사에서 높은 연봉을 받는 기술자들은 전 세계 사용자들의 성향과 편견을 파악하려 애쓰며 그들이 원하는 것을 제공해준다. 구글은 '세계를 만드는 주체'다. 마치 그리스 신화의 신처럼 인간 세상을 내려다보며 무엇이 최선인지 판단하고 결정한다.

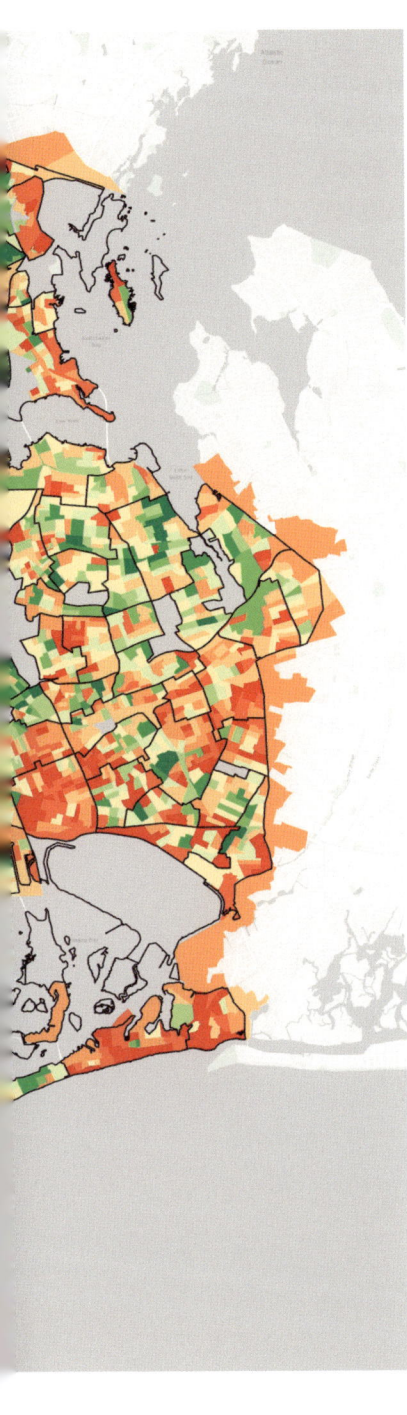

Map 21
여성친화적인 도시는 희망사항일까?
뉴욕시의 여성 워커빌리티(보행친화성), 2021년

같은 시공간이라도 남성과 여성은 두려움을 느끼는 정도가 다르다. 길거리에서 공격을 당할 가능성이 가장 높은 사람은 실제로 젊은 남성이다. 이 사실은 여성의 안전 문제를 얘기할 때 종종 거론된다. 여성들의 불안은 이성적 근거가 있기보다는 단순히 감정적 반응이라는 식으로 말이다. 그러나 젊은 남성을 비롯한 남성들은 일반적으로 거리에서 폭력 행위를 할 가능성이 훨씬 더 높다. 길거리에서 싸움을 벌인다면 얻어맞을 확률도 높을 수밖에 없다.

성폭력은 남녀 불문하고 가장 두려워하는 범죄이고, 남성은 그 대상이 될 가능성이 확연히 낮다. 사실상 두려움은 범죄 통계치와 별 상관이 없다. 빤히 쳐다보고, 뒤따라가고, 밀치고, 바짝 다가서고, 휘파람을 불며 희롱하는 등 남성이 여성의 불안감을 조장하는 경우는 수없이 많다. 그중 경찰 기록과 공식 통계에 잡히는 사건은 극히 일부에 불과하다. 하지만 이런 일상적인 괴롭힘은 결코 사소한 문제가 아니다. 이런 일들이 모이고 쌓여서 공공장소를 위험한 공간으로 느끼게 만들기 때문이다.

이 지도는 여성이 보행하기에 적합한 정도를 나타내는 '여성 워커빌리티 지수(Walkability for Women Index)'에 따라 뉴욕에 색을 입힌 것이다. 녹색으로 표시된 곳은 좀 더 안전하게 느껴지고 실제로도 그런 동네다. 이곳 거리에서는 여성들이 일상적으로 조깅이나 산책을 즐기고, 직장에서 집으로 혹은 술집에서 친구 집으로 이동하는 동안 불안감을 덜 느낄 것이다.

맨해튼의 센트럴파크 주변은 대부분 짙은 녹색이다(하지만 공원의 가장 위쪽, 즉 할렘가가 시작되는 곳부터는 노란색으로 바뀌기 시작한다). 나뭇잎 색으로 물든 이들 지역은 비교적 안전하지만 에덴동산은 아니다. 여기에서도 여전히 여성은 남성과 달리 목적지까지 이동할 방법을 계획할 것이다. 날이 어두워지면 집까지 함께 걸어갈 동행이 있는지 확인하고, 혼자 가는 위험을 감수하기보다는 여럿이 뛰어갈 궁리를 하게 될 것이다. 이것은 상식이자 제2의 천성이며, 여기에 영향을 미치는 것은 본능이 아니라 도시라는 공간에서 여러 방식으로 표출되는 남성의 폭력이다.

녹색 구역이 천국은 아니지만 주황색과 빨간색으로 표시된 지역보다는 훨씬 낫다. 주황색과 빨간색은 워커빌리티 테스트를 통과하지 못한 곳이다. 브루클린의 부유한 동네와 맨해튼(둘 다 지도 중앙)은 대체로 녹색이지만, 이 고급 주택지 주변에는 워커빌리티가 급격히 떨어지는 다른 색의 띠가 두텁게 형성되어 있다. 이 두꺼운 띠는 스태튼아일랜드(지도에서 왼쪽 아래)를 가로질러 브루클린 하단을 지나고, 퀸스(뉴욕의 동부) 대부분으로 퍼지다가 브롱크스(뉴욕 북부의 자치구)까지 이어진다.

일반적으로 저소득층이 몰려 있는 지역은 워커빌리티가 떨어진다. 부유한 지역은 깨끗하고 잘 관리되며 오가는 사람이 많고 신경을 쓰는 듯한 느낌이 든다. 대부분의 도시는 도심에서 몇 분만 걸어 나가도 난잡해진다. 건물이나 물건이 수리되지 않은 채 방치되어 있고 쓰레기가 쌓여 있으며 벽은 낙서로 뒤덮여 있다.

예를 들어, 파로커웨이(Far Rockaway) 같은 곳을 보자. 이곳은 롱아일랜드에서 기다랗게 돌출된 로커웨이반도에 위치한 뉴욕의 외딴 지역 중 하나로, 지도 오른쪽 아래 붉은색으로 표시된 곳이다. 행정구역상으로는 퀸스 자치구에 속하는데, 퀸스는 전반적으로 워커빌리티 평가에서 좋지 않은 성적을 보였다. 파로커웨이는 낮은 소득수준, 높은 범죄율로 어려움을 겪고 있으며, 이 지도를 만든 연구원들에 따르면 뉴욕에서 여성이 걷기에 가장 열악한 지역 중 하나다(그리고 아마 남성들에게도 그리 안전하진 않을 것이다).

밤에 러닝하는 여성

소득수준과 워커빌리티 사이에는 뚜렷한 상관관계가 있지만, 이 둘이 반드시 일치하는 건 아니다. 예를 들어, 스태튼아일랜드는 1인당 소득이 맨해튼 다음으로 높고, 브롱크스보다 3분의 1 이상 높은 수준이지만, 지도를 보면 주황색과 빨간색이 많은 편이다.

워커빌리티 지도는 어떻게 만들었을까? 이 지도는 남성 3명과 여성 1명으로 구성된 4명의 환경심리학자팀에 의해 2021년에 제작되었다. 미국에 이미 '국가보행성지수(National Walkability Index)'가 있다는 사실이 지도 제작에 큰 도움이 됐다. 그들은 우선 이 자료를 활용했고, 안전하다고 느끼는 장소에 대한 여성들의 인식을 비롯해 다른 많은 요인을 살펴보았다. 또한 '사회적 맥락 또는 매력의 활성도'와 '보도, 공공장소, 녹지 등 길거리 인프라스트럭처의 편의성'이라는 자체 작성한 자료도 활용했다. 자료 제목은 다소 장황하지만, 보도의 폭과 건널목·카페·레스토랑 개수 등 가시적이고 실질적인 요소들로 각 항목을 구체적으로 명시화한 자료다. 괴롭힘, 성폭력, 음란행위, 학대 등과 관련해 뉴욕시 경찰국(NYPD)에 신고된 범죄 기록도 지도 제작에 활용됐다.

이 지도는 추측이 아니라 실제 데이터를 기반으로 만들어졌기 때문에 중요한 의미를 지닌다. 다만 아쉽게도 시간대가 빠졌다. 이 지도는 하루 동안의 일반적인 상황을 알려준다. 분명하게 짚고 넘어가자면, 워커빌리티에 관한 한 낮과 밤은 다르다. 미국의 뉴욕이든 인도의 뉴델리든 밤이 되면 많은 거리가 대체로 위험해진다.

지도는 단순히 삽화나 예쁜 그림이 아니라, 문제를 제기하고 변화를 촉구하는 역할도 한다. 왜 여성들이 집 밖에서 안심하고 돌아다닐 수 없어야 하나? 왜 맨해튼 도심에서보다 파로커웨이에서 훨씬 더 불안감을 느껴야 하나? 시민들이 공공장소를 마음껏 드나들지 못하는 상황은 심각한 결과를 낳을 수 있다. 이 지도는 단지 폭력, 두려움, 범죄에 관한 것이 아니다. 건강과 관련된 지도이기도 하다. 걷기는 건강을 유지하는 데 있어 단연코 가장 쉽고 중요한 일상 활동이다. 공원과 거리가 접근이 제한되는 위험한 장소일 경우, 경제적 여유가 있는 사람들은 차를 몰고 헬스장에 가겠지만 인구 전반의 활동량은 줄어들 것이다. 사람들의 건강이 악화되고, 갑갑함이 더해지며, 타인과의 접촉도 줄어들 것이다. 워커빌리티 지도는 삶의 질, 사회적 관계, 친밀도에 대한 지도이기도 하다.

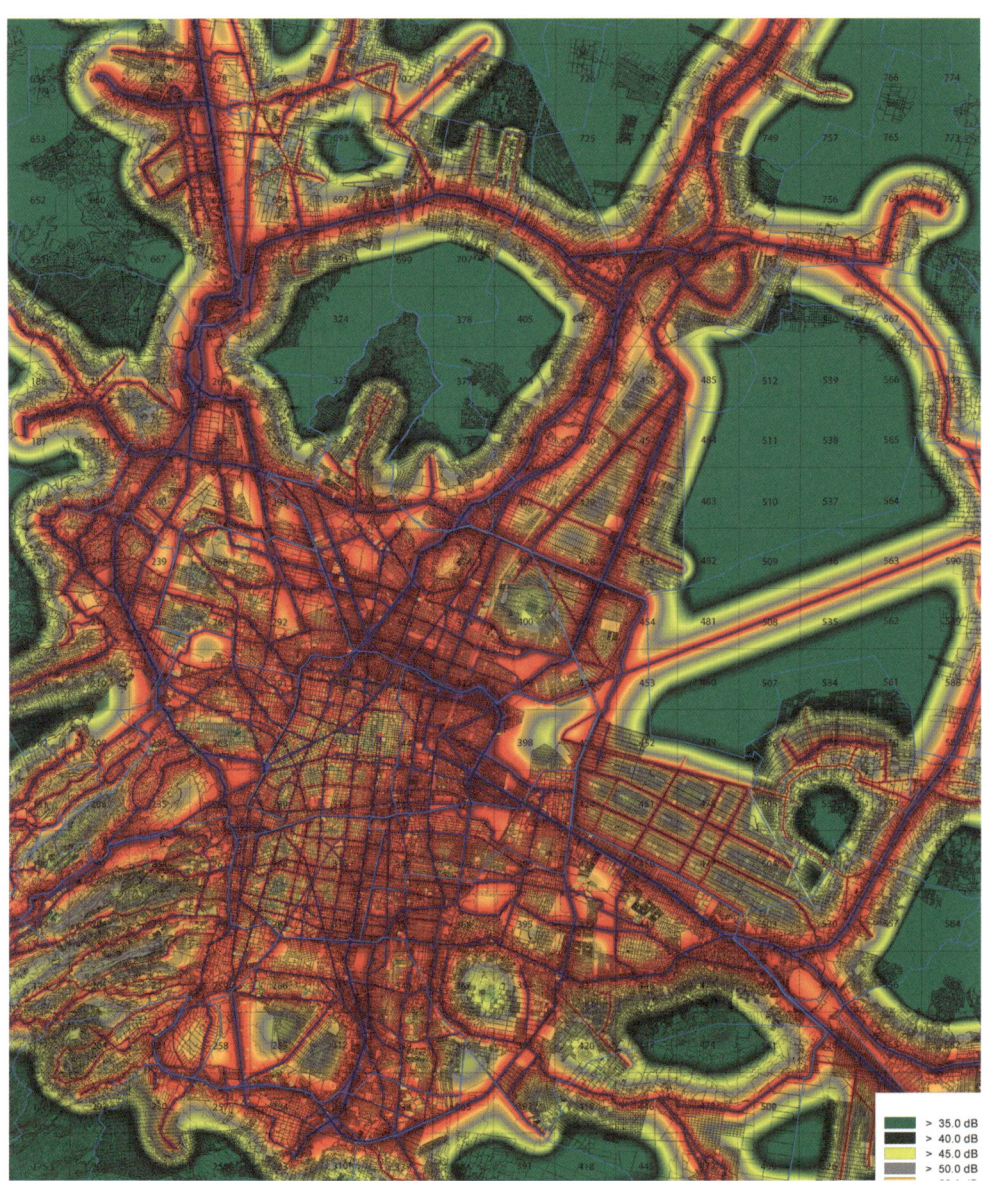

Map 22
도시를 장악한 자동차와 트럭의 소음
멕시코시티의 소음 지도,
메트로폴리탄 자치대학교(Metropolitan Autonomous University, MAU), 2011년

이곳은 멕시코의 수도 멕시코시티이지만, 어느 도시든 해당될 수 있다. 지난 100년 동안 우리는 시끄러운 세상을 만들어왔다. 우리 대다수가 조상들이 경악할 만한 수준의 소음을 밤낮없이 견디고 있다. 나쁜 습관이 그렇듯, 소음은 야금야금 데시벨을 높이며 부지불식간에 우리에게 다가와 있다.

많은 사람들이 소음 공해를 그저 사소한 불편쯤으로 여긴다. 까슬한 손톱이나 거슬리는 셔츠 깃 같은 수준의 문제라고 생각하는 것이다. 그러나 신세대 음향지도 제작자(acoustic mapper)들은 그렇지 않다는 사실을 보여준다. 소음은 생활에 지장을 주고 건강을 해치며 어디에나 존재한다.

    멕시코시티는 인구가 약 2,200만에 달하며, 세계에서 스페인어 사용자가 가장 많은 도시다. 이곳에 가본 적 있다면, 가장 위험한 행동 중 하나가 도로를 건너는 일이라는 것을 잘 알 것이다. 수많은 인구에도 불구하고, 막상 이곳을 지배하는 건 500만 대가 넘는 자동차들이다. 이 지도에 잘 나타나 있듯 북부 교외 지역을 비롯해 도시 외곽은 고요한 계곡과 언덕에 둘러싸여 있으며, 동쪽에는 큰 공원들이 자리해 있다. 이들 지역은 잠시나마 평온한 휴식을 제공하지만, 대부분의 지역은 도로 교통 소음에 뒤덮여 있다. 이 지도는 소음 수준이 높은 곳을 붉은색과 보라색으로 나타내고 있으며, 그 모습은 마치 병든 도로 지도처럼 보인다.

    중앙 광장 주변에는 웅장한 대성당과 아즈텍 유적이 있고 끊임없는 인파와 시위로 떠들썩하지만, 이 일대는 거의 하루 종

라틴아메리카타워를 중심에 둔 멕시코시티 시내 전경

일 차량 통행이 금지된다. 이러한 차량 제한 정책은 대기질 개선을 위해 도입된 조치였다. 세계은행에 따르면, 매년 약 3만 3,000명의 멕시코인이 대기 오염으로 사망한다고 한다. 한편, 이 조치에 따른 부수적 효과로 소음 공해도 약간 줄어들었다.

21세기 신종 직업 중 하나인 '음향지도 제작자'들 사이에서 이 지도는 꽤 유명하다. 2011년, 멕시코시티의 시민단체들이 협력해 만든 이 지도는 환경 음향 분야에서 일종의 창립 선언문이다. 이 지도는 일반적인 지도라기보다 도시 전체를 향한 경고 메시지에 가깝다. 그리고 더 나아가 급소를 찌른다. 어떤 사회적 이슈에 대한 논의를 바꾸고자 하는 지도는 쉽고 즉각적으로 이해될 수 있어야 한다. 이 지도는 그 기준을 완벽히 충족한다. 지도를 보면 병든 도시가 적나라하게 드러난다. 열에 달뜬 듯한 색상과 요동치는 비대한 혈관. 이는 마치 지도상에 표현된 편두통 같다. 전하고자 하는 메시지는 간명하다. '소음은 중요한 문제다!'

이 지도를 제작하는 과정에서 약 2,200킬로미터에 이르는 도로 분석이 이루어졌다. 건축 공사, 소란한 술집, 시끄러운 이웃 등은 제각기 소음 부담을 야기한다. 이런 소리는 불규칙하고 예측 불가능하며, 위협감을 동반할 수 있기 때문에 특히나

고통스럽다. 유리병이 깨지는 소리나 비명 소리는 데시벨 수치와 상관없이 사람을 불안하게 만든다. 하지만 자동차와 트럭 및 스쿠터가 내는 소음은 아예 차원이 다른 문제다. 프랑스 파리의 소음을 모니터링하는 선도적 연구 집단 '브뤼파리프(Bruitparif)'의 과학자들은 밤에 파리를 가로지르는 스쿠터 1대가 무려 1만 명의 사람을 깨울 수 있다는 사실을 밝혀냈다.

지도에 표시된 고음의 범주는 75~85데시벨로, 믹서기나 잔디깎이, 또는 지하철이 내는 소음과 비슷한 수준이다. 이런 소음에 하루 8시간 정도 지속적으로 노출되면 청력에 문제가 생기기 쉽다. 미시간대학 연구진이 진행한 한 연구에 따르면 뉴욕 주민 10명 중 8명이 청력 문제를 겪고 있었다.

소음 공해에 대한 노출과 소득 수준은 분명한 상관관계를 보인다. 멕시코시티 도로변에서 힘겹게 생계를 유지하는 사람들과 노점상은 소음 피해에 고스란히 노출될 수밖에 없다. 반면, 부유한 사람들은 비교적 조용한 동네나 차량 통행이 적은 고지대에서 이중, 삼중창이 갖춰진 집에서 산다.

'소음이 뭐 얼마나 해롭겠어?'라고 생각하는 사람도 있을 것이다. 학교에서도 소음의 병폐에 대해 자세히 가르치지 않는다. 흡연, 음주, 약물, 대기 및 수질 오염 등이 건강에 해롭다는 건 익히 알고 있다. 그러면 소음은 어떨까?

영국 정부의 연구원들은 이 질문에 답하기 위해 국제 공인 지표인 '장애보정생존연수(Disability Adjusted Life Years, DALY: 질병이나 부상으로 인해 건강하게 살지 못한 기간을 측정하는 지표)'를 활용했다. 1DALY는 건강하게 살 수 있었던 1년을 잃는 것을 의미한다.

이 연구진이 밝혀낸 바에 의하면, 2018년 한 해 동안 영국에서 도로 교통 소음으로 인해 약 10만 DALY가 손실되었다. 여기에 더해 철도 소음으로 1만 3,000DALY, 항공기 소음으로 1만 7,000DALY의 추가 손실이 발생했다. 이 손실의 대부분은 만성적인 짜증과 수면 장애 때문이었고, 이는 뇌졸중과 허혈성심질환 및 당뇨로 이어졌다. 유럽환경청(European Environmental Agency)은 유럽 전역에서 소음으로 인해 수천 명이 조기 사망했으며, 2,200만 명이 '만성 짜증'을, 650만 명이 '심각한 만성 수면 장애'를 겪고 있다는 보고를 내놓았다. 나는 이 수치가 빙산의 일각이라고 생각한다. 소음은 심각할 정도로 우리를 방해한다. 짜증을 유발하고 일상을 견딜 수 없게 만든다.

평온하고 조용한 환경을 원치 않는 사람이 있을까? 그것이 삶에 중요한 요소라는 건 잘 알지만, 소음 문제 해결에 대해서는 도통 갈피를 잡지 못한다. 이러한 혼란은 법률에도 잘 반영되어 있다. 대부분의 국가에는 소음에 관한 법률이 아예 없거나 있더라도 실효성이 크게 떨어진다. 사람들은 소음 해결을 너무 복잡한 문제라고 여기고 지레 항복을 선언해버린다. 일례로 주택지를 관통하는 대규모 도로 건설을 중단시키기는 일이 불가능하다고 여긴다. 소음 문제 해결에 필요한 변화는 그렇게 난해하지도, 도달 불가능하지도 않다. 사실 소음은 가장 쉽게 해결할 수 있는 사회적 병폐 중 하나다. 평온하고 조용한 환경이 인간의 기본적 권리라고 인정한다면, 즉 소음에 대한 인식만 전환되어도 큰 도움이 될 것이다. 멕시코시티의 이 소음 지도가 언젠가 녹색으로 뒤덮이지 말란 법은 없지 않은가.

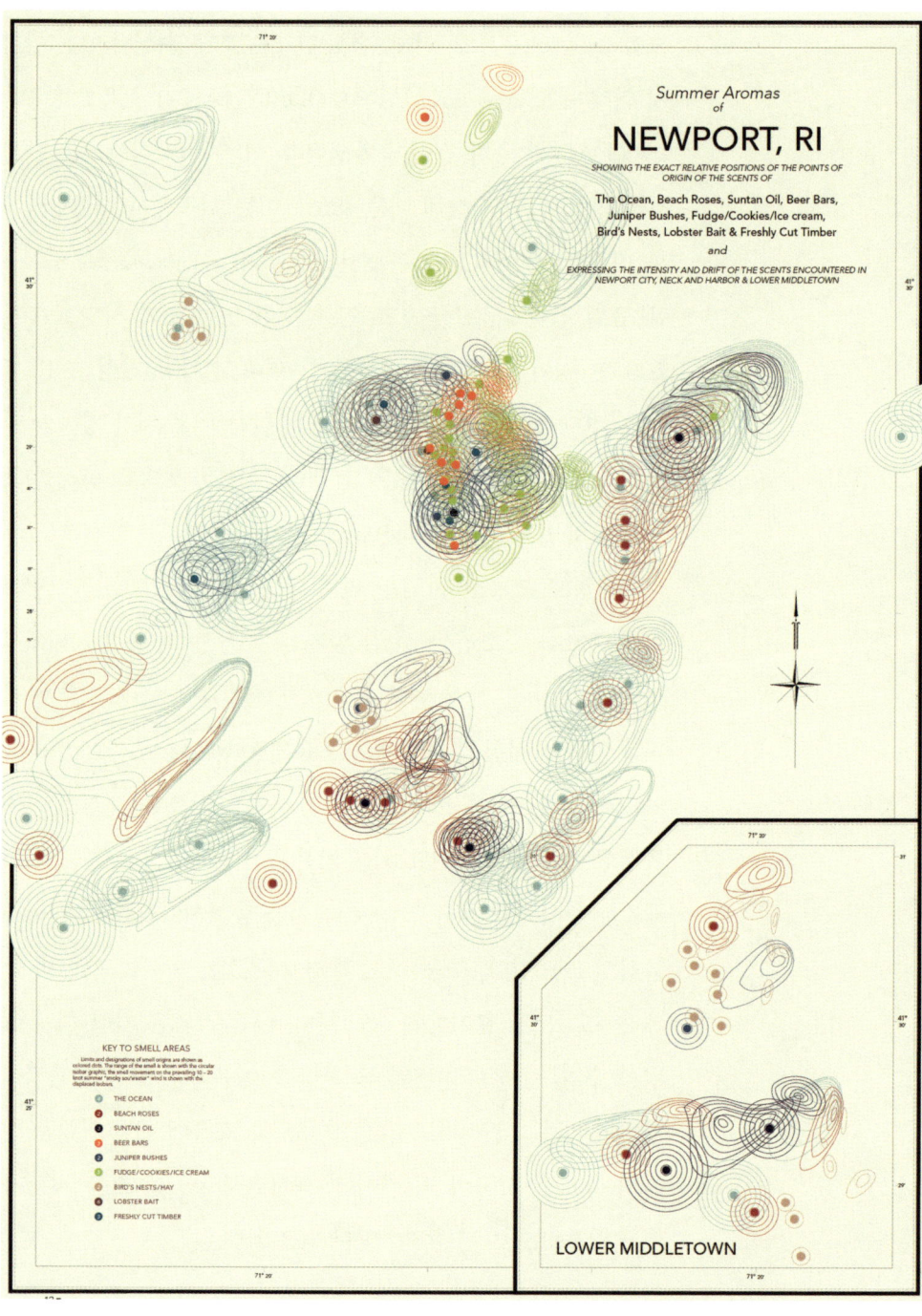

Map 23
해변 휴양지의 냄새를 담아낸 지도
'로드아일랜드 뉴포트의 여름 향기', 케이트 맥린, 2012년

대부분의 동물은 후각을 이용해 방향을 가늠한다. 쥐, 개, 돼지의 씰룩이는 코는 일종의 길잡이 수단이다. 이들 동물처럼 사람의 코도 얼굴 전면에서 툭 튀어나와 있지만, 후각은 우리가 가장 등한시하는 감각이다. 냄새와 달리 보이는 것과 소리는 중요하게 취급된다. '냄새'와 '악취'라는 단어는 보통 기피해야 할 저급한 것들을 묘사할 때 쓰인다. 하지만 냄새는 어디에나 있으며, 다른 동물들이 익히 알고 있듯 냄새에는 수많은 정보가 담겨 있다.

디자이너이자 지도 제작자인 케이트 맥린(Kate McLean)은 유럽과 미국 도시들의 향기를 구현한 '냄새 지도' 시리즈를 선보이고 있는데, 이 지도도 그중 하나다. 이 지도는 미국 로드아일랜드주 아퀴드넥섬(Aquidneck Island)의 예쁜 항구도시 뉴포트를 나타낸 것이다. 뉴포트는 요트와 호화 주택, 꽃이 만발한 정원, 해산물로 많은 관광객을 끌어모으는 도시다.

지도에 있는 소용돌이 모양의 선들은 마치 언덕과 계곡의 높낮이를 나타내는 등고선을 떠올리게 하지만, 이 지도는 훨씬 더 일시적이고 감각적인 풍경, 즉 여름날 해변 휴양지의 향기를 시각화한 것이다. 각각의 색깔은 서로 다른 냄새를 나타낸다. 맥린의 말을 빌리자면, "해당 지역에서 감지된 향기의 강도와 확산 정도를 표현한 것"이다. 냄새의 목록도 독특하다. 옅은 파란색은 바다 냄새이고, 빨간색은 장미, 남색은 선탠오일, 주황색은 맥줏집, 파란색은 향나무 냄새를 가리킨다. 그리고 맥린이 나름대로 감지한 특정 냄새에 따라, 녹색은 '사탕/쿠키/아이스크림', 연보라색은 '새둥지/건초', 짙은 빨간색은 '바닷가재 미끼', 코발트블루색은 '갓 자른 목재' 향을 나타낸다.

등고선과 마찬가지로 선의 간격이 촘촘할수록 냄새가 더 강하다는 의미다. 선이 고리 모양을 그리며 확장되는 형태는 특정 냄새가 퍼져나가며 영향을 미치는 범위를 보여준다. 특히 항구 쪽에서 바다의 진한 향기가 매우 두드러지는 모습을 통해 우리는 이곳이 해안가 도시라는 것을 알 수 있다. 이 바다 내음은 장미의 달콤한 향기(빨간색) 같은 다른 향들과 어우러지기도 한다. 지도의 중심부, 즉 관광객으로 붐비는 곳에는 맥주 특유의 홉 냄새와 '사탕/쿠키/아이스크림'의 달콤한 냄새 등 입맛을 돋우는 향취가 뒤섞여 있다. 조금 더 외곽으로 나가면 냄새가 잠시 사라지기도 하고 다시 나타나기도 하며, 향나무 덤불의 알싸한 나무 향과 선탠오일의 뜨거운 열기를 품은 냄새가 서로 어우러진다. 이 지도는 바람과 사람, 그리고 계절이 만드는 냄새의 흐름을 생생하게 포착하고 있다.

맥린의 말에 의하면, 이 지도는 "냄새를 탐색하는 산책과 자전거 여행, 그리고 지역주민과 방문객과 나눈 대화가 조합된 결과물"이다. 그녀는 이런 기록도 남겼다. '냄새가 상기시키는 기억은 소리나 사진, 단어에 의해 촉발되는 기억보다 더 많은 감정을 불러일으킨다.' 어쩌면 가장 무시당해온 감각인 후각이 우리에게 순간적으로 시간을 이동하는 듯한 경험을 선사할 수 있다는 뜻이다. 맥린의 지도는 감각의 재현이자 도전장이다. '냄새도 소중한 정보이고, 좀 더 주의를 기울여야 할 가치가 있다'는 점을 일깨워준다.

맥린의 냄새 지도는 과학이라기보다는 예술에 가깝고 실제로 예쁜 벽걸이 포스터로 판매되기도 한다. 한편, 이 지도는 우리와 냄새의 관계에 대해 중요한 질문을 던진다. 흔히 '사람은 동물에 비해 후각이 떨어진다'고 생각하지만, 그렇지 않다는 연구결과도 있다. 2006년, 캘리포니아대학의 과학자들이 개와 인간의 후각 능력을 비교하는 흥미로운 실험을 진행했다. 뻔한 결과가 예상되겠지만, 자세한 내막은 좀 달랐다. 연구진은 노끈에 초콜릿을 묻혀 풀밭에서 끌고 다닌 다음, 실험 참가자들의 눈을 가리고 네발로 기어서 냄새를 따라가 달라고 요청했다. 놀라운 반전은 없었다. 엎드린 채 네발로 기어가던 실험 참가자들은 여기저기 부딪히며 개만큼 잘 해내지 못했다. 하지만 연습이 거듭되면서 차츰 나아졌고 갈수록 훨씬 더 나아졌다. 결론적으로, 인간도 다른 동물들처럼 냄새를 따라가는 능력을 갖고 있다는 사실이 밝혀졌다. 실제로 인간이 동물보다 더 예민하게 반응하는 특정한 냄새가 있는데, 바나나와 꽃, 혈액 등에서 풍기는 냄새가 그렇다.

인간의 후각이 약하다는 통념은 사실이 아니라고 주장하는 과학자들이 차츰 더 많아지고 있다. 밝혀진 바에 의하면, 인간을 비롯한 포유류 뇌의 후각신경구(olfactory bulb, 냄새를 감지하는 뇌 부위)에서 발견되는 뉴런의 수는 별반 차이가 없다. 즉, 인간이 유독 냄새를 잘 맡지 못하는 건 아니다. 그저 그렇다고 생각할 뿐이다. 이에 못지않게 흥미로운 사실은 여성이 남성에 비해 후각신경구 뉴런을 약간 더 많이 가지고 있다는 점이다. 말 그대로 여성이 냄새를 더 잘 맡는다는 얘기다.

맥린의 지도는, 지도 제작과 예술적 접근 방식을 통해 인간의 후각을 좀 더 폭넓게 재평가하려는 시도의 선두에 있다. 맥린은 지도 제작 과정을 이렇게 설명한다. "우선, 냄새를 탐색하는 '스

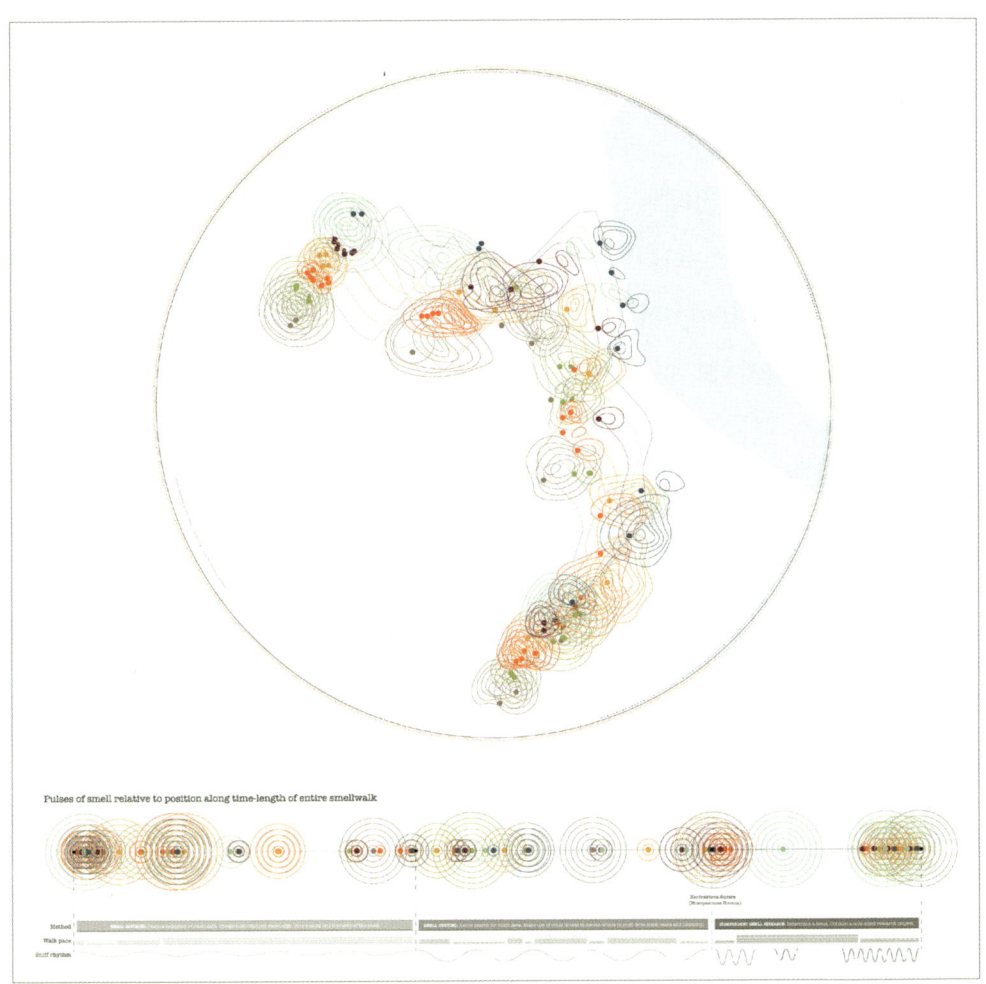

'키이우의 어느 겨울날 냄새 탐색 산책', 케이트 맥린, 2016년

멜워커(smellwalker)'가 수집한 자료를 매뉴얼에 따라 데이터베이스로 옮기고 일정한 패턴과 공통점을 찾는다. 그런 다음 해당 동네에서 가장 많이 감지되는 냄새를 선별한다."

이따금 그녀는 '특정 거리에서 사람마다 다르게 느끼는 냄새의 개인차'를 지도로 구현하기도 한다. 이렇게 제작된 지도가 173쪽의 '우크라이나 키이우의 어느 겨울날 냄새 탐색 산책'이다. 이것은 7명의 발자취를 따라 "서쪽에서 불어오는 가벼운 겨울바람에 실린 향취와 냄새의 원천"을 도식화한 지도다. 맥린의 설명에 따르면, "7명의 냄새 탐색자(스멜워커)들은 이 지도에 각기 다른 색깔로 표시되어 있다. 그들이 생각하기에 키이우의 냄새 풍경을 대표한다고 응답한 색깔이다." 이들은 '저렴한 음식과 커피 냄새' '촉촉하고 시원한 습기' '플라스틱으로 만든 싸구려 기념품 냄새' 등의 기록을 남겼다. 지도 하단에는 냄새 탐색자들이 멈춰선 지점을 표시한 선이 있는데, 이것은 '냄새 감지가 활발한 지점'을 나타낸다.

맥린의 지도들은 파급력이 큰 진실을 다룬다. 기억을 불러일으키는 냄새의 작용과 주변 풍경이 어떻게 향취로 포장되는지, 즉 독특한 방식으로 추억을 소환하는 냄새의 특성을 보여준다. 어쩌면 우리는 이제 막 냄새와의 관계를 이해하기 시작했는지도 모른다. 냄새를 표현하는 어휘는 대체로 연상적이고 은유적이며, 어쨌든 딱 들어맞는다는 느낌은 들지 않는다. 결국, 냄새를 언어로 표현하는 데는 한계가 있는 듯하다. 맥린은 지도 제작 과정에서 냄새를 묘사하는 특이한 표현을 듣기도 했다. '산산이 부서진 꿈의 냄새' '지방정부에서 나는 냄새' '기쁨의 순간' 등 냄새를 암시적으로 표현한 경우가 있었는데, 알고 보니 모두 담배꽁초 냄새였다. 특이하긴 하지만 어느 정도 납득이 되는 표현이기도 하다.

Map 24
사랑의 게임
사랑의 지도, 1653년

사랑에는 종착지가 있고 출발 지점이 있다. 인간의 마음은 지도로 형상화할 수 있으며, 17세기 파리의 상류층에게 '사랑의 지도(Carte de Tendre)'는 더할 나위 없이 좋은 가이드였다. 파리 상류사회의 살롱 문화를 주도한 유명인사이자 소설가인 마들렌 드 스퀴데리(Madeleine de Scudéry)는 1653년에 이 지도를 만들어 살롱을 찾은 부유층과 즐거운 시간을 보내곤 했다.

스퀴데리의 '토요회(Saturday Society)'에 초대받는 것은 누구나 꿈꾸는 일이었지만, 꽤 긴장되는 일이기도 했을 것이다. 스퀴데리의 살롱에서는 재기발랄한 센스가 요구되었고, 특히 '사랑의 지도'를 두고 진행되는 게임은 더욱 그랬다. 게임 참여자들이 이상적인 연인을 자처하며 역할극을 벌이는 보드게임을 생각해보라. 게임이 시작되면 참여자들은 지도 하단에 모여 있는 멋진 청년 중 한 명이라고 상상하라는 요청을 받는다. 그들은 눈앞에 펼쳐진 지형을 헤쳐나갈 가장 좋은 길을 모색해야 한다. 우리 지도의 아래쪽 가운데 있는 '새로운 친분(Nouvelle amitié)'이라는 도시가 출발 지점이다. 즉, 그들은 한 여성과 새로운 인연을 맺었고 그녀의 사랑을 쟁취하고자 한다. 이제 해결해야 할 과제는 멀리 떨어진 세 도시 중 하나로 그녀를 이끌어갈 이야기를 지어내는 것이다. 이들 도시는 각기 다른 종류의 사랑을 대변한다. 존경이 담긴 사랑(Tendre-sur-Estime, 상단 오른쪽), 감사가 담긴 사랑(Tendre-sur-Reconnaissance, 상단 왼쪽), 애정이 담긴 사랑(Tendre-sur-Inclination, 바로 위 중앙)이다.

주사위도, 규칙도, 특정한 제약도 없다. 게임을 이어나가려면, 주변에 모여든 잘 차려입은 사람들에게서 즉각적인 수긍과 웃음을 유발할 수 있을 법한 매력적이고 재미있는 이야기를 들려주어야 한다.

얼핏 고상하고 세련된 게임처럼 보인다. 하지만 마냥 순수하기만 한 건 아니다. 이것은 재치와 언변을 겨루는 게임인 동시에, 은근히 '성(sex)'을 다루는 게임이기도 하다. 지도 중앙을 가로지르는 '애정의 강(River of Inclination)'을 보면 여성의 외음부가 연상되는데, 혈기 왕성한 게임 참여자들이 이를 무심코 지나쳤을 리는 없어 보인다.

이 강을 통과하는 경로가 사랑에 이르는 가장 빠른 길이라는 점은 금방 알아차릴 수 있을 것이다. 하지만 성급한 결말은 좋을 게 없다. '애정'이라는 부드러운 물결(남성과 여성 간의 동감과 공감)이 당신이 생각하는 유일한 아이디어이고 떠올릴 수 있는 전부라면, 주변에서 하품을 참는 모습을 마주하게 될 수 있다.

누가 더 잘할 수 있을까? 누가 우리를 즐겁게 해줄 수 있을까? 지도에 있는 모든 작은 마을은 대화를 이어나갈 소재가 되어준다. 일례로 '세심한 배려(Petit Soins)', '다정함(Tendresse)', '순종(Obéissance)'이라는 마을이 보인다. 숙녀의 마음을 사로잡아 '감사'의 도시에 도달하려면 이 세 가지를 확실하게 보여주어야 한다. 또 다른 경로도 있다. '관대함(Generosité)'과 '연애편지(Billet doux)'를 지나면 '존경'이라는 도시에 이르게 된다. 곳곳에 놓여 있는 여러 위험에 대해서도 재치 있는 언급을 빼먹지 말자. 지도 왼쪽 하단을 보면 외떨어진 산의 정상에 '오만(Orgueil)'이라는 성이 있고, '비열함(Meschanceté)', '무례함(Indiscretion)', '비방(Medisance)', '배신(Perfidie)'이라는 음울한 마을이 그 주위를 둘러싸고 있다. 한편, '위험한 바다(La Mer Dangereuse)'나 '증오의 바다(Mer d'Inimitié)'에는 무엇이 숨어 있을지, 그리고 어떻게 하면 '미지의 땅(Terres inconnues)'을 외설스럽지 않게 설명할 수 있을지, 개인적으로 궁금증이 생긴다.

 재미없나? 토요일을 즐겁게 보낼 더 좋은 방법을 찾고 싶은가? 모임 주최자를 탓할 일이 아니다. 이 게임은 참여자들이 어떻게 하느냐에 따라 달라지는 형식으로, 마들렌 드 스퀴데리는 새로운 무언가를 창조하고 있었다. 즉 그녀는 최초의 롤플레잉 게임(RPG)을 발명했던 셈이다. 혹은 현대의 보드게임과 비디오 게임에 흔히 적용되는 지도 기반 배경의 먼 조상 격이라고 말할 수도 있겠다. 가벼운 대화가 오가는 RPG 게임 '던전 앤 드래곤(Dungeons and Dragons)'이나 '어쌔신 크리드(Assassin's Creed)'에 맞먹는 게임이냐고? 그 정도까진 아니지만, 사회관계망을 기반으로 하는 소셜게임(social game)의 초기 버전이었음은 분명하다.

 마들렌 드 스퀴데리는 자신이 주최하는 토요회 살롱에서 영향력 있는 인물이었을 것이다. 한가한 부자들을 위해 모임의 장을 여는 단순한 호스트는 분명 아니었다. 그녀는 여성도 자기 목소리를 낼 권리가 있다고 주장했다. 1642년 스퀴데리는 《레 펨므 일뤼스트르(Les Femmes Illustres)》를 출간했는데, 이는 전 세계 언어권을 통틀어 가장 이른 시점에 등장한 페미니스트 성명서 중 하나라 할 수 있다. 이 책에서 그녀는 여성의 교육과 경제적 독립을 옹호하고, 문화와 정치, 토론, 논쟁이 남성의 전유물이라는 통설에 반대하는 주장을 펼친다. 이는 시대에 앞선 개념이었고, '토요회'를 들여다보는 또 다른 창을 제공한다. 스퀴데리의 토요회는 웃음소리와 난잡한 농담으로 왁자지껄한 가운데 '인간의 기본권'을 위한 투쟁의 목소리도 들을 수 있는 자리였다.

'사포(Sapho)'라는 필명 또는 본명으로 스퀴데리는 인간의 애정과 매력을 중점적으로 다룬 꽤 긴 소설들을 펴냈다. 이런 소설들 중 하나의 삽화로 이 지도는 또 다른 생을 이어갔다. 문학계 최초의 낭만적 여주인공이라 할 만한 캐릭터의 이름을 제목으로 내건 《크렐리(Clélie)》라는 소설이다. 이 소설은 1654년부터 1661년까지 총 10권에 이르는 분량으로 출간되었다. 스퀴데리의 다른 소설들도 비슷한 분량이었고 한때는 널리 번역되기도 했으나 지금은 거의 읽히지 않는다.

뒤 페이지에 있는 또 다른 지도를 보자. 이해하기 힘든 사랑의 마음을 다른 방식으로 나타낸 것으로, 1830년대에 미국에서 제작된 한 쌍의 하트 모양 지도다. '남성의 마음을 표현한 요새화된 나라의 지도'는 성벽에 둘러싸여 있다. 톱니 모양의 외곽에는 '결혼에 대한 공포(Dread of Matrimony)'라고 쓰여 있고, 중앙에는 '자기애의 성채(Citadel of Self Love)'가 있다. 남성의 마음이라는 나라에는 '권력애(Love of Power)', '재물애(Love of Money)', '편하려는 욕구(Love of Ease)', '경제의 땅(Land of Economy)'이 있다. '로맨스의 땅(Land of Romance)'도 있긴 하지만 한쪽 구석의 일부를 차지할 뿐이다. 이 지도와 짝을 이루는 '여성의 마음을 표현한 열린 나라의 지도'는 대조적이다. 여성의 마음속에는 '애교(Coquetry)'와 '옷에 대한 애정(Love of Dress)', '정서(Sentiment)'의 땅이 있다. '부의 바다(Sea of Wealth)'에서 흘러나와 중앙으로 이어지는

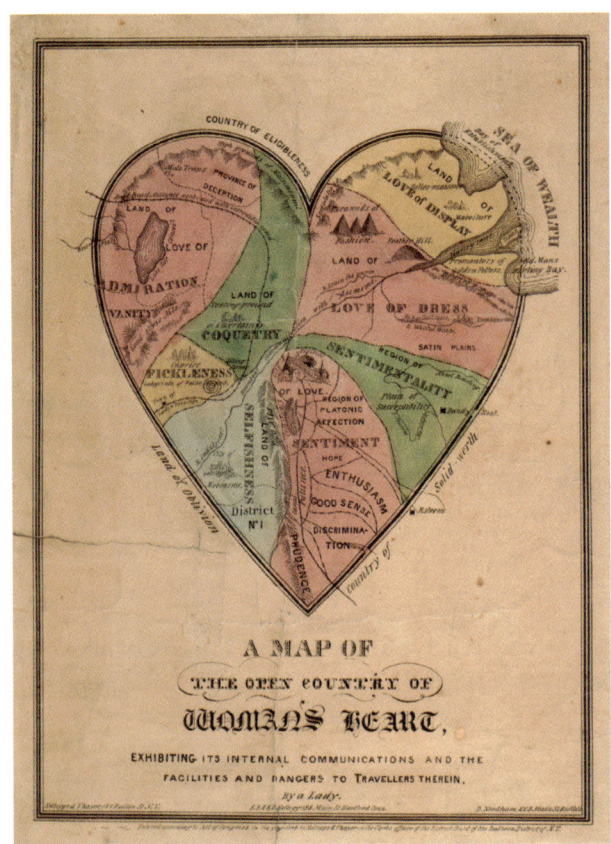

'여성의 마음을 표현한 열린 나라의 지도Map of The Open Country of Woman's Heart'

넓은 수로도 있다. 두 지도 모두 풍자적 표현이며, 익명의 '어떤 여인'이 만든 것이라고 전해진다.

스퀴데리의 지도와 그보다 훨씬 이후에 제작된 이 지도들은 남성이 지배적 우위를 점하던 시대에 등장했다. 이 지도들에는 남성과 여성의 특성에 대한 고정관념이 가득 들어차 있다. '남성 마음의 나라'는 여전히 정곡을 찌르는 측면도 있다. 지도에 표현된 케케묵은 생각과 고정관념이 지금도 우리 곁에 남아 있기

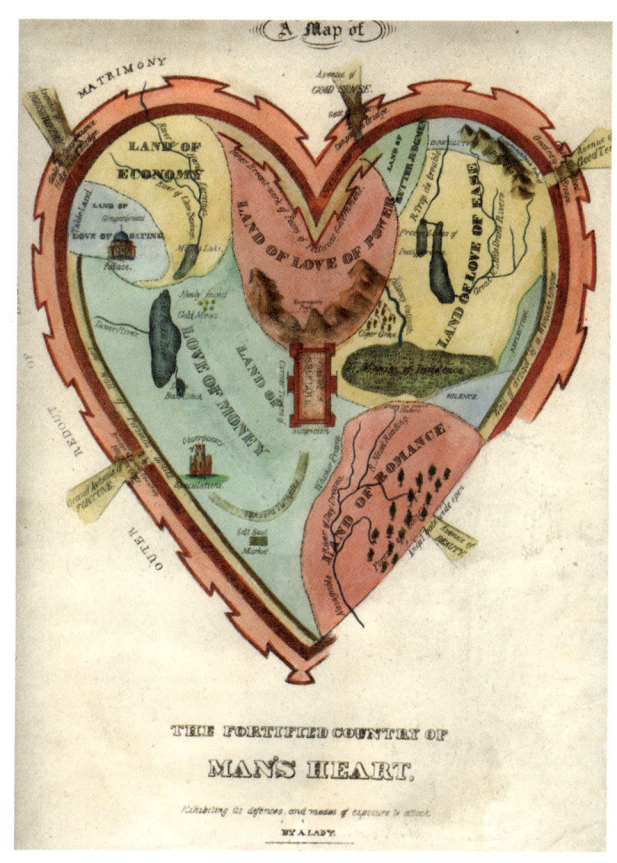

'남성의 마음을 표현한 요새화된 나라의 지도Map of The Fortified Country of Man's Heart', 1830년대

때문이다. 하지만 내 생각에, 스퀴데리의 지도에는 다른 역사가 담겨 있다. 이 지도는 소셜 보드게임의 시초였으며, 사회생활이 남성들만의 활동은 아니라는 주장의 시초이기도 했다. 19세기에 등장한 사랑의 지도는 성별에 대한 진부한 사고방식을 강조하고 강화하는 반면, 그보다 훨씬 이전에 나온 스퀴데리의 지도는 다양한 경로와 종착지를 암시하고 있다.

183

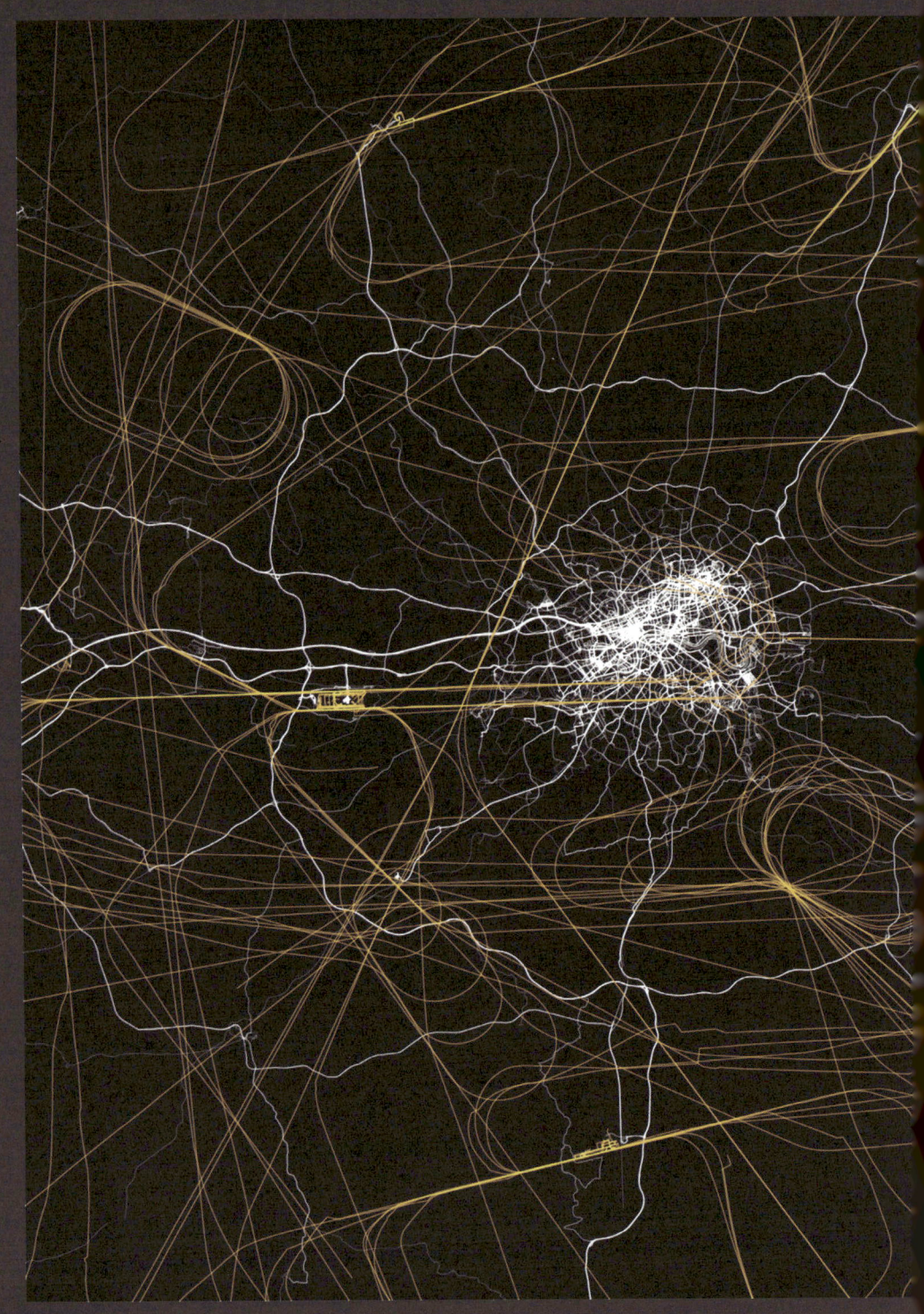

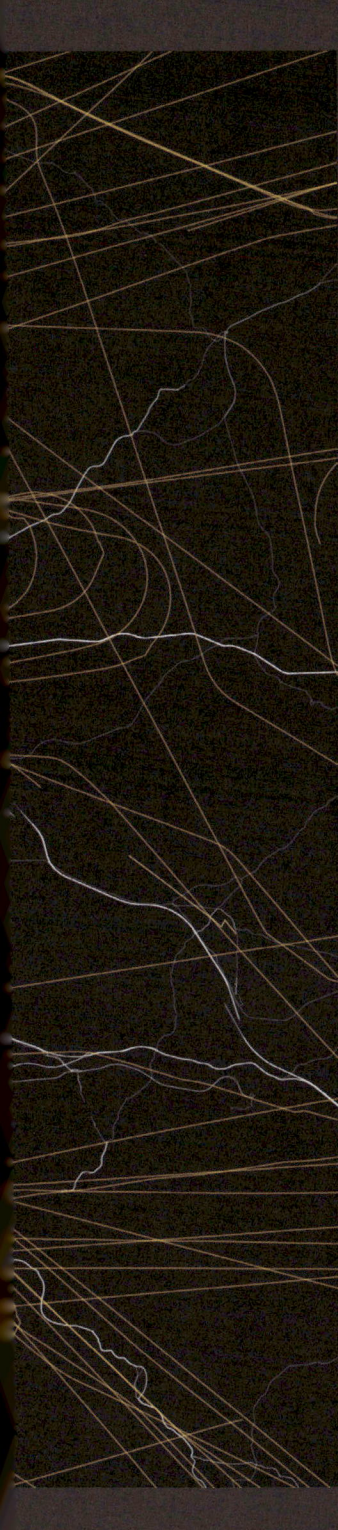

Map 25
방황하는 유령들: GPS의 예술

나의 유령, 제러미 우드, 2009년

현시대 예술가들에게 지도는 묘한 매력을 지닌다. 지형과 이동 경로를 형상화할 수 있는 지도의 매력에 이끌리는 것이다. 그림이나 영화, 책 등도 공간을 나타낼 수는 있지만 지도는 그 이상의 기능을 한다. 전체적인 모습을 보여주고, 길을 안내하며, 그 안으로 우리를 초대한다. 지도는 과학이자 마술이 될 수 있다.

이 지도를 읽어내기 위해 특별히 알아야 할 것은 없다. 새까만 바탕 위에 노란색과 흰색 선들이 나선형을 그리기도 하고 획획 지나가기도 한다. 여기에는 수많은 움직임이 있지만, 사실 우리가 보고 있는 것은 과거의 흔적이다. 즉, 빛이 지나간 뒤에도 우리 시야에 남는 잔상 효과 같은 것이다.

'마이 고스트(My Ghost)'라는 제목의 이 지도는 디지털 아티스트 제러미 우드(Jeremy Wood)가 제작한 것이다. 15년간 제러미 우드는 이동할 때마다 GPS 추적기를 가지고 다녔다. GPS는 전 세계 위치파악시스템(Global Positioning System)으로, 휴대전화를 비롯해 해당 기술이 적용된 모든 기기의 위치를 알려주는 위성 기반 네트워크를 말한다. 이 장치를 이용해 그는 런던 전역에서 자신의 움직임을 기록했다. 우드에게 GPS는 붓 또는 펜이었는데, 실제로 그는 GPS를 일컬어 '온몸을 사용해 그림을 그리는 도구'라고 부른다. 그렇게 얻은 최종 결과물을 그는 '지도로 정리한 나의 인생'이라고 말한다.

노란 선은 우드가 비행기를 타고 이동한 경로로, 착륙을 기다리며 런던의 공항 상공을 빙빙 도는 궤적이 보인다. 훨씬 더 많은 흰 선은 걷거나 차를 몰거나 버스를 타고 지상에서 이동한 모습이다. 둥근 형태의 굵은 흰색 선은 런던의 외곽순환고속도로 M25를 따라 운전한 경로다. 도시 중심부에는 빽빽하게 엉켜 있는 흰 선이 있는데, 이는 무수하게 오고 간 산책 경로를 나타낸다.

  우드는 이 지도를 지문에 비유한다. 특정 개인의 궤적이며 유일무이하기 때문이다. 한편, 이 지도는 흔히 볼 수 있는 평범한 루틴을 나타낸 것이기도 하다. 이 지도는 특정한 한 사람의 정확한 이동 경로를 추적한 기록이지만, 런던 시민의 일반적인 이동 동선도 포착되어 있다. 런던에 거주하는 대다수가 거의 똑같은 길을 따라 다닌다. 우리의 이동 양상과 라이프스타일은 레이저를 통해 노란색과 흰색으로 생생하게 나타나는데, 그 이동 궤적은 수백만의 런던 시민에게도 공통으로 해당된다.

  우드는 "이 지도는 과거의 나를 가리킨다. 지금의 내가 아니다. 그래서 이 지도를 '나의 유령'이라고 부르기로 했다"라고 설명한다. 당연한 말로 들리겠지만, 과거의 움직임을 지도에 표시하는 작업은 우리와 지도의 관계에 관한 흥미로운 문제를 제기한다. 지도는 우리가 갈 수 있는 곳과 할 수 있는 일을 보여주는 '가능성'의 공간이다. 지도의 길들은 비어 있다. 그 위에 실제로 얼마나 많은 사람이 오가고, 그 거리가 얼마나 북적이는지는 보여주지 않는다. 내 생각에, 우드는 우리가 지도뿐만 아니라 도시에서도 유령처럼 살아가고 있음을 말하고 싶었던 것 같다. 우리의 실체 없는 움직임은 도로와 건물, 벽돌과 콘크리트 같은 고정된 구조물을 잠시 스치며 떠돌 뿐이고, 곧 우리의 발자취와 소리는 사라지고 잊힌다.

이 지도는 단순한 선으로 이루어져 있지만, 그 안에는 깊은 울림이 있다. 특정 개인과 불특정 다수의 궤적을 동시에 포착하기 때문이다. 이 지도는 도시 속에 존재하는 우리의 실체와 마치 유령처럼 스쳐 지나가는 허상을 동시에 담아냄으로써, 현대인의 삶을 관통하는 불안감을 넌지시 건드린다. 우리는 자신이 누구인지 드러내고 싶어 한다. 자신만의 정체성을 주장하고, 표현하고, 고유함을 증명하고자 한다. 이런 욕망은 곳곳에서 끊임없이 강조된다. 하지만 우리는 분명히 알고 있다. 우리가 수많은 사람들 중 하나일 뿐이며, 다 똑같은 길을 걷고 비슷한 생각을 하며 살아간다는 것을. 우리의 소중한 '정체성', 이 세상에 찍힌 '지문'은 분명 존재하지만, 그것은 너무나 덧없고 일시적인 것이기도 하다.

우드는 지도를 사랑한다. "지도는 언어와 그림으로 표현 불가능한 것들을 말해주기" 때문이다. 그는 독일의 독창적인 역사학자이자 여행작가인 제발트(W.G. Sebald)에게서 영감을 얻었다고 말한다. 제발트의 여행책들은 그가 살았던 영국의 동부 같은 평범한 장소로 우리를 데려가 의외의 면모를 보여주고 새삼 낯설게 느끼도록 만든다. 제발트가 남긴 문구를 보면, 우드가 자신의 예술을 통해 무엇을 하려고 하는지 잘 알 수 있다. "거리가 멀어질수록 시야는 더욱 선명해진다. 그러나 위에서 바라보면, 알고 있던 모든 것이 어둠에 휩싸인다. 그곳에서 우리가 인지하는 것은 그림자로 가득한 세상, 즉 무지의 심연 속에 흩어져 있는 불빛 몇 점에 불과하다."

우드의 지도에서 검은 바탕과 대조를 이루는 M25의 밝은 흰색 고리 모양(지도 중앙의 흰색 선들을 둘러싼 커다란 원형의 흰색 선)을 보고 있자면, 나는 평범한 장소의 기이함에 매료된 또 다른 작가가 떠오른다. 영국의 작가이자 영화제작자 이안 싱클레어(Iain Sinclair)의 《런던순환도로(London Orbital)》는 외곽순환도로의 샛길을 걸으며 겪은 일을 기록한 책으로, 동명의 로드무비도 제작되었다. 이 작품은 기이한 장면들로 가득하다. 싱클레어는 소외된 것, 숨겨진 것, 삐딱한 것에 이끌린다. 그중에서도 가장 삐딱한 부분은 걸어 다니기에 결코 녹록지 않은 장소를 굳이 찾아다닌다는 점이다. 싱클레어는 디스토피아적 공상과학 소설로 유명한 J.G. 발라드(J.G. Ballard)의 집을 찾아가 자신이 무엇을 하고 있는지를 설명한다. '발라드는 오늘날 우리가 경험하는 심리적 풍경을 가장 잘 묘사한 작가'라고 생각했기 때문이다. 하지만 "경의를 표하러 왔다"는 싱클레어의 말에, 발라드는 어리둥절한 반응을 보이며 이렇게 말한다. "여기 셰퍼턴에도 버스가 다니는데 굳이 걸어오시다니!" 발라드의 당황스러움에 어느 정도 공감할 수는 있지만, 우드의 지도처럼 오랜 시간과 노력을 들여 얻은 기록물에는 묘한 설득력이 있다. 싱클레어는 우리가 늘 지나치지만 좀처럼 주목하지 않는 도시의 가장자리를 걷는다.

싱클레어에게 걷기는 일종의 저항이다. M25 외곽의 시끄럽고 삭막한 변두리를 따라 걷는 여정은 현대 풍경을 거스르는 탈출이자 도발이다. 그는 이렇게 말한다. "나는 외곽순환도로의 아스팔트에 닿을 때까지 계속 걸어야 한다고 스스로 되뇐다. 런던이 경계를 잃고 유령들을 놓아주는 곳까지 걸어가야 한다고 말이다."

혼잡한 M25 2번 교차로

이런 버려진 공간을 걷는 일은 일종의 의식과도 같다. 우드의 지도처럼, 싱클레어의 경험은 무언가를 바꿔놓는다. 그것이 인간성을 떠올리게 하는지, 아니면 유령 같은 존재를 떠올리게 하는지는 알 수 없지만 말이다. 싱클레어는 런던을 둘러싼 거대한 도로들을 '아무도 제대로 마주하거나 인정하지 않는 존재'라고 부른다. 그리고 자신이 이 작업을 하는 이유를 '퇴마의식, 해볼 만한 유일한 일'이라고 말한다.

Map 26
한 번에 한 조각씩 인간의 뇌가 지도화된다
주사현미경으로 관찰한 대뇌피질 조각의 개별 뉴런들
세로 2.5밀리미터, 가로 1밀리미터, 두께 165마이크론, 2022년 우리의 모든 생각과 행동은 뇌에서 비롯되지만 우리는 뇌에 대해 완전히 알지 못한다. 대략의 개념과 일반적인 이론은 확보했지만, 오랫동안 뇌는 블랙박스(black box: 기능은 알지만 작동 원리를 파악할 수 없는 복잡한 장치)였다. 이제 그 상자가 열리고 있으며 가장 어두운 구석까지 속속들이 밝혀지고 있다.

기존의 뇌 지도는 개괄적이고 부분적이었다. 기억을 담당하는 곳이나 시각을 담당하는 곳 등 부위별 위치를 나타낸 수준이었다. 반면 여기에 있는 이미지는 과학의 최첨단을 보여준다. 과거의 뇌 지도보다 더 상세할 뿐만 아니라 엄청나게 복잡한 뇌의 전체적인 구조를 드러내 보여준다.

인간의 뇌에는 800억에서 1,000억 개의 '뉴런'이라는 신경 세포가 있으며, 이 이미지에서 우리가 보고 있는 것이 바로 이 뉴런과 그 사이의 연결이다. 각각의 색깔은 뉴런의 종류와 특징, 그리고 메시지 전송 및 억제 등의 기능을 의미한다. 푸른색은 억제성 뉴런이고 다른 색들은 서로 다른 크기의 전송 또는 '흥분성' 뉴런을 나타낸다.

이것은 뇌과학 분야의 가장 최신 자료 중 하나이지만 뇌의 극히 일부만 밝혀낸 것으로, 뇌 전체 크기에서 겨우 1세제곱밀리미터에 해당하는 부분을 나타낸 것이다.

이 지도는 하버드대학의 과학자들이 만든 것이다. 이전에 이 팀은 초파리 뇌의 일부를 지도화해 큰 화제를 모았다. 인간의 뇌는 초파리 뇌와는 비교할 수 없을 정도로 훨씬 복잡하다. 3차원의 이 이미지를 제작하기 위해 하버드팀이 사용한 컴퓨터 메모리 용량만 보아도 인간의 뇌가 얼마나 복잡한지 잘 알 수 있다. 지도 제작에 소요된 총 메모리 용량은 1.4페타바이트다. 1.4페타바이트는 1,073,741,824메가바이트에 해당한다. 워낙 큰 수치라 비교를 통해 가늠해보는 게 좋겠다. 미국 항공우주국(NASA)의 랜드셋 프로그램(Landsat program)*을 통해 지난 30년간 지구로 전송된 모든 위성 사진의 메모리 용량은 1.3페타바이트로, 1세제곱밀리미터의 이 뇌 이미지보다 적다. 현미경으로 뇌의 뉴런을 헤아리고 모든 연결을 일일이 지도화하려면 100만 년쯤 걸릴 것으로 추정된다.

뇌에 대한 기본 지식 없이는 이 지도의 과학적 중요성을 제대로 이해할 수 없을 것이다. 뇌는 여러 영역으로 나뉘며 부위별로 특정 기능을 담당한다. 골치 아픈 문제가 생기면 나는 손으로 이마를 짚곤 하는데, 이는 적절한 반응이라 여겨진다. 뇌의 전두엽과 측두엽이 위치한 곳이기 때문이다. 실제로 모든 사고 작용은 여기에서 일어난다. 내 손 아래의 뇌 부위에서 골칫거리가 처리되고 해결되는 것이다. 감정이 생겨나고 인지되는 곳, 기억이 저장되고 의식(자기 인식)이 머무는 곳도 뇌의 이 부위다. 시각을 담당하는 부위는 뇌의 뒷부분, 즉 운동 기능과 협응을 조절하는 소뇌의 바로 위에 위치한다.

우리가 하는 모든 일들은 뇌의 지정된 위치에서 처리된다. 뇌는 마치 수십억의 사무직 근로자로 이루어진 도시와 같다. 이들 모두가 메시지를 받고 전달하며, 이 메시지를 자동적 혹은 의식적 선택에 반영시켜서 아무 생각 없는 몸뚱이에 생기를 불어넣는다. 모든 일은 순서대로 처리되어야 하고 그에 따라 실행

*1972년에 시작되어 지금까지 계속 지구의 표면 변화를 관측해온 나사NASA의 대표적인 지구관측 프로그램. _옮긴이

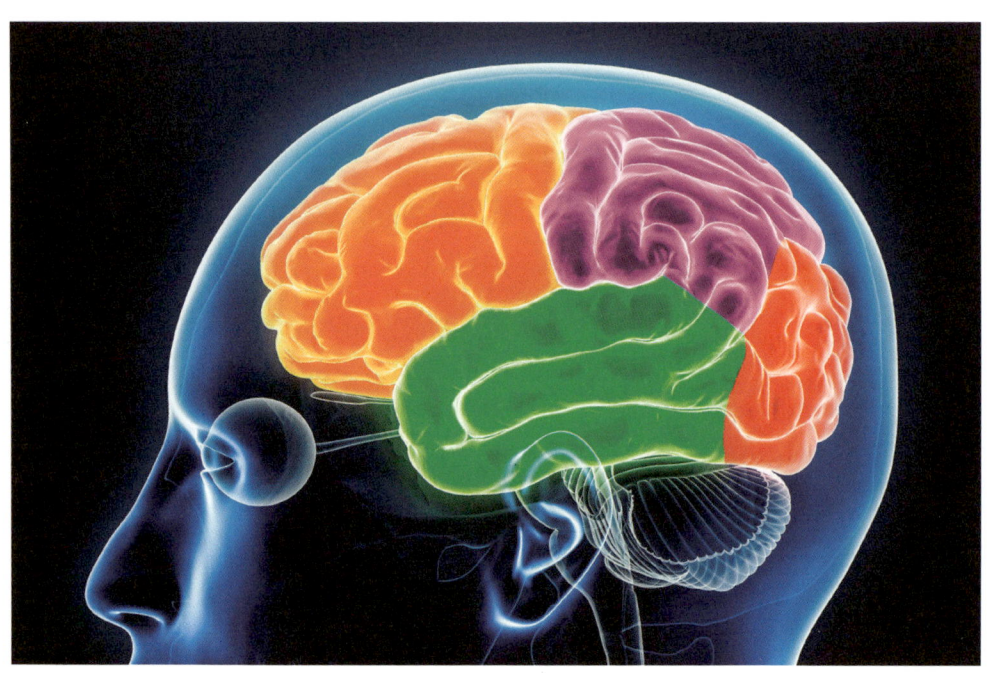

뇌의 여러 부위

되어야 한다. 언제 숨을 쉴지, 언제 삼킬지, 언제 움직일지, 언제 걱정할지, 언제 웃을지 등등.

뇌의 부위를 파악하는 일은 중요하지만 그렇다고 세세한 정보까지 알 수 있는 건 아니다. 비유해보자. 우리가 알고 있는 지리적 정보가 한정적이라고 치자. 다시 말해 대륙들의 명칭과 생김새는 알고 있지만 그 이상은 모른다. 그러면 우리는 얼마나 멀리 갈 수 있을까? 멀리 가진 못할 것이다. 유럽이나 프랑스를 어떻게 돌아다녀야 할지 모를 것이고, 파리는 더더욱 알 턱이 없다. 이때 여기에 실린 상세 뇌 지도 같은 최신 지도가 있다면? 프랑스는 물론이고 파리도 뚜렷이 보이며 모든 거리와 상점이 낱낱이 표시된 지도가 있다면 상황이 완전히 달라질 것이다.

뇌과학과 의학 지식의 새로운 시대가 열리고 있다. 하버드의 뇌 지도 제작팀 중 한 명인 알렉스 샤프슨코(Alex Shapson-Coe) 박사는 이렇게 설명한다. "지금까지는 뉴런의 연결 상태를 완벽히 지도화할 수 없었다. 이번에 이룬 진전은 건강한 뇌와 병든 뇌의 연결망을 비교할 수 있는 가능성을 열어주었다. 덕분에 정신 질환 및 여러 신경증을 유발한다고 여겨지는 연결망의 변화를 확인할 수 있게 되었다."

이 새로운 지도들은 다양한 의학적 문제에 대한 더 나은 이해와 그에 따른 적절한 치료의 토대가 되어준다. 그중 하나가 뇌전증(간질)이다. 여기에 실린 지도는 일반적인 뇌 이미지가 아니다. 45세 여성이 기증한 뇌를 지도화한 것으로, 그녀는 뇌전증을 앓았으나 어떤 약물로도 상태가 호전되지 않았다. 결국은 치료를 위해 뇌 수술을 받아야 했다. 뇌전증 발작의 원인이었던 뇌 부위가 제거되었고, 그녀는 이것을 하버드팀에 기증했다. 우리가 여기에서 보고 있는 것은 '일반인의 뇌'가 아니라 그녀의 뇌다.

하버드팀은 기증받은 뇌 조각에 색을 입히고 30나노미터(1나노미터는 100만 분의 1밀리미터) 두께로 얇게 저며서 전자현미경으로 세포를 관찰했다. 하버드팀을 이끄는 제프 리히트먼(Jeff Lichtman) 교수는 이렇게 말한다. "뇌 조각이 스파게티 한 그릇이라고 생각해보자. 우리는 그것을 극도로 얇은 이미지로 자른 다음, 그 이미지에서 파스타 가닥들을 하나하나 찾아내는 작업을 했다고 볼 수 있다."

인간의 정신을 형성하는 내부 연결망을 도식화하는 작업은 치료의 가능성과 실질적 희망을 열어주지만, 문제가 생길 여지도 있다. 만일 우리 의식이 전기적, 화학적 신호로 빠르게 움직이는 모습이 고스란히 드러난다면, 그것을 세밀하고 정교한 수준으로 만들어낼 역량도 우리 시야에 들어오게 된다. 뇌 속을 자유자재로 돌아다닐 수 있는 강력한 지식이 확보되는 셈이다.

세상을 바꿀 새로운 지도가 등장하면 그 중요성이 충분히 인식되기까지 시간이 걸리는 경우가 많다. 이 지도는 당장 써먹을 수 있는 치료법을 제공해주진 않지만 매우 중요한 진전을 보여준다. 이 지도가 나오기 전에는 일반적인 정보뿐이었지만 이제 우리는 세부 사항도 알 수 있게 되었다. 이런 일이 가능하리라는 상상은 최근까지도 지극히 비현실적인 공상과학 소설 같았다. 지금은 현실이 되어 있다. 이 정도로 세밀하게 뇌를 도식화하는 작업은 이제 막 시작되었다. 이 작업은 아찔할 정도로 복잡한 일이다. 뇌의 모든 것을 완벽히 지도화하게 될 날은 까마득히 멀지만, 컴퓨터 성능의 급속한 발달로 그날은 차츰 앞당겨질 것이다.

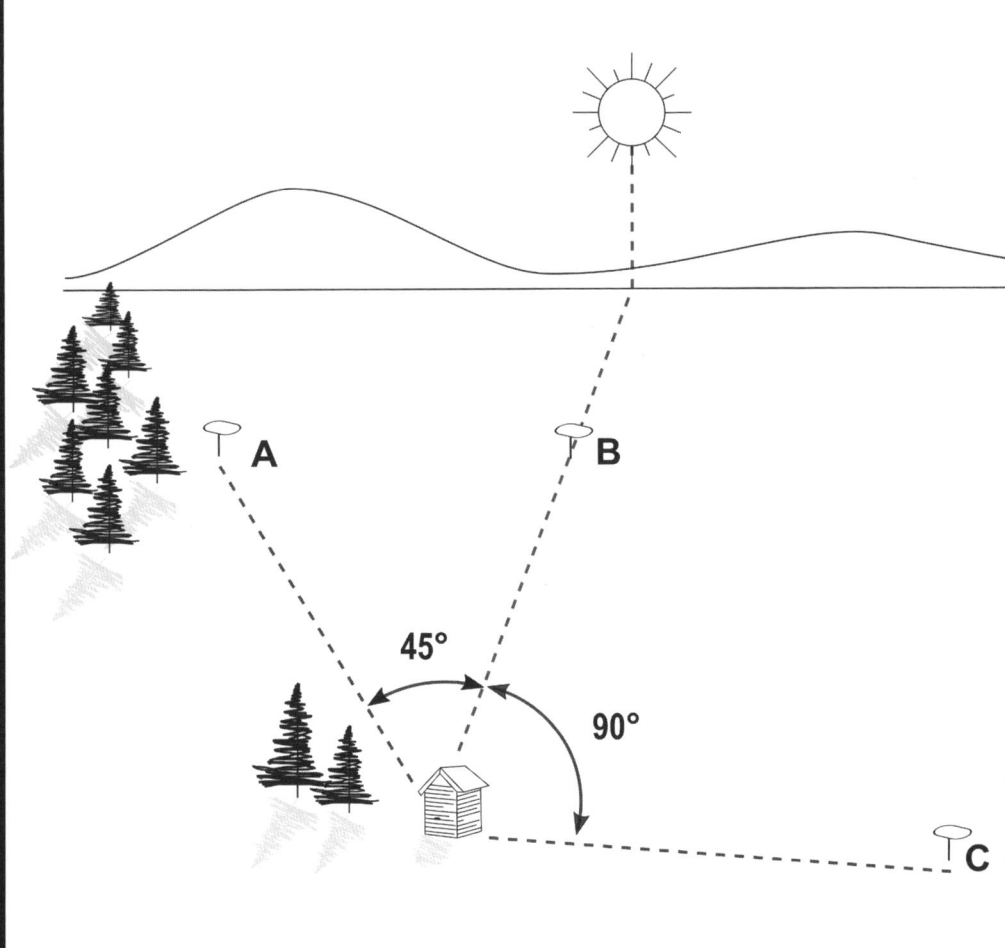

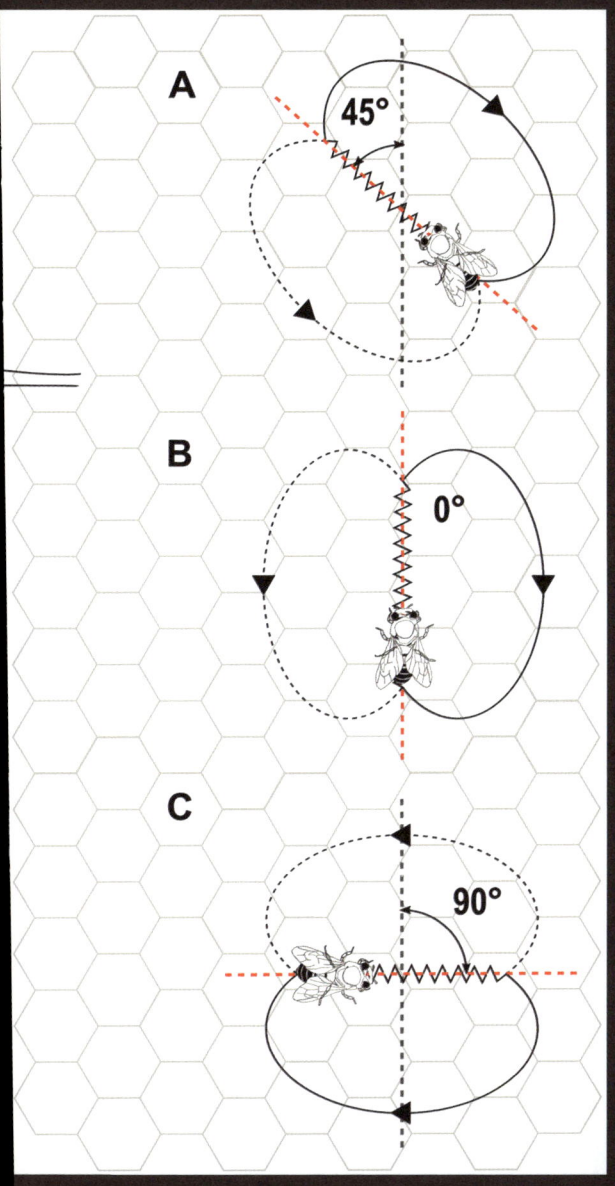

Map 27

춤추는 지리학:
벌이 그리는 지도

3개의 8자 춤이 만든 3개의 지도와 3개의 위치, 201

간단한 대화로 시작해보자. "공원 가는 길 좀 알려주세요." "이 길 끝에서 오른쪽으로 꺾으셔서 신호등이 나오면 좌회전하세요." "감사합니다." 아무것도 그린 게 없지만 지도가 만들어졌다. 알려준 내용을 잘 기억해서 목적지에 도착하길 바란다.

다시 한번 해보자. 이제 나는 꿀벌이고 당신도 꿀벌이며, 나는 꽃을 찾아가고 싶다. 이번에도 아무런 대화 없이 지도를 만들 수 있다. 우리 둘 다 태양이 어디에 있는지 알고 있기 때문이다. 날아다니는 대부분의 동물과 마찬가지로 벌의 세계에서도 태양은 방향을 일러주는 길라잡이 역할을 한다. 내가 꽃으로 가도록 하려면 당신은 태양을 기준으로 꽃의 위치를 설명할 수 있다. 꿀벌의 의사소통 수단 중 하나인 '8자 춤(waggle dance)'을 통해 그 위치를 알려주면 된다. 앞에 실린 지도는 이러한 벌의 지도를 인간이 이해할 수 있는 형태로 전환한 것이다. 지도를 보면 태양과 꽃의 세 지점 A, B, C가 있다. A에 있는 꽃으로 벌을 보내고 싶다면? A지점은 태양에서 왼쪽으로 45도 기울어져 있으므로 45도 각도의 선을 그리는 춤을 추면 된다. 이 중앙선을 따라 물결 모양 또는 '흔들거리는 움직임(waggle)'이 이어지며, 이 움직임이 길수록 꽃이 더 멀리 떨어져 있음을 의미한다.

벌들의 지도는 단순하지만 정확하다. 꽃이 태양과 같은 방향에 있다면 춤은 훨씬 단순해진다. 우리 지도에서 B지점에 해당하는 경우로, 이번엔 경사각이 0도다. 춤의 중앙선이 곧장 위를 향하도록 하면 된다. 벌의 세계에서 이는 '태양의 방향으로'라

8자 춤을 추는 벌

는 뜻이다. 빠르게 흔드는 몸짓은 더 많은 정보를 알려주는데, 목적지에 많은 꿀이나 꽃가루가 있다는 의미다. 느린 움직임은 꽃의 양이 적다는 뜻이다. 인간에게 태양은 맑은 날과 노란빛의 공을 연상시킨다. 벌에게는 그렇지 않다. 아무리 날이 흐려도 벌에게는 문제가 되지 않는다. 벌의 눈은 빛에 매우 민감하며, 구름이 잔뜩 낀 날에도 태양은 벌에게 명확한 안내자가 되어준다.

벌의 세계에는 지도 역할을 하는 또 다른 춤도 있다. 원형을 이루며 추는 이른바 '원무(round dance)'라는 것이다. 원무는 꽃이 있는 목적지가 가까울 때 쓰이고, 방향을 바꾸면서 앞뒤로 원을 그리며 여러 번 돌아다니는 형태다.

모든 벌이 이런 식의 위치 정보를 이용하는 건 아니다. 군집성이 강한 꿀벌만 이런 습성을 보인다. 최근 밝혀진 바에 따르면, 벌집이 클수록 이러한 위치 안내 기술이 제공하는 이점이 더 커진다. 집단의 규모가 크고 춤추는 개체가 많을수록 먹이 채집 활동이 더 효율적으로 이루어지기 때문이다.

꿀벌은 두 가지를 찾아다닌다. 꽃의 꿀과 꽃가루다. 둘 다 있거나 어느 하나가 있는 좋은 꽃을 찾으면 벌은 일단 벌집으로 돌아가 춤을 통해 집단 구성원에게 그 위치를 알린다. 이 춤은 주로 꽃의 위치에 대한 정보를 담고 있지만, 춤을 추는 과정에서 새로 찾아낸 꿀과 꽃향기도 약간씩 공유하게 된다. 이 냄새와 풍미도 다른 벌들이 어디로 가야 할지 정확히 아는 데 도움이 되는 것으로 보인다.

런던대학의 연구원들은 벌들이 이런 다양한 정보 조각을 활용하는 방식을 연구해왔다. 매튜 하센자거(Matthew Hasenjager) 박사의 설명에 따르면, "과학자들은 벌이 먹이에 대한 정보를 공유하는 여러 방식 중에서 춤을 따르는 행태와 다른 수단들을 분리해 분석하려고 애썼다." 분석 결과 연구진은 '벌 지리학'에 관한 새로운 통찰을 얻었다. 하센자거 박사는 이렇게 말한다. "새로운 먹이를 찾아가는 벌들은 춤에 기반한 정보에 절대적으로 의존하는 반면, 이미 알고 있는 곳을 다시 찾아갈 때는 대체로 풍미와 냄새를 따라간다."

춤추는 꿀벌 주위에는 늘 열심히 지켜보는 관객들이 있다. 염두에 둘 것은, 이 모든 춤과 정보 공유가 칠흑 같은 어둠 속, 벌집 안에서, 종종 수직의 벽면 위에서 이루어진다는 점이다. 벌은 어디에 있든 위와 아래를 구분할 줄 안다. 주변의 벌들은 그 춤을 보는 게 아니라 느낀다. 벌의 더듬이는 아주 민감해서 미세한 진동도 감지할 수 있다. 벌들은 주로 이 더듬이를 통해 춤의 섬세한 움직임을 인식하는 것으로 보인다.

벌의 언어가 해석되기까지는 수년이 걸렸다. 1920년대에 오스트리아의 생물학자 카를 폰 프리슈(Karl von Frisch)는 벌이 춤을 통해 꽃으로 가는 길을 찾는다고 처음 주장했다. 하지만 그의 주장을 믿는 사람은 거의 없었다. 당시 벌은 단순하고 무질서한 생물로 여겨졌다. 정교한 의사소통 능력은 인간만의 전유물이라고 간주되었다. 프리슈는 힘겹게 확보한 측정치를 적용하고 각도기와 스톱워치를 이용해 이런 생각을 뒤집을 수 있었다.

이는 혁명적 순간으로, '지능이 무엇인가' 하는 의문이 부상하는 계기가 되었다. 인간만이 지형을 자세히 묘사하고 그곳에 있는 자원을 설명할 수 있는 건 아니다. '지능'은 단순히 개별적 특성이 아니라, 사회적 속성도 지니고 있다는 사실이 밝혀진 것이다. 프리슈의 업적에 뒤이어 '집단지성'이라는 개념이 주목받게 되었고, 이와 더불어 지능은 소수가 아닌 다수로부터 나온다는 생각도 널리 퍼져나갔다.

이런 습성을 보이는 또 다른 작은 동물이 개미다. 개미의 생활 환경은 벌과 전혀 다르다. 개미는 개별적으로 무질서하게 움직이지만 집단적으로는 합리적인 모습을 보인다. 개미가 어떻게 울퉁불퉁한 지면을 파악하고 목적지에 이르는 최단 경로를 찾는지는 많은 연구에서 밝혀졌다. 먹잇감 같은 중요한 것을 발견한 개미는 화학물질로 흔적을 남기고 다른 개미들은 이를 따라간다.

유대계 혈통으로 나치즘의 참상을 겪고 이에 저항했던 프리슈는 인간의 지능에 대해 냉소적인 견해를 가지고 있었다. 그가 남긴 말 중에 종종 인용되는 문구가 있다. "개미는 집단적으로 지적이고 개별적으로는 멍청한 동물이다. 사람은 정반대다." 프리슈와 그의 뒤를 이은 사람들의 업적은 지능과 소통에 대한 생각을 바꿔놓았다. 하지만 동물들이 어떻게 지형지물을 탐색하고 소통하는지에 대한 우리의 이해는 여전히 초기 단계에 머물러 있다. 우리는 다수의 동물이 놀랍도록 효율적으로 움직인다는 사실을 잘 알고 있다. 우리가 휴대전화를 더듬어 구글맵을 작동시킬 법한 상황에서도 동물들은 자신이 어디에 있는지 그리고 어디로 가야 하는지를 정확히 아는 듯하다.

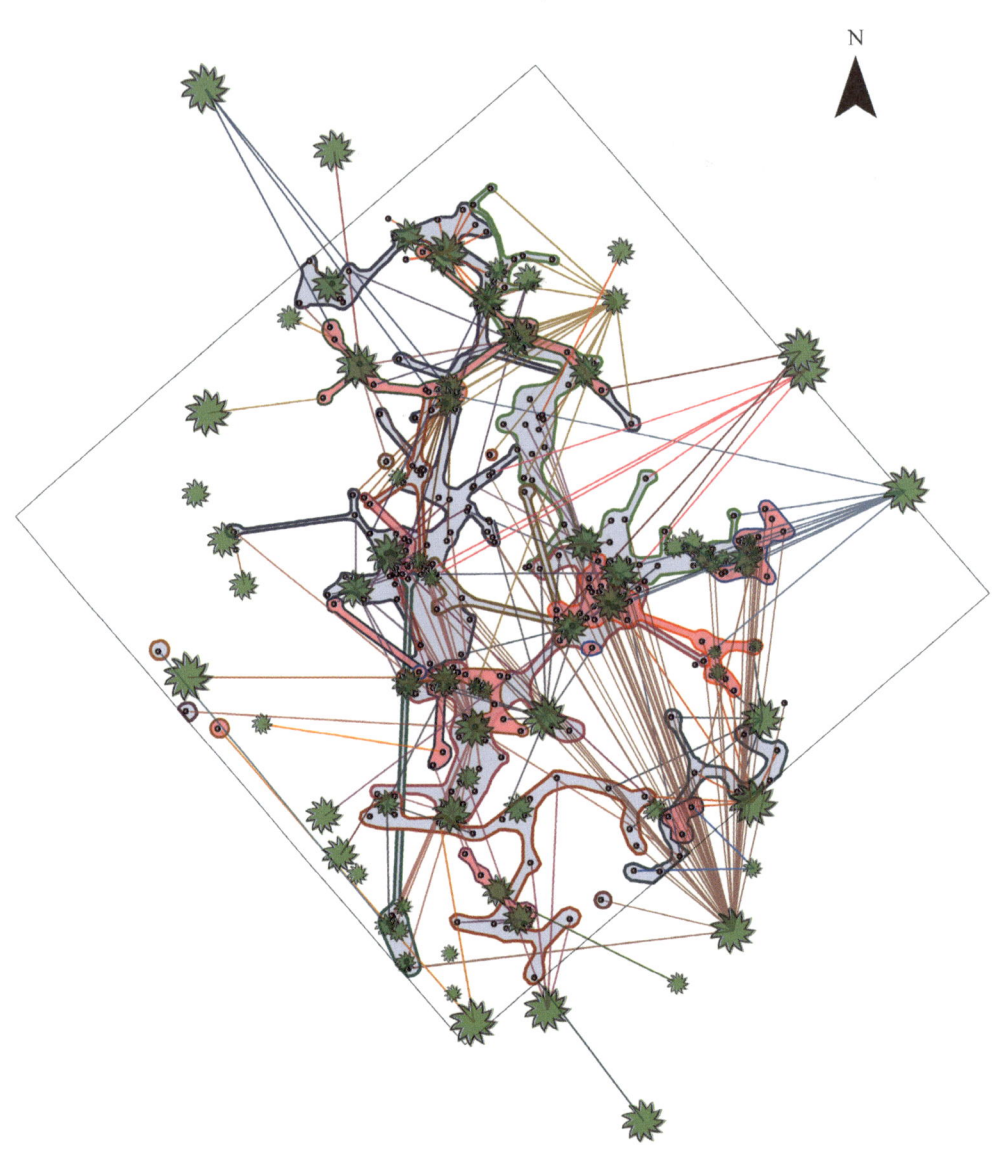

Map 28
우드 와이드 웹(wood wide web): 나무와 균류가 서로를 돕는 방법

균류와 더글라스 전나무의 관계도, 2009년

창밖을 내다보니 아름다운 나무들에 잎이 무성하다. 나무는 가벼운 바람을 맞으며 그저 조용히 서 있는 듯하다. 그야말로 고요하고 평화롭다. 아니, 어쩌면 내가 나무의 소리를 듣는 법을 모를 수도 있다. 이것은 무음 버튼을 해제한 나무의 지도다.

지도에 그려진 선들은 소통과 연결이 이루어지는 경로이며, 지원과 긴급 경보가 전달되는 통로다. 단순한 형태의 이 지도는 우리가 식물을 바라보는 방식을 확장시키고 전환시킨다.

 이것은 67그루의 더글라스 전나무가 있는 사방 30미터 규모의 땅을 담아낸 지도이고, 각각의 나무는 초록색 톱니 모양의 원으로 표시되어 있다. 원의 크기는 나무의 지름을 나타낸다. 더글라스 전나무는 소나무의 일종으로, 원산지는 북아메리카 서부이고 최대 100미터까지 자란다. 이 지도에는 분홍색과 옅은 파란색으로 표시된 얼룩 모양의 다른 존재도 있다. 해당 구역의 전나무를 서로 연결해주는 균류의 네트워크다.

 균류는 숲속의 암흑 물질이다. 대체로 우리 눈에 잘 보이지는 않지만, 다른 것들을 서로 연결해주는 역할을 한다. 균류의 극히 일부에 해당하는 버섯은 땅 위에 솟아 있는 자실체(fruiting body: 균류의 홀씨를 만들기 위한 영양체)로, 아주 거대한 빙산의 일각에 불과하다. 버섯 아래에는 토양을 뚫고 사방으로 퍼져나가 주변을 지탱하고 연결함으로써 지원 그물망을 형성하는 방대한 네트워크가 있다. 균류의 이 연결망을 통해 나무와 다른 식물들은 물, 탄소, 질소, 인을 서로 주고받는데, 최신 연구에 따르면 정보도 교환한다.

우리 지도에는 옅은 파란색과 분홍색으로 표시된 두 종류의 균류가 있다. 각각 알버섯속(Rhizopogon: '뿌리 수염'이라는 뜻이다)의 변종으로 소나무 근처에 서식하는 경우가 많다. 색이 칠해진 선들은 균류와 특정 나무들 사이의 연계를 보여준다. 나무가 클수록 연결된 선이 더 많은 경향이 있으며, 오른쪽 하단에 있는 나무는 모수(mother tree)로 보인다. 이 나무는 가장 밀집된 연계성을 지니며 47그루의 나무와 직접 연결되어 있다. 검은색 점은 과학자들이 샘플을 채취한 위치다.

우리는 이미 오래전부터 나무와 균류가 상호 이익을 주고받는 관계라는 것을 알고 있었다. 균류는 나무뿌리 안팎으로 마구 퍼져나가며 영양분과 수분을 얻는데, 이는 나무도 마찬가지다. 이 둘의 관계가 너무나 밀접한 나머지 균류의 균사체(실 같은 구조)는 결국 나무뿌리 조직의 일부를 이루게 되고, 그러면 균류가 흡수한 유익한 성분도 나무가 빨아들이게 된다.

식물이 고통을 알리는 화학적 신호를 공기 중으로 내보낸다는 사실도 잘 알려져 있다. 예를 들어 재스민은 애벌레의 공격을 받으면 재스몬산(jasmonic acid)을 생성해, 주변의 다른 식물들에게 공격에 대비하라고 알리는 화학물질을 퍼뜨린다. 또한, 재스몬산은 식물의 천적을 잡아먹는 곤충들을 끌어들이는 기능도 한다.

식물 생태학계에는 종을 넘나드는 이런 밀접한 연결성이 잘 알려져 있다. 새롭게 밝혀진 사실은, 그 지리적 구조, 즉 이 유대관계가 '네트워크 형태'로 연결되어 있다는 것이다. 이전에는 이들의 연결이 개별적이라고 간주되었다. 나무 한 그루와 한 무리의 균류가 단일한 관계를 맺고 있다고 생각했던 것이다. 하지만 우리 지도를 비롯한 여러 자료들은 전혀 다른 사실을 보여준다. 균류의 관계망은 한두 그루나 수십 그루의 나무가 아니라 수백 혹은 수천 그루의 나무에 영향을 미치는 것으로 보인다.

이 지도는 단순화된 형태다. 해당 지역의 땅 위와 아래에는 이런 복잡한 연결망에 포함된 더 많은 종의 균류, 식물, 벌레, 곤충이 있을 것이다. 과학전문 작가 데이브 핸스포드(Dave Hansford)는 "잠재적인 모든 말단까지 고려한다면 지하 네트워크는 상상도 못 할 정도로 엄청나게 복잡할 것이다"라고 말한다.

한 실험에서 연구진은 땅속에 그물망 장벽을 설치해 더글라스 전나무와 폰데로사 소나무 묘목들을 분리시켰다. 두 묘목의 뿌리 접촉을 막기 위해 촘촘한 그물망으로 장벽을 세운 것이다. 하지만 균류는 대부분의 장벽을 뚫을 수 있다. 이 실험의 주된 목적은 '한쪽 나무에 문제가 생기면 다른 쪽 나무는 어떤 반응을 보일지' 알아보려는 것이었다. 연구진은 더글라스 전나무 묘목의 바늘잎을 뽑아보았다. 그러자 전나무 묘목들은 균류 네트워크를 통해 그물망 장벽 너머의 폰데로사 소나무들에게 이 나쁜 소식을 알렸다. 경계 신호를 전송받은 폰데로사 소나무는 방어 효소를 생성하기 시작했다.

흔히 자연의 세계는 먹고 먹히는 치열한 경쟁의 장이라고 여긴다. 실제로 야생에서는 생존을 건 수많은 싸움이 벌어진다.

더글라스 전나무 숲

그러나 이 실험은 야생의 세계에 서로 돕는 행태, 즉 상호 협력도 존재한다는 사실을 보여준다. 게다가 잎이 뽑힌 전나무는 한 단계 더 나아간 반응을 보였다. 이들은 경고 신호를 보내고 나서 건너편 나무들에게 영양분을 전달하기 시작했다. 다른 종들이 무사하도록 자신을 희생시키는 것이다.

이 지도는 상호 지원 네트워크를 보여준다. 이 지도를 제작한 연구진 중 한 명인 수잔 시마드(Suzanne Simard)는 나무들 사이에 다양한 이로운 연결이 존재한다고 주장한다. 예를 들어 늙은 나무가 어린 나무에게 탄소를 보내 생장을 돕는 경우도 있다고 한다. 시마드는 이렇게 말한다. "식물들은 다윈이 말했던 '적자생존을 위해 경쟁하는' 개체가 아니다." 그녀의 설명에 의하면 "오히려 식물들은 서로가 살아남도록 도와주려고 한다."

그렇다고 나무와 균류가 절친이라는 낭만적인 생각에 너무 휘말리지는 말자. '소통'과 '연결'이 늘 사랑의 마음만 전하고 좋은 선물만 발송하는 건 아니다. 식물들도 때로는 '악의적인 신호'를 주고받는다. 여러 연구에 따르면, 몇몇 식물은 경쟁자의 발아를 방해하기 위해 병원균을 공기 중에 퍼뜨리거나 같은 목적으로 균류의 네트워크를 활용하기도 한다. 가령, 순진무구한 외양의 마리골드(천수화)는 가장 잔인한 식물 중 하나다. 귀여운 생김새와 달리 이 꽃은 실제로 무자비한 특성을 지니고 있다. 균류와 친교를 맺은 마리골드는 균류의 네트워크를 이용해 경쟁 관계의 식물에 해로운 독소를 퍼뜨리고 경쟁자들에게 유익한 선충류를 죽이기도 한다. 겉보기와 달리, 마리골드는 꽤 사나운 측면이 있다.

흔히 우리는 자연에서 지혜와 선함을 찾고자 한다. 수선화 꽃밭을 거니는 시인이나, 자연(특히 나무)을 온순하고 신성하게 그려내는 〈아바타〉 영화에서도 자연에 대한 그러한 시선을 느낄 수 있다. 우리가 자연을 바라보는 방식에는 감상적인 시선과 절박한 희망이 깔려 있다.

하지만 나무와 식물은 다정한 할머니도, 사나운 늑대도 아니다. 그들은 함께 협력하기도 하고, 각자 따로 활동하기도 한다. 우리는 아주 오래전부터 이들과 함께 살아왔지만, 이제야 비로소 그들을 제대로 이해하기 시작한 셈이다.

Map 29
지구의 힘:
지진은 어떻게
지구의 숨겨진 부분을 드러내는가

지진파의 속도를 이용해 지하 구조물의 존재를 밝히는 컴퓨터 시뮬레이션, 2015년

적갈색과 푸른색이 뒤섞여 넘실거리는 이 모습은 무서운 이야기를 들려준다. 이 지도는 지진파의 경로와 흔적, 즉 지진의 거대하고 파괴적인 힘의 흐름을 시각화한 것이다. 지금 우리가 보는 것은 지진파의 속도로, 비교적 느린 움직임은 붉은색과 주황색으로, 빠르고 위험한 것은 푸른색으로 표시되어 있다. 이 지도를 통해 우리는 지구의 가장 깊숙한 곳을 들여다볼 수 있으며, 난폭한 우리 행성의 새로운 면모를 확인해볼 수 있다.

이것은 태평양을 상공에서 내려다본 모습이다. 코발트색을 띤 빠른 너울이 해양의 주변부를 활처럼 둘러싸고 있다. 푸른빛의 이 에너지는 아메리카 대륙의 서부 해안을 따라 가장 뚜렷하게 나타나고, 통가 근처에도(지도에서 왼쪽 약간 하단) 푸른색의 심상찮은 부분이 보인다.

통가 부근은 태평양판과 호주판이 만나는 요주의 지점이다. 이 지각판들 사이에서 여러 소형판들이 서로 밀치고 충돌하면서 격렬한 지각 활동이 일어난다. 통가 소형판은 세계에서 가장 빠르게 움직이는 지각판으로, 연간 최대 24센티미터의 속도로 이동한다.

수십년 동안 우리는 에너지파를 이용해 인체는 물론 바다와 땅의 내부를 들여다봤다. 음파와 전파는 종양의 존재, 태아의 심장 박동, 잠수함의 위치 또는 현대 도시 아래에 숨겨진 고대 성벽의 실루엣 등을 확인할 수 있는 정보를 제공해준다. 지진의 에너지도 같은 방식으로 활용될 수 있다. 실제로 현재 방대한 지역에 설치된 지진계와 최신 컴퓨터가 합작해 수천 건의 약한 진동들에서 데이터를 취합하고 있다.

우리가 발을 딛는 지구의 지각은 부서지기 쉽고 상대적으로 얇으며, 그 아래에는 맨틀이 있다. 맨틀의 농도는 단단한 캐러멜 정도이고 최대 두께는 2,900킬로미터다. 여기 실린 지도는 지금까지 예측할 수 없었던 이 광대한 지하 왕국을 엿볼 수 있는 특별한 기회를 제공한다. 이것은 지진의 속도뿐만 아니라 지구의 고동치는 심장을 드러내 보여주는 지도다.

이 지도는 엄청난 가능성과 잠재력을 가지고 있다. 빠르게 움직이는 마그마의 위치를 알려주고 이를 통해 언제 화산이 폭발할지, 어디에서 어느 정도 크기로 폭발할지 파악할 수 있도록 해준다. 지진파는 대수층(지하수를 품고 있는 지층), 마그마 방, 탄화수소 매장지 등 지하의 특수한 지점을 통과할 때 속도가 느려진다. 즉, 지도에 보이는 너울거리는 패턴을 통해 물과 광물 자원 및 숨겨진 여러 특성을 밝혀낼 수 있다는 의미다.

이 지도는 프린스턴대학의 제로엔 트롬프(Jeroen Tromp) 교수와 그의 동료들이 만든 것이다. 세계 최고 성능의 컴퓨터 중 하나인 타이탄(Titan)도 이 팀의 핵심 멤버다. 이 컴퓨터는 1초에 2만조 번 이상의 계산을 수행할 수 있다. 이 놀라운 이미지에서 우리는 지구의 아주 깊숙한 곳까지 지도화하는 데 핵심 역할을 하는 컴퓨터의 기술력을 목도하고 있다. 트롬프는 "컴퓨터 성능의 발전 덕분에 지진학이 근본적으로 변화하고 있다"라고 설명한다. 우리는 완벽한 가시성, 즉 유리처럼 투명한 지구를 향한 여정에 올라 있는 셈이다.

전 세계에서는 매일 수많은 미진이 발생하고 있으며, 대규모 지진은 연간 약 16건에 이른다. 지진으로 인한 피해도 증가하는 추세다. 수천 명의 목숨이 사지로 몰리고 폐허의 규모도 더

커지고 있다. 이런 끔찍한 광경을 보면서 우리는 지진이 더 악화되었거나 좀 더 빈번해졌다고 착각할 수 있지만 둘 다 사실은 아닌 듯하다. 변한 것은 우리다. 예전보다 인구가 수십억이나 더 늘었고, 대규모 지진 발생이 거의 확실시되는 튀르키예나 미국 서부 해안 등의 지역에 수많은 사람들이 몰려 산다.

건물의 내진 시설은 많이 발전했지만, 기술 적용에는 한계가 있으며 인구 밀집도가 높은 도시에서만 어느 정도 효과를 거둘 수 있다. 일본의 경우, 최고 수준의 지진 대비책을 갖추고 해안 주변에 높은 방어벽을 세웠음에도 불구하고 지진과 쓰나미의 발생 가능성이 여전히 높을 뿐만 아니라 피할 수도 없다.

지진에 대비하는 가장 효과적인 방법은 이 지도가 지향하는 바대로 위험을 정확히 평가하는 것이다. 마치 추상 미술처럼 보이는 이 지도의 진정한 미덕은 위험에 대한 타당한 경보를 약속해준다는 점이다.

우리는 흔들리는 불안정한 암석 위에서 살고 있으며, 들썩이는 바위에 내려앉은 먼지와 마찬가지로 바위의 움직임을 통제할 능력이 없다. 이는 엄연한 현실이다. 이런 측면에서는 우리가 하찮은 존재 같다는 느낌이 들기도 한다. 그래서일까, 통가 부근의 푸른색 패턴에 자꾸 눈길이 간다. 이곳은 가장 인간적이고 부서지기 쉬운 것, 즉 어떤 기억을 기억을 불러일으킨다. 당시 나는 화산 활동으로 인해 새로 생겨난 이름 없는 화산섬에 가려던 참이었다. 2014년 바닷속에서 불쑥 솟아오른 섬이었다. 크로아티아와 이탈리아, 스웨덴의 혈통을 이어받은 통가의 뱃사람이자 지역 유명인사인 58세의 브란코(Branko)와 함께 배를 타고 섬에 갈 예정이었다. 그는 나에게 이렇게 말한다. "거기에 가는 건 우리가 처음일걸요. 아, 그 호수! 폭발이 일어난 지점 말이에요!" 브란코는 큰 소리로 말을 잇는다. "그곳은 초록색이에요. 초록색 페인트 같은 냄새도 약간 느껴지고요. 주변 바다 색이 워낙 짙어서 그 위에 서 있을 수도 있겠다는 생각이 들 정도라니까요." 어느새 그는 벌떡 일어나 내가 임대한 작은 공간을 휘젓고 다닌다. "맞아요! 이쪽에 짙푸른 바다가 있고 저쪽엔 초록빛 호수가 있어요."

눈앞에 선연히 그려지는 섬의 모습에 나는 눈이 휘둥그레진다. "식물이 있냐고요? 네! 그래요! 이미 식물도 자라고 있어요. 코코넛 여섯 그루를 심었는데, 지난주에 확인해보니 자라고 있었어요. 다른 나무랑 풀도 자라기 시작했고요. 수천 마리의 새와 알, 어린 새끼들도 있어요. 섬 전체에 말이에요. 배에서도 그 모습을 볼 수 있어요. 초록빛으로 물든 섬을요."

하지만 나는 끝내 그 섬에 가지 못했다. 폭풍이 휘몰아쳤고, 잿빛 절벽처럼 들이닥치는 바다에 비해 브란코의 배는 너무 작았다. 우리는 돌아설 수밖에 없었다. 나는 그다음 며칠을 통가에서 보냈다. 말끔한 차림의 학생들이 매일같이 떼를 지어 웃으며 골목길을 내달리곤 했다. 다음 지진, 다음 쓰나미가 그곳 저지대와 마을을 덮칠 때를 대비해 대피 훈련을 하는 중이었다. 브란코가 말한 새로운 섬은 이름을 붙이기도 전에 조각나고 말았다. 2022년 1월 발생한 대규모 화산 폭발로 인해 섬이 두 동강 났고 바닷속으로 사라져버렸다.

이는 소규모 국가의 짤막한 이야기지만, 이 지도의 푸른색 너

쓰나미 바위, 통가

다음 페이지 그림: 태평양의 지각판과 지진 발생 위치. 작지만 활동성이 강한 통가판은 지도 중앙쯤에 있다.

울을 보면 나는 절로 그 일이 떠오른다. 이것은 단순히 지구의 지각과 원초적 에너지에 관한 지도가 아니다. 지도의 너울 속에는 인간의 이야기, 일상적으로 드나드는 공간, 뛰어다니는 아이들이 있다.

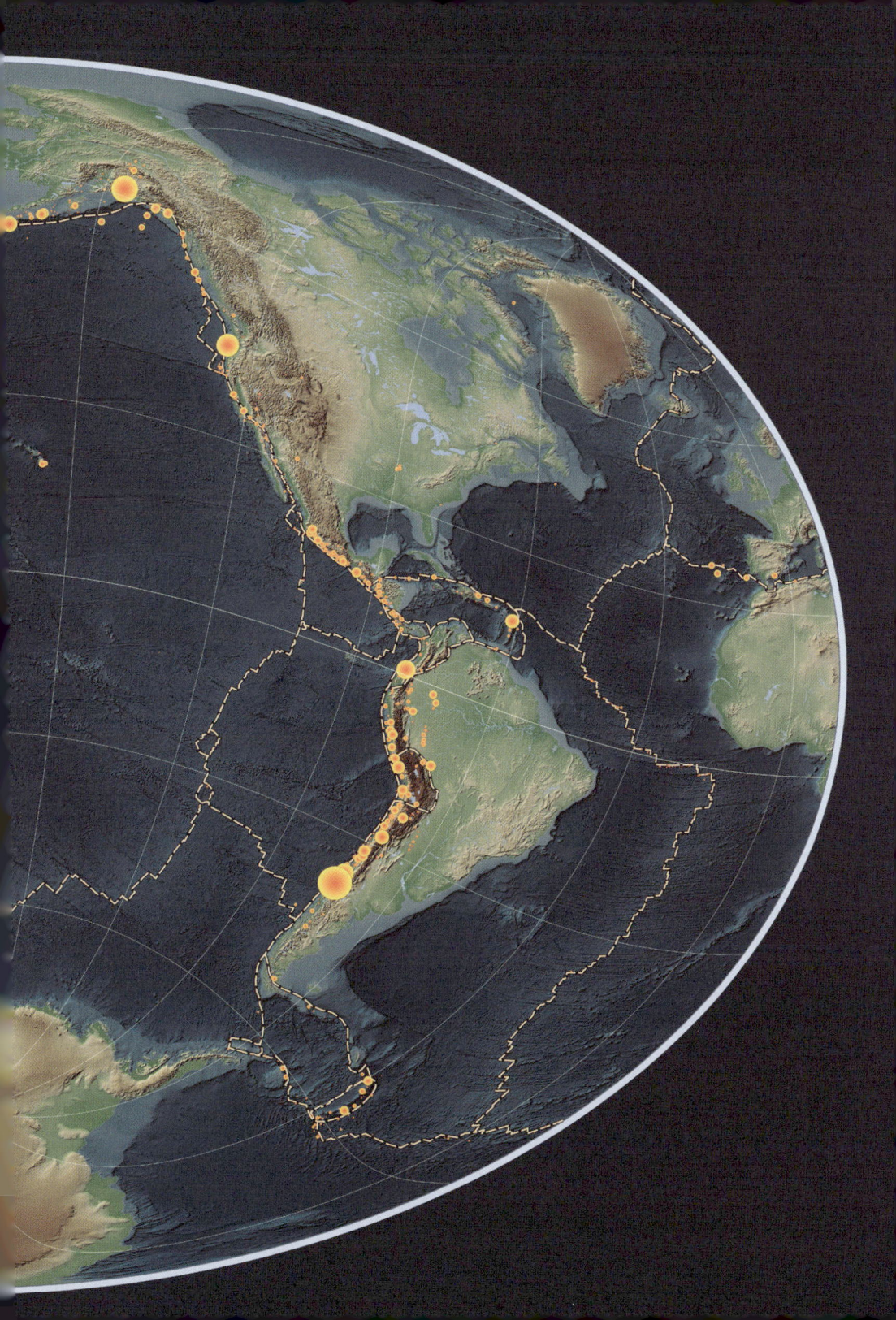

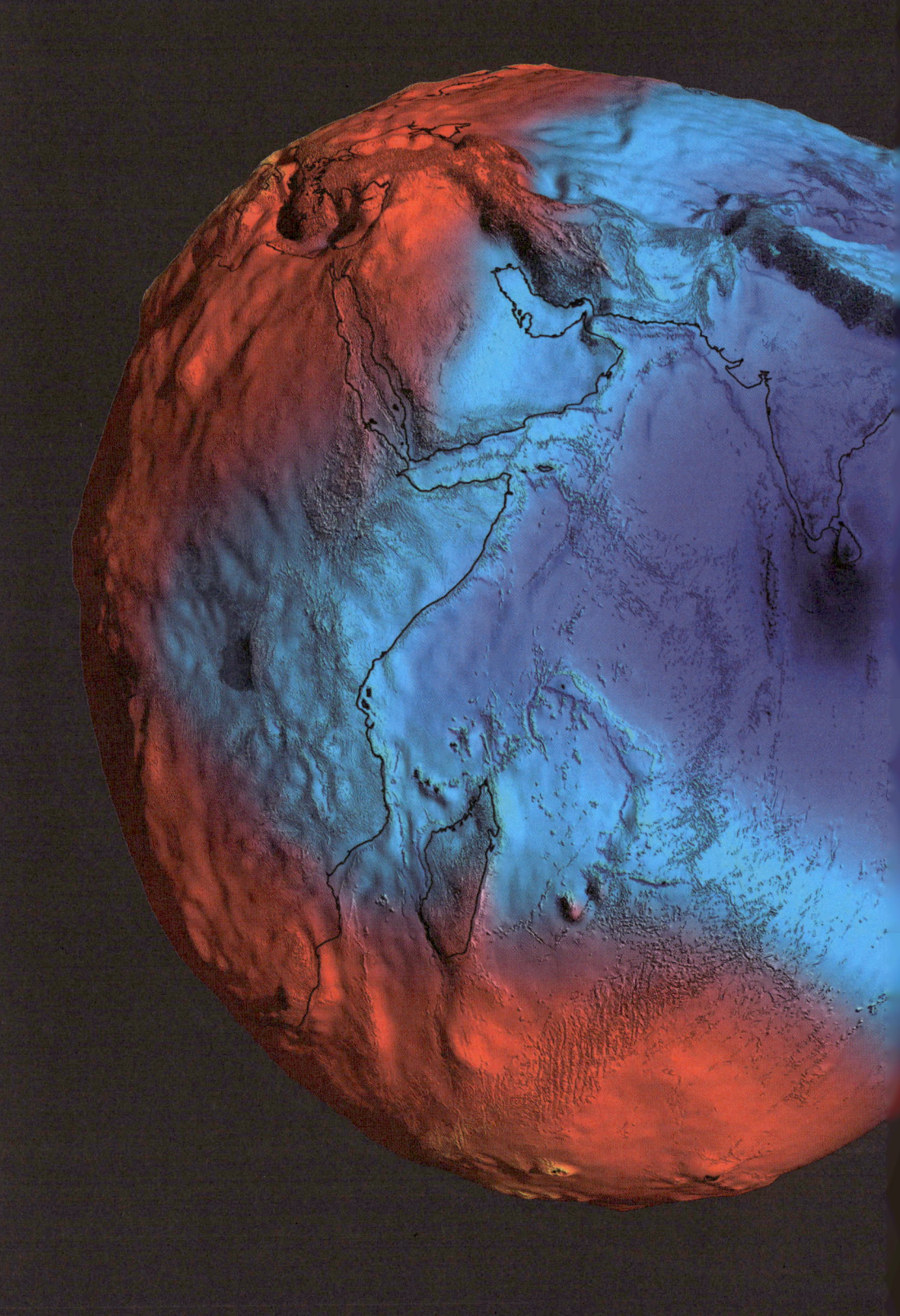

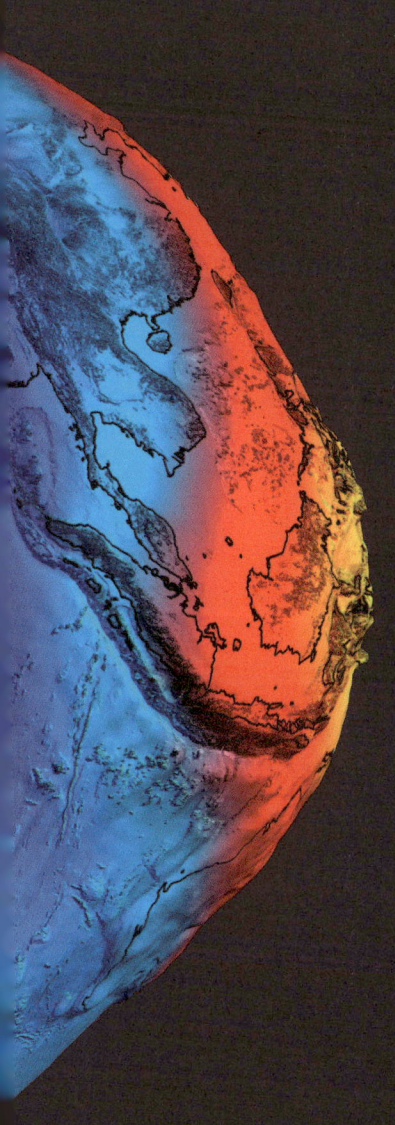

Map 30
감자 행성:
중력 지도

지구 중력장 및 해양순환 탐사위성GOCE의 지오이드, 2011년

이 지도에서 지구의 형태는 구형이라기보다 감자 모양에 더 가깝다. 가운데가 약간 볼록하고 전체적으로 울퉁불퉁하며 약간 찌그러져 있다. 사과가 위나 옆이 아니라 아래로 떨어지도록 하는 힘인 중력은 질량에 의해 결정된다. 지구상에 있는 모든 존재에게 중력은 곧 지구의 질량을 의미한다. 우리 행성은 균일하지 않기에 장소에 따라 질량 분포가 다르고, 그래서 중력에도 차이가 생긴다. 이는 우리가 지구의 어디에 있느냐에 의해 전적으로 좌우된다.

이 지도는 장소에 따른 중력의 차이를 한눈에 보여준다. 과학자들은 지구 표면 전체가 물로 덮여 있다고 가정한 뒤, 중력의 끌어당기는 힘이 더 강한 곳과 약한 곳을 시각화해 보여준다. 이런 가정하에서는 중력의 차이가 실제보다 크게 과장된 상태로 표현되는데, 이는 실질적인 차이를 보다 뚜렷하게 보여주기 위한 조치다. 그 결과 만들어지는 것이 바로 '지오이드(geoid)'다. 지오이드는 가장 유용한 지도 중 하나지만 들어본 적은 별로 없을 것이다.

과학적으로 지오이드는 '지구 중력장의 등전위면(equipotential surface: 등퍼텐셜면)'이라고 정의된다. 즉, 오직 중력의 영향만 받는 바닷물이 지구 전체에 퍼져 있다고 가정했을 때 그 수면이 형성하게 될 곡면 형태를 말한다. 우리 지도에서 색깔은 높낮이의 차이를 나타낸다. 파란색 계열은 움푹 꺼진 곳(낮은 중력)이고 빨간색과 노란색 계열은 높은 곳(강한 중력)이다. 산악 지역에서는 지오이드가 솟아오른다. 고지대는 지각의 밀도가 높고 그만큼 중력의 당기는 작용이 더 강해지기 때문이다. 물로 덮인 세상에서는 이곳으로 물이 흘러든다. 즉, 물은 이 지점들로 끌려 들어가 더 두꺼운 층을 형성하게 된다.

이 내용은 쉽게 이해될 수도 있고 알쏭달쏭할 수도 있다. 어쨌든 중요한 것은 지오이드가 실제 세상에서 다양하게 활용되고 있다는 점이다. 지오이드는 깊이와 높이에 대한 기준과 비교 가능한 척도를 제공한다. 이런 기준이 없다면 무언가가 얼마나 높은지 또는 얼마나 깊은지 파악할 수 없을 것이다. 과학자와 측량가들은 전 세계가 공유하는 일관된 이 기준면을 이용해 온갖 지형지물에 대한 정확한 측정치들을 내놓는다.

지표면이나 그 아래에서 무슨 일이 일어나고 있는지(예를 들면 해수면 변화, 단층의 위치, 지진과 화산 활동의 가능성 등)를 연구하는 과학자들도 지오이드를 활용한다. 내비게이션과 건축에서도 지오이드는 필수적인 도구다.

2023년, 이 지도를 바탕으로 새로운 연구가 시행되었다. 지오이드상 짙은 파란색의 특이한 중력 현상을 보이며 해수면 높이가 100미터 이상 낮은 인도양의 '중력 구멍(gravity hole)'에 대한 조사가 이루어진 것이다. 연구 결과, 인도양이 지구에서 가장 '가벼운' 지점이라는 사실이 밝혀졌다. 즉, 이곳이 지구에서 질량이 가장 작다는 뜻이다. 인도과학연구소(Indian Institute of Science)의 연구진은, 이 '구멍'이 지구 깊숙한 곳에서 솟구치는 저밀도의 뜨거운 마그마의 이동에 따른 결과라고 주장했으나, 이 주장은 현재 가설로 남아 있다.

2011년에 이 글로벌 지오이드가 완성되기 전까지 세계 각국은 독자적으로 지오이드를 만들었다. 개별 국가의 지오이드는 서로 다른 각종 자료를 기반으로 제작되었고, 그렇게 국가 단위 모델들이 파편화된 상태로 존재했다. 이후 글로벌 차원의 지오이드가 등장함으로써 지구의 물리적 특성을 측량하고 예측하는 데 큰 진전을 이룰 수 있었다.

국가 단위의 지오이드가 쓸모를 다했다는 건 아니다. 각국의 지오이드도 여전히 중요하며 오차 없는 정확도를 제공한다. 영국의 지도제작기관인 오드넌스서베이(Ordnance Survey)는 최근 자국의 지오이드 모델로 확인한 결과 컴브리아주에 위치한 카프 힐(Calf Hill)이 언덕이 아닌 산이라고 공식 발표했다. 측량사 에릭 힌즈(Eric Hinds)는 이렇게 설명한다. "2010년에 측정했을 때 카프힐은 609미터였다. 산으로 인정되는 높이인 609.6미터에 약간 못 미치는 수준이었다. 하지만 지오이드에 변화가 생기면서 카프힐의 높이가 609.606미터가 되었다. 이 작은 변화로 이제 카프힐은 엄연한 산으로 격상되었다." 이는 헤드라인을 차지할 정도로 대단한 소식은 아니지만, 사물의 정확한 높이를 알아야 할 때는 지오이드가 필요하다는 사실을 알려준다. 또한 측량을 꾸준히 지속할 필요가 있다는 점도 시사한다. 지구의 내부 구조와 지표면은 고정된 게 아니다. 지오이드는 계속 변화하고 있으며 이에 따라 지도도 꾸준히 업데이트할 필요가 있다.

지구를 정확하게 측량하려는 노력은 꽤 오래 지속되었다. 우리는 지구가 단순한 구형이 아니라는 사실을 오래전부터 알고 있었다. 18세기에 런던의 왕립학회와 파리의 왕립과학아카데미 사이에 설전이 벌어졌다. 극지방이 평평한지(런던) 아니면 달걀 같은 모양인지(파리)를 두고 논쟁이 일었던 것이다. 하나의 이론을 증명하고 다른 이론을 반박하기 위해 전 세계로 측량 탐험대가 파견되었다. 그 결과 프랑스의 달걀 이론이 틀렸고 영국의

유럽우주국ESA의 **지구 중력장 및 해양순환 탐사위성**(Gravity Field and Steady-state Ocean Circulation Explorer, GOCE)

주장이 옳았다는 사실이 밝혀졌다.

중력을 측정할 수 있게 되면서 이러한 모델들이 한층 더 정교해졌다. 역대급 초정밀 기기도 확보되었다. 그리하여 우리는 여기에 실린 지도와 지도 제작에 한몫한 '지구 중력장 및 해양순환 탐사위성(GOCE)'에 이르게 되었다.

사진 속 위성 GOCE는 유럽우주국(European Space Agency)이 쏘아 올린 것으로, 2009년 러시아 북부의 플레세츠크 우주 기지에서 발사되었다. 지구 표면의 작은 변화를 1~2센티미터 이내의 정확도로 포착할 수 있는 고도로 민감한 중력 장치를 탑재한 위성이었다. 소형 우주선을 닮은 이 위성은 날렵한 동체와 날개 덕분에 매우 안정적이며 저공 비행이 가능했다. 지구에서 발생한 지진의 충격파를 감지하는 최초의 궤도 지진계 역할을 수행한 것도 이 위성의 많은 성과 중 하나로 꼽힌다. 추진 연료가 고갈되면서 이 위성은 2013년 지구로 추락했다. 임무는 완료됐지만 이 위성이 우리에게 제공한 지도들은 세상의 판도를 바꿔놓았다.

Fig. 1

No.	호수 이름	해발고도(ft)	깊이(ft)
1	틸리초호	16,138	279
2	티티카카호	12,507	922
3	바이칼호	1,494	5,387
4	슈피리어호	601	1,333
5	미시간호	577	925
6	이리호	568	210
7	온타리오호	243	802
8	사해	−1,412	997
9	마리아나 해구	0 (sea level)	36,201

Fig. 2

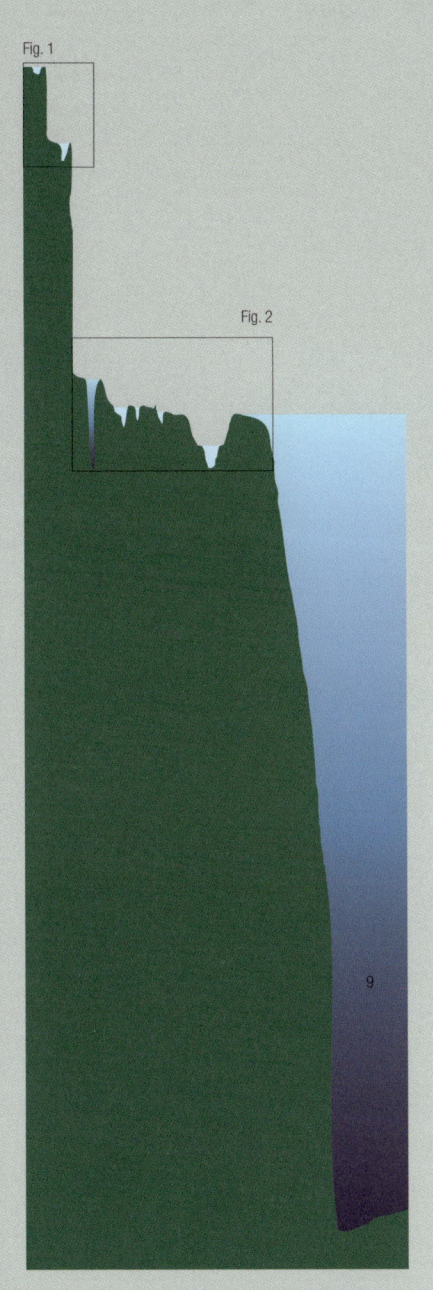

Fig. 1

Fig. 2

Map 31
수직의 극단:
챌린저 해연에서
틸리초 호수까지

호수와 바다의 깊이 비교, 2024년

지도는 대부분 조감도의 형태를 취한다. 높은 곳에서 내려다본 모습을 평면에 나타내는 식이다. 하지만 우리는 상하좌우로 이동한다. 그래서 수직의 개념도 중요하다. 세계에서 가장 어두운 심해와 제일 높은 곳에 자리한 호수, 즉 태평양의 챌린저 해연(Challenger Deep)부터 네팔의 틸리초(Tilicho Lake) 호수까지 사다리를 놓는다면 그 길이는 대략 16킬로미터*에 이를 것이다.

*틸리초호의 해발고도 16,138피트와 마리아나 해구의 깊이 36,201피트를 더하면 52,339피트. 이를 킬로미터 단위로 환산하면 15.95킬로미터가 된다. _옮긴이

우리는 지형을 옆쪽에서 바라보는 데 익숙지 않다. 이 지도는 바다와 호수가 대체로 같은 선상에 있을 거라는, 상식으로 통하는 생각을 산산이 깨부순다.

지도를 보자. 가장 오른쪽의 움푹 패인 부분에 제일 먼저 눈길이 쏠린다. 바다의 가장 깊숙한 지점까지 이르는 부분이다. 다음으로는 왼쪽에 상단에 보이는 호수들의 엄청난 높이가 눈에 띌 것이다. 또한 북미 대륙의 유명 호수들이 모여 있는 왼쪽 하단 그림을 보면 깊이가 남다른 호수가 눈에 띄는데, 바로 러시아에 위치한 바이칼 호수다.

이제 마리아나 해구의 가장 낮은 지점인 챌린저 해연으로 가보자. 에베레스트산의 높이(8,849미터)보다 깊은 10,916미터까지 내려가는 중이다. 주변이 어둑해지고 추위가 엄습해오면 우리가 가고 있는 목적지의 명칭이 절로 떠오를 것이다. '챌린저 해연'은 바다를 지도로 구현하려는 최초의 시도에 경의를 표하고자 지정된 이름이다. 영국 왕립해군의 HMS 챌린저호는 수심 측량이라는 과학적 임무를 부여받고 1872년부터 1876년까지 드넓은 바다를 항해했다. 이를 계기로 이른바 해양학이라는 새로운 지식 분야가 탄생했다. HMS 챌린저호의 탐사를 통한 발견은 당

시 혁명이라 불렸다. 후대의 선구적 해양 과학자 존 머레이(John Murray)는 이 업적을 일컬어 "15세기와 16세기의 유명한 발견 이래 우리 지구에 대한 지식에 있어 가장 위대한 진보"라고 묘사했다.

런던 자연사박물관의 지구과학 분야 큐레이터인 스티븐 스터킨스(Stephen Stukins)는 HMS 챌린저호가 "바다의 가장 깊은 곳을 측량하기 위해 어마어마한 양의 밧줄을 싣고 다녔다"라고 설명한다. 마리아나제도 서쪽의 서태평양에서 챌린저호 선원들은 수심을 측정하기 위해 무거운 밧줄을 바다로 던졌고 밧줄은 하염없이 풀려나갔다. 끝없이 내려가던 밧줄은 8,184미터에서야 드디어 멈췄다. 우리 행성이 그토록 깊을 수 있다는 사실은 뜻밖의 놀라운 일이었다.

챌린저호의 위대한 탐사를 기리고자 '챌린저 해연'이라고 칭했던 지점의 수심은 알고 보니 훨씬 더 깊었는데, 그 사실은 1951년에 밝혀졌다. 1960년에는 미국 해군의 심해용 유인잠수정 트리에스테(Trieste)가 승무원 2명을 싣고 최초로 챌린저 해연까지 내려가는 데 성공했다. 이후 탐사가 더 진행되면서 오랫동안 사각지대로 여겼던 이곳에 대한 지식이 한층 확대되었다. 그곳의 수압은 그야말로 엄청나서 당신과 나는 운 나쁜 벌레처럼 압사당하고 말 것이다. 그렇다고 캄캄한 심해에 생명체가 없는 건 아니다. 오히려 이 물속에는 낯선 생명체가 우글거린다. 지난 20년 동안 탐사대들은 갈수록 더 특이한 새로운 종들의 영상을 가지고 돌아오곤 했다. 대체로 더 높은 지대에서 흔히 볼 수 있는 생물의 확대 버전인데, 이른바 '심해 거대증(deep-sea gigantism)'이라는 신기한 현상에 해당하는 경우다.

이에 반해 매우 높은 지대의 물속에는 생명체가 살지 않는다. 해발 4,919미터에 위치한 네팔의 틸리초 호수는 지구상에서 가장 높은 호수로, 그 속에는 아무것도 살지 않는다. 히말라야의 봉우리들과 마찬가지로 이 호수도 식물이나 동물이 없는 불모지이고 겨울철에는 완전히 얼어붙는다. 여기서 볼 수 있는 유일한 생명체는 에베레스트산의 인파를 피해 야생의 자연을 즐기려는 밝은 복장의 트레커들뿐이다.

두 번째로 높은 지대에 자리한 티티카카 호수(Lake Titicaca)는 페루와 볼리비아 내륙 사이의 국경에 걸쳐 있으며 틸리초호와는 전혀 다른 풍광을 보여준다. 이곳에는 볼리비아 해군의 군사 훈련을 비롯한 온갖 활동으로 사람이 북적인다. 여기는 아주 오래전부터 인간의 독창성이 발현된 곳이다. 현지의 어업 공동체인 우로스족(Uros)은 호전적인 이웃 부족들로부터 안전을 확보하기 위해 물가에서 멀리 떨어진 호수 위에서 갈대로 작은 섬을 만들어 생활했다. 우루스족은 여전히 섬을 짓는 전통을 이어가고 있지만, 오늘날 이 갈대 섬은 호숫가에 더 근접해 있으며, 많은 부족민들은 관광객에게 장신구를

겨울에는 바이칼 호수를 가로질러 갈 수 있다.

판매하며 생계를 이어간다.

사해는 우리 지도에서 확인할 수 있듯 해수면보다 한참 낮은 곳에 위치하며, 생물의 다양성과 번성도와는 아무런 관련이 없다. 염도가 높아서 웬만한 생명체는 목숨을 부지할 수 없기 때문이다. 사해에서 존재감을 유지할 수 있는 것은 녹색 점액 물질 정도다.

마지막으로 앞에서 잠깐 언급했던 바이칼 호수(3번 호수)로 돌아가보자. 바이칼 호수는 러시아 남부에 있다. 그 위치를 한 번 확인하고 나면 어떤 세계 지도를 보든 몽골 국경 부근의 푸른색 커다란 호수를 즉각 알아볼 수 있다. 이 호수는 바닥이 해수면보다 1,187미터 더 낮을 정도로 굉장히 깊고 수량도 어느 호수보다 풍부하다. 호수가 이토록 깊은 이유는 대륙 열곡대 위에 놓여 있기 때문이다. 즉, 호수 아래의 지각판들이 갈라지고 있으며 이 현상은 앞으로도 계속될 것이다.

바이칼 호수는 갈수록 더 깊어지고 있다. 이는 수백만 년 동안 지속된 현상이고, 수백만 년은 수많은 종이 이 특이한 환경에 적응하고 진화하기에 충분한 시간이다. 이곳은 '러시아의 갈라파고스(Galapagos of Russia)'라 불린다. 바이칼 호수에만 서식하는 특이한 종들 중에는 거대한 가시 갑각류, 유령을 닮은 흰 물고기, 전 세계에서 유일하게 담수에서만 서식하는 민물 물범 등이 있다.

유난히 깊은 호수들에는 신화와 전설이 따라붙게 마련이고 바이칼 호수도 예외가 아니다. 바이칼 호수에는 '루수드-칸(Lusud-Khan)' 혹은 '워터 드래곤 마스터(Water Dragon Master)'라 불리는 무시무시한 바다 괴물이 산다고 전해진다. 긴 주둥이와 갑옷 같은 등판이 특징으로, 마치 거대한 철갑상어 같은 모습이라고 알려져 있다. 스코틀랜드의 네스 호수에 산다는 공룡을 닮은 괴물과 약간 유사한데, 바이칼 호수는 네스 호수보다 580배 더 넓은 만큼 괴물이 숨을 공간도 훨씬 더 많을 것이다.

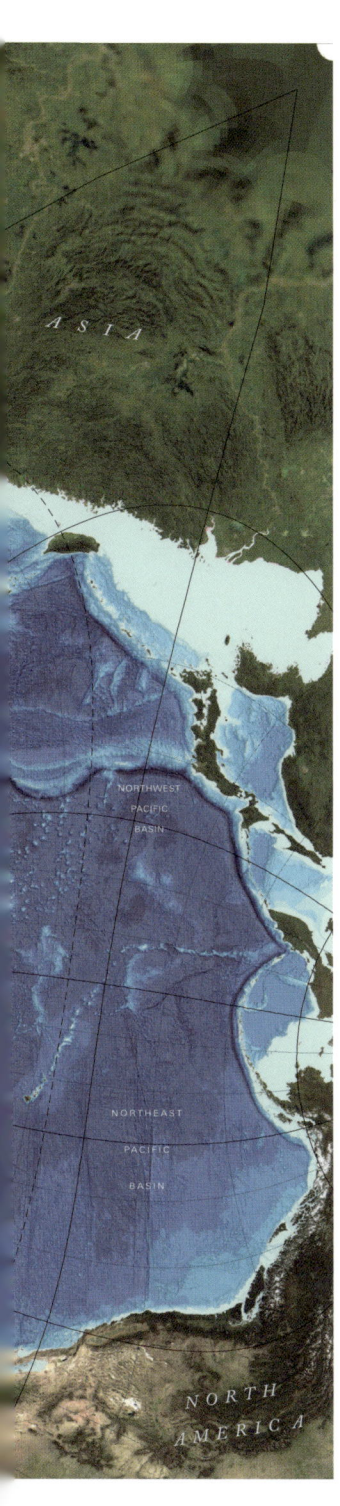

Map 32

바다는 하나다

대양수심도, 전 세계 해저 지형 측량 데이터, 2022년 지구 표면의 3분의 2는 물로 덮여 있다. 이는 말로 표현하기는 쉽지만 온전히 납득하기는 어려운 사실 중 하나다. 이 지도가 획기적인 이유가 바로 여기에 있다. 이 지도는 이해하기 쉽게 표현되어 있고, 우리 관점을 다시 핵심으로 끌어모으며, 그럼으로써 우리 세상을 뒤집어놓는다.

지구에 물이 얼마나 많은지, 그리고 지구상의 모든 바다와 대양이 어떻게 연결되어 있는지 이제야 똑똑히 볼 수 있게 되었다. 우리는 바다가 서로 떨어져 있다고 여기는 경향이 있다. 대양을 따로 떼어서 각기 이름을 붙이고 그 사이에 경계를 긋는다. 이 지도가 눈앞에 펼쳐놓은 진실을 보라. 지구상에 바다는 단 하나뿐이다. 세계 각국은 물로 덮인 지구에 끼어들어 주변부를 차지한다. 사실상 모든 대륙이 이 단일한 바다의 일부, 즉 태평양이라 불리는 부분에 포괄될 수 있을 정도다.

관례에 따라 이 지도에도 남극과 그린란드가 흰색으로 표시되어 있는데, 덕분에 물이 지구에서 차지하는 비중이 더 또렷이 인지된다. 남극과 그린란드는 육지에 해당하지만(122쪽 지도 16 참조) 사실상 (얼어붙은) 물로 덮여 있다.

바다에 표시된 푸른색의 옅고 짙은 색조는 깊이와 지형을 나타낸다. 바다에 대한 이런 상세한 묘사에서 알 수 있듯, 이 지도는 국제적으로 구성된 수심 측량 전문가들이 만든 것이다. '측심학(Bathymetry)'은 '깊은(bathus)'과 '측량'을 뜻하는 그리스어가 조합된 단어로, 해저 지형 파악을 전문으로 하는 지도 제작의 한 줄기다. 이 책을 보면 지도 제작에 얼마나 다양한 부문이 있는지 잘 알 수 있으며, 측심학도 그중 하나다. 여기에 실린 대양수심도(General Bathymetric Chart of the Oceans, GEBCO)는 측심학의 선두를 달리는 과학자들에 의해 2022년 제작되었다. 이른바 'GEBCO 공동체'(아래 내용 참조)라 불리는 이 조직은 유엔의 정부간해양학위원회(IOC)와 국제수로기구(IHO) 산하에 운영된다. 당시까지 지도화한 해저 영역은 전 세계 대양저의 약 20%에 불과한 수준이었다. 지도로 구현해야 할 부분이 많이 남아 있긴 하지만 작업 진척도는 꽤 놀라운 편이다. GEBCO는 2030년까지 전 세계 해저를 완벽히 지도화하겠다는 자체적인 목표를 설정해놓았다. 시베드2030(Seabed 2030)이라 불리는 이 목표는 단지 새로운 지도를 만드는 일에만 국한되지 않는다. 현재 여러 지역에서 제작된 수많은 수심도가 여기저기 흩어져 있다. 시베드 2030은 이 거대한 퍼즐의 모든 조각을 찾아서 이어 붙이는 작업도 진행 중이다. 2030년까지 전 세계 심해 측량 데이터를 모두 취합해 무료로 이용 가능한 글로벌 디지털 지도를 만들겠다는 계획이다.

이와 동시에 인공위성들도 수심 측량 작업에 박차를 가하고 있다. 해저 지형을 지도화하는 작업은 전통적으로 선박에서 운용되는 수중음파탐지기를 통해 이루어졌다. 이는 확실히 믿을 수 있는 방식이지만 선박이 다니는 좁은 구역만 지도로 구현된다는 한계가 있다. 계산상, 선박을 통해 해양을 모조리 조사하려면 200년 이상 걸린다. 반면 위성은 광활한 영역을 스캔할 수 있다. 위성은 중력 이상*(이는 지오이드에 기반한 것으로, 224쪽의 지도 30이 왜 중요한지를 보여주는 하나의 사례다)을 감지하고 이 데이터를 이용해

*이론적으로 계산한 중력치와 실측 중력치 사이의 차이를 말한다. 여기서 얻은 정보를 이용해 지구 내부 물질의 밀도 분포를 알 수 있다. _옮긴이

해저 지형의 높낮이를 산출해낸다.

언젠가 해양의 지도가 완성되리라는 희망은 GEBCO 공동체를 통해 100년 넘도록 명맥을 이어왔다. GEBCO 공동체는 모나코의 대공 알베르 1세의 지휘하에 1903년 태동했으며 초창기부터 일종의 국제적 협력을 끌어모았다. 국제 협력은 최고의 과학기술을 도모할 수 있다는 특징이 있으며, 해양 지도 제작과 같은 원대한 과제를 수행하는 과정에 필수적이다. 이 모임의 창립자들은 야심 찬 포부를 지니고 있었다. 국적을 불문하고 모든 선박을 통해 수집된 수심 측량 데이터를 일련의 지도들로 통합해 모든 사람이 이용할 수 있도록 하겠다는 것이었다. 한마디로 집단적 노력을 기울여 집단적 이익을 얻으려는 것이다. 그 취지가 효과를 발휘해 세계 곳곳에서 데이터가 쏟아져 들어오기 시작했다. 이전에는 몰랐던 해저의 협곡과 해저대지* 및 해산 등 새로운 지형이 밝혀졌고, 이를 반영해 다양한 인쇄본과 디지털 버전의 세계 지도가 제작되었다.

이렇게 새로 드러난 바닷속 지형들은 이름이 없는 경우가 대부분인데, GEBCO 공동체*는 해저지명을 취합 심의하고 공식 등재하는 일도 맡아왔다. 새롭게 찾아낸 해저 지형의 명칭을 공식 등록하고자 할 경우, 이 기관에 해저지명 제안서를 제출하면 심의를 통해 채택 여부가 결정된다. 영국제도의 대서양 쪽에는 오래전에 명칭이 지정된 해저 지형이 많다. 포큐파인 뱅크(Porcupine Bank), 포큐파인 해저분지(Porcupine Seabight), 포큐파인 심해저 평원(Porcupine Abyssal Plain), 해튼 뱅크(Hatton Bank), 로칼 해저대지(Rockall Plateau), 페니 해령(Feni Ridge), 헤브라이즈 테라스 해

*해저대지plateau란 주변 해저보다 높게 솟아 있는 대체로 넓고 평평한 해저 지형을 말한다. _옮긴이

*더 정확히 말하자면, GEBCO 운영위원회 산하 국제해저지명소위원회|Sub-Committee on the undersea Feature Names, SCUFN _옮긴이

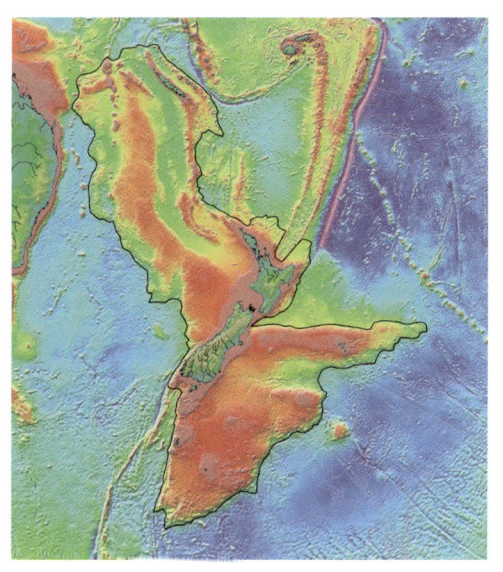

대부분 물속에 잠겨 있는 질랜디아 대륙

산(Hebrides Terrace Seamount) 등이 그런 경우다.

옆의 지도는 질랜디아(Zealandia)를 나타낸 것이다. 질랜디아는 지질학적으로 대륙에 해당한다고 볼 수 있지만 대부분의 지형이 물속에 잠겨 있는 광활한 고지대다. 지도를 보면 뉴질랜드 남섬의 오른쪽에서 시작해 채텀제도 쪽으로 길게 뻗어 있는 채텀 해팽(Chatham Rise)이 있다. 이외에도 로드 하우 해팽(Lord Howe Rise), 노퍽 해령(Norfolk Ridge), 챌린저 해저대지(Challenger Plateau) 등의 해저 지형이 있고, 그 주변에는 약 700개의 이름 없는 해산이 있다.

해양이 우리 시야에 들어오고 있으며, 그 비밀과 중요성이 밝혀지고 있다. 광활한 바다는 지구 기후에 결정적인 영향을 미치며, 엄청난 양의 이산화탄소를 빨아들인다. 해양은 육지의 식물과 대기보다 28배 이상 많은 양의 탄소를 흡수한다.

대부분의 동물은 육지가 아닌 바다에 산다. 지구에 존재하는 동물 생물량* 중 78%가 해양 환경에 서식한다(그중 아직 규명되지 않은 종이 무려 91%에 이른다). 한편, 모든 생물의 '무게'를 재보면 무게 추가 육지 쪽으로 크게 기운다(지구에 존재하는 총생물량의 86%가 육지에 몰려 있다). 나무가 차지하는 비중이 크기 때문이다. 즉, 육지는 식물의 왕국이고 바다는 동물의 왕국이다.

*생물량biomass이란 생물이 포함하고 있는 유기물질의 총량을 말한다. _옮긴이

243

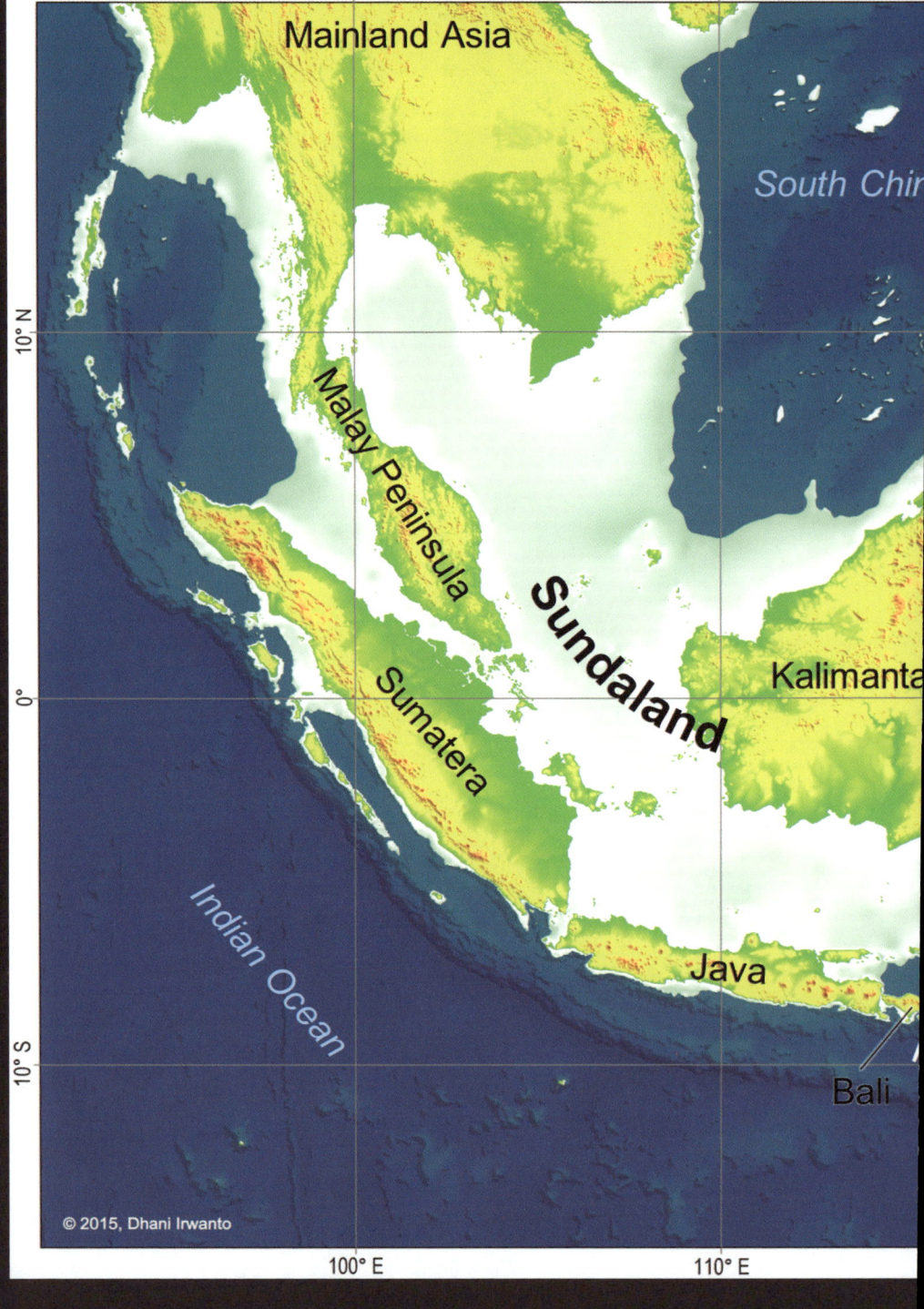

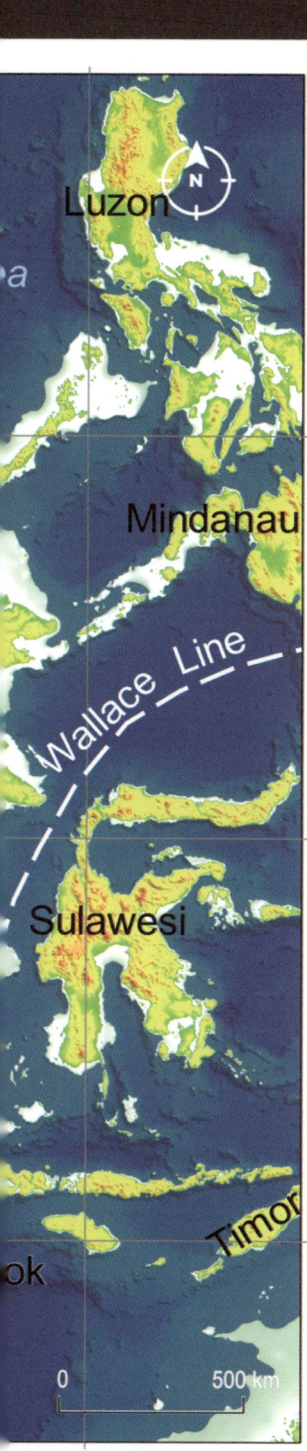

Map 33

순다랜드: 바다 아래에 숨겨진 고대의 땅

2만 년 전 마지막 최대 빙하기의 순다랜드,
다니 이르완토, 2015년

이곳은 인류의 요람 중 하나다. 초기 인류는 여러 세대에 걸쳐 순다랜드에 살았다. 순다랜드는 인류의 발생지로, 유인원들의 증거가 다수 발견되었다. 오늘날 이곳은 다른 측면의 허브(hub) 기능을 한다. 순다랜드를 뒤덮은 바다는 세계에서 가장 붐비는 해상 교통의 중심지다. 중국 수출의 3분의 2가 지금은 사라진 이 왕국 위를 가로질러 이루어진다.

이 지도는 2만 년 전 모습이다. 그때는 지금보다 훨씬 추웠다. 남극과 북극의 빙하가 물을 대거 빨아들였고 그만큼 해수면은 대폭 내려앉았다. 당시 해안선은 지금보다 116미터가량 낮았다. 오늘날 바다를 사이에 둔 국가들이 당시엔 하나로 연결되어 있었다. 해당 지역이 지도상의 모습이 된 시기 전후로 한동안 인류는 아시아에서 인도네시아와 필리핀까지 걸어서 이동할 수 있었다. 그들 중 일부는 거기서 멈추지 않고 좁은 해협을 넘어 호주까지 건너갔다. 해협 사이의 간격은 그리 넓지 않았지만, 빙하기였음에도 물은 꽤 깊었다. 인류는 가까스로 이 해협을 건너 호주에도 자리 잡게 되었다. 하지만 다른 동물에게 이 해협은 넘을 수 없는 장벽이었다. 이것이 이른바 '월리스 라인(지도 오른쪽에 하얀 점선으로 표시된 것)'이라는 경계다. 월리스 라인은 진화 과정의 한 분수령으로 꼽힌다. 이 선을 사이에 두고 양쪽은 꽤 다른 진화 양상을 보였다. 일례로 월리스 라인 동쪽에 많이 서식하는 유대류가 서쪽에는 하나도 없다.

인류는 약 7만 년 전 순다랜드에 첫발을 디뎠다. 그들은 이곳을 터전으로 삼았던 최초의 '사람'이 아니었다. 그들에 앞서 다른 전통과 문화가 자리 잡고 있었다. 과거 140만 년 동안 사

자바 원인(호모 에렉투스의 아종)

바나 지대였던 그곳에는 호모 에렉투스의 한 부류인 자바 원인(Java Man)이 이미 살고 있었다. 당시 자바섬은 광활한 평야와 초원에서 불쑥 솟아오른 고지대였다. 조개껍데기에 상어 이빨로 새긴 기하학 문양이 자바섬 동굴에서 발견되었으며, 그 시기는 50만 년 전으로 거슬러 올라간다. 자바 원인만 있었던 것도 아니다. 창의력을 발휘했다고 알려진 데니소바인도 이곳에 살았는데, 최근 발견에 의하면 이들은 장신구를 만들어 몸을 치장했던 것으로 보인다. 이른바 '호빗'이라는 별명을 가진 호모 플로레시엔시스(Homo floresiensis)도 있었다. 이들은 키가 1미터에 불과해 현생 인류의 소형화된 사촌뻘이라 할 수 있다. 이빨 조각과 부서진 두개골, 조개껍데기에 새긴 그림, 힌트와 퍼즐만 남긴 채 이들은 모두 자취를 감췄다. 이 고대 종족들이 현생 인류의 조상과 접촉했는지 여부는 미스터리로 남아 있다.

'미스터리'는 순다랜드와 잘 어울리는 단어다. 그 지역의 바닷속 깊은 곳에는 분명 매우 많은 것들이 남아 있을 것이다. 조각품, 장신구, 석기 도구, 여러 생명체의 잔해 등 수만 년 전에 버려진 삶의 흔적이 잔뜩 묻혀 있을 것이다. 지금까지 이 수중 왕국에 대한 조사는 사실상 전무한 상태다. 빙하가 녹고 해수면이 상승하면서 순다랜드는 일부만 섬으로 남게 되었다. 순다랜드에 대해 우리가 알고 있는 전부는 이 섬들에서 발견된 유물에서 유추한 내용뿐이다.

순다랜드와 관련해 앞으로 무엇이 우리를 기다리고 있을지 살짝 엿볼 수 있는 힌트가 있다. 순다랜드의 먼 친척뻘이자 현재 유럽의 북해 아래에 잠겨 있는 '도거랜드(Doggerland)'다. 도거랜드는 순다랜드보다 고고학적 중요성은 덜하지만 본격적인 조사가 이루어졌다. 화덕, 멸종된 동물, 정교한 창들이 모두 사진으로 기록되었고 측정도 마쳤으며 명칭도 지정되었다. 훨씬 더 의미심장한 것도 발견되었다. 기후변화를 막기 위해 설계한 것으로 보이는 원시 종교의 유적지다.

해류 변화와 해수면 상승은 다른 지역들은 물론 도거랜드에도 갑작스럽고 치명적인 영향을 끼쳤다. 쓰나미가 모든 것을 휩쓸어갔다. 영국의 고고학자 스티븐 미슨(Steven Mithen) 교수의 설명에 의하면, '카누에서 그물로 고기 잡던 사람들, 해초와 삿갓조개를 모으던 사람들, 해변에서 뛰어놀던 아이들, 목재 아기침대에서 잠자던 아기 등' 쓰나미로 인해 수많은 목숨이 희생되었다. 네덜란드 로테르담의 유로포르트(Europoort) 항만 건설 현장에서 발견된 부싯돌과 사슴뿔 무더기는 다가오는 재앙을 어떻게든 막아보려는 수단이었을 것이다. 분노한 바다의 신을 달래기 위해 해변에 재물로 바친 보물, 즉 기후변화로 인한 혼란에 대응하기 위한 주술의식의 흔적으로 추정된다.

순다랜드에서도 분명 도거랜드와 유사한 드라마가 전개되었을 것이다. 조상의 공동체가 사라지는 장면을 다양한 종의 고대 인류가 목격했을 것이다. 그리고 그들은 이러한 변화를 일으키는 강력한 힘을 가진 정체 모를 존재를 거스르지 않고 순리에 맞게 스스로 적응하려 애썼을 것이다.

수중고고학(underwater archaeology)은 유럽에서 첫발을 떼었지만 순다랜드 주변의 많은 국가들에도 첫발을 들일 날을 기다리고 있다. 확인된 사실이 없는 자리엔 신화와 추측이 무성해지게 마련이다. 이러한 추측 중 가장 그럴싸한 것은 '순다랜드 기원설(Out of Sundaland)'이다. 이것은 아시아와 오스트랄라시아(Australasia: 호주, 뉴질랜드, 서남 태평양 제도를 포괄하는 지역)의 다양한 인구가 진화하고 확산한 시발점이 순다랜드라는 가설이다. 순다랜드가 인류의 요람 중 하나라는 주장은 설득력과 신빙성이 있으며, 차세대 수중고고학자들에게도 매력적인 연구 주제가 될 것이다.

하지만 오늘날 순다랜드의 유명세는 주로 상상에서 비롯된 추상적 개념에 기대고 있다. 그중에는 '아틀란티스'라는 잃어버린 문명의 현장이 순다랜드라는 주장도 있다. 이러한 주장을 집중적으로 파고드는 한 웹사이트의 설명을 보자.

순다 해저평원(Sunda Sub-Oceanic Plain)은 플라톤이 묘사한 아틀란티스에 부합할 만큼 충분히 넓다. 지형, 기후, 동물상과 식물상 및 토착 신화 등을 모두 종합해볼 때 이곳은 아틀란티스 가설을 뒷받침할 만한 신빙성 있는 사례로 적합해 보인다.

아틀란티스 가설은 꽤 오랫동안 회자되었다. 싱가포르 건국의 아버지라 불리는 토머스 스탬퍼드 래플스(Thomas Stamford Raffles)가 1817년 이 가설을 처음 내놓은 이후, 주로 인도네시아 아마추어 역사가들의 계속된 언급을 통해 이 가설은 재차 되살아났다. 인도네시아의 지질학자 대니 힐만 나타위자자(Danny Hilman Natawidjaja)의 《플라톤은 거짓말을 한 적이 없으며, 아틀란티스는 인도네시아에 있다》와 다니 이르완토(Dhani Irwanto)의 《아틀란티스: 잃어버린 도시는 자바해에 있다》를 비롯해 수많은 주장이 아틀란티스 가설을 거론해왔다. 혹은 순다랜드가 '에덴동산'의 무대였다거나, 순다랜드에 많은 피라미드가 있었으며 언젠가 그 뾰족한 꼭대기가 바다에서 솟아오를 거라고 말하는 작가들도 있다.

다소 허황된 이야기이기는 하나, 여기에는 전 세계 기원설의 균형을 재정립하려는 깊고 강력한 염원이 담겨 있다. 인도네시아와 동남아시아는 세계사에서 대체로 간과되어왔다. 내가 다녔던 영국 학교에서 역사 수업시간에 이들 국가가 언급된 적은 한 번도 없다. 분명 수몰된 순다랜드의 땅에 피라미드가 흩어져 있을 리는 만무하다. 그렇지만 인류의 기원과 정착 스토리에 관심이 있다면 순다랜드는 그냥 지나쳐서는 안 될 곳이다.

인류와 그들의 가까운 사촌들은 아주 오랫동안 이곳을 삶의 터전으로 삼았다. 오늘날 바다에 수장되어 있는 무덤의 주인들은 당시 그들의 세상을 집어삼켰으며 우리 세상마저 삼키려 드는 기후와 해수면의 변화를 조용히 지켜보고 있을 것이다.

©2018 Christopher Bretz

Map 34

빙하가 사라진 세계 속 유럽

해수면이 80미터 상승한 이후의
유럽을 나타낸 가상 지도,
크리스토퍼 브레츠, 2018년

유럽의 해안 지역들이 사라졌다. 이 지도는 해수면이 지금보다 80미터 상승했을 때의 모습을 보여준다. 덴마크, 네덜란드, 벨기에, 독일 북부, 폴란드, 발트 3국(에스토니아, 라트비아, 리투아니아)이 자취를 감췄다. 이탈리아는 국토 중앙의 기다란 뼈대 부분만 남았고, 영국과 아일랜드는 열도가 되었다. 산악 지형인 스페인과 튀르키예는 해수면 상승 이후에도 알아볼 수 있는 상태로 남아 있다.

해안가 저지대만 사라진 게 아니다. 비옥한 농경지들도 모습을 감췄다. 이탈리아의 곡창지대인 '포밸리(Po Valley)'를 비롯해 우크라이나 남부, 프랑스 북부, 영국의 남부와 동부가 모두 소금물에 잠겨버렸다. 지도 아래쪽을 보면, 나일강이 주요 농경지 쪽으로 흘러드는 지역에 사막 이외에는 거의 아무것도 남지 않았다. 이것은 잃어버린 땅의 지도인 한편, 이후 남게 될 돌투성이의 거칠고 척박한 땅을 보여주기도 한다.

이 지도는 예술가이자 일러스트레이터인 크리스토퍼 브레츠(Christopher Bretz)가 제작한 것이며, 찾아낼 수 있는 모든 화석연료를 채굴해 사용할 경우 목도하게 될 유럽의 충격적 모습을 보여준다. 지도상의 해수면 높이는 이론적 최대치로, 전 세계 빙하가 모두 녹았을 때를 상정해 계산한 수치다. 이 정도까지 해수면이 상승한다면 영국 런던의 빅벤 시계도 물에 잠기게 될 것이다.

브레츠가 만든 이 멋진 지도를 책에 싣기 전 나는 잠시 망설일 수밖에 없었다. 화석연료를 마지막 한 조각까지 탈탈 털어 쓰고도 수백 년, 어쩌면 수천 년이 지나서야 일어날 법한 일이기 때문이다. 이렇게나 많은 시간이 남아 있다고 말하면 대부분은 안도의 한숨을 내쉴 것이다. 빅벤도 무사하고 우리도 안전하니 말이다. 하지만 결코 안심할 일이 아니다. 향후 수십 년 내에 해수면은 약 0.3미터 상승할 가능성이 크다. 그 시점은 2050년경으로 예측된다. 2100년까지는 2배 이상 더 상승해 있을 것이다.

이 정도쯤이야 싶겠지만 이런 상승폭은 엄청난 결과를 가져올 것이다. 해양처럼 거대한 어떤 대상에 있어 0.3미터의 상승은 어마어마한 양이다. 해수면이 이만큼 상승한다면 런던, 라고스, 방콕, 뭄바이, 상하이, 뉴욕 같은 해안 도시와 방글라데시처럼 삼각주에 위치한 국가들은 위험에 처하게 된다. 그 이유를 이해하려면, 해수면 상승 문제가 서서히 채워지는 욕조와 다르다는 점을 알아야 한다. 욕조에는 일정량의 물이 예상한 대로 조용히 채워진다. 반면, 지구 온난화는 급격한 변동을 의미한다. 나날이 거세지는 폭풍은 전례 없는 엄청난 양의 물을 쏟아붓는다. 물 폭탄이 쏟아지고 극심한 폭풍이 몰아치는 상황에서 그런 급격한 변동은 감당하기 힘들어진다. 인도네시아는 수도를 자바섬에서 좀더 안전한 보르네오로 옮기기 시작했고, 방글라데시 해안 지역에 사는 수백만의 사람들은 우기 때마다 반복되는 재난을 피해 인구 2,300만의 도시 다카로 몰려들며 인구밀도를 높이고 있다. 이는 예측이 아니라 현재 진행 중인 상황이다. 나는 《섬의 시대(The Age of Islands)》 집필을 위해 해수면 상승으로 위협받는 전 세계 수많은 섬을 방문했고, 10년 전에는 멀쩡한 땅이었지만 지금은 사라진 무수한 섬들을 찾아 배를 타고 다녔다. 또한 바다의 짠물이 내륙으로 밀려들면서 농사가 거의 불가능해진 섬들에도 다녀왔다.

지도 하단의 북아프리카 상황도 눈여겨볼 필요가 있다. 나일강 하구 주변에 드넓게 펼쳐진 농경지는 지금도 조금씩 줄어들고 있다. 지도상에는 그 지역의 모든 농경지가 사라져버린 상태다. 이 지역은 현재 해수면이 매년 몇 밀리미터씩 상승하고 있다. 대수롭지 않게 여겨지겠지만 그 영향력은 엄청나다. 해안 지역의 토양에 염분이 스며들고 나무들이 뿌리째 흔들리게 된다. 현재 나일강 삼각주의 토양 중 염분이 침투한 부분은 30~40%에 이른다. 이는 수확량 하락과 시장에 공급되는 식량의 감소를 의미한다. 이로 인해 이집트는 더 많은 식량을 수입해야 하고, 식량에 더 많은 돈을 지출해야 하며, 나날이 증가하는 인구가 경제적으로 압박감을 느끼며 불안정해진다. 해수면이 몇 밀리미터만 변화해도 큰 문제로 이어질 수 있다.

약 6억 8,000만 명이 저지대 해안 지역에 살고 있다. 이 지역들이 조만간 일제히 물에 잠기지는 않겠지만, 빙하가 녹는 현재 속도를 감안하면 대비책을 갖출 필요가 있다. 2019년 초, 그린란드의 빙상이 기존 예상보다 4배 더 빨리 녹고 있다는 불길한 소식이 전해졌다. 이 보고서의 주 저자이자 오하이오 주립대학의 지구역학과 교수 마이클 벨비스(Michael Belvis)는 "이는 해수면을 상승시키는 추가적 요인이 될 것이다"라고 말하며, "우리는 빙상이 티핑포인트에 도달한 모습을 지켜보고 있다"라고 덧붙였다. 베비스는 침울해하며 말한다. "우리가 할 수 있는 유일한 일은 상황에 적응하고 온난화를 늦추는 것뿐이다. 그 이상을 기대하기에는 너무 늦었다."

80미터는 전 세계 빙하가 모두 녹았을 때를 상정한 대략적인 수치다. 빙하가 녹는 데는 수많은 요인이 작용하기 때문에 정확한 예측치를 내놓기는 어렵다. 그런 요인 중 하나가 지구 온난화로 인한 바다의 팽창이다. 상온에 있던 물이 끓는점까지 데워지면 약 4%까지 부피가 증가한다. 바다가 펄펄 끓는 일은 없겠지만, 지표면의 3분의 2가 물로 덮여 있다는 점을 고려할 때 바다의 온도가 단 몇 도만 올라도 그 부피는 대폭 증가하게 된다.

또 다른 요인으로는 땅이 오르내리는 현상을 들 수 있다. 약 2만 년 전에는 유럽 북부와 아메리카 북부가 빙상에 뒤덮여 있었다. 그 무게로 인해 지구의 지각이 약 500미터까지 내려앉았다. 이 얼음이 대부분 사라지면서 지각의 재조정이 이뤄지고 있으며, 가라앉았던 부분이 다시 솟아오르고 있다. 핀란드와 스웨덴을 가르는 보트니아만에 새로운 섬들이 불쑥 솟아오르는 이유가 바로 여기에 있다. 이는 유럽인 대부분이 몰려 사는 남쪽 지역에 나쁜 소식이다. 시소의 작용 원리처럼 북쪽이 솟아오르는 만큼 남쪽은 가라앉게 되기 때문이다. 실제로 영국의 남쪽 절반이 아래로 기울고 있는데, 이러한 '지각 균형 조정'은 현재의 해수면 상승에 10~33%의 추가 요인으로 작용한다.

우리가 할 수 있는 일은 무엇일까? 꽤 많다. 몇몇 국가들은 다른 나라에 비해 더 많은 대책을 강구하고 있다. 네덜란드는 수백 년에 걸쳐 바다에 맞서 투쟁한 경험을 가지고 있으며, 그 중 하나가 이스턴 스켈트 해일방파제(Eastern Scheldt Storm Surge Barrier, 258쪽 사진 참조) 같은 거대한 방어 시설이다. 이 해일방파제

이스턴 스켈트 해일방파제

는 삼각주 섬들을 연결하는 9킬로미터 길이의 해양 댐이다. 댐은 섬들을 연결하기도 하지만 섬을 만들어내기도 한다. 이렇게 형성된 두 개의 인공 섬 중 하나에는 '이곳에서 조수는 달과 바람과 우리에 의해 통제된다'라고 쓰인 석판이 있다. 위풍당당한 선언이지만, 지금껏 우리는 바다를 완벽히 통제한 적이 없으며, 댐이 크고 긴 건 사실이지만 바다에 맞서기에는 한계가 있어 보인다.

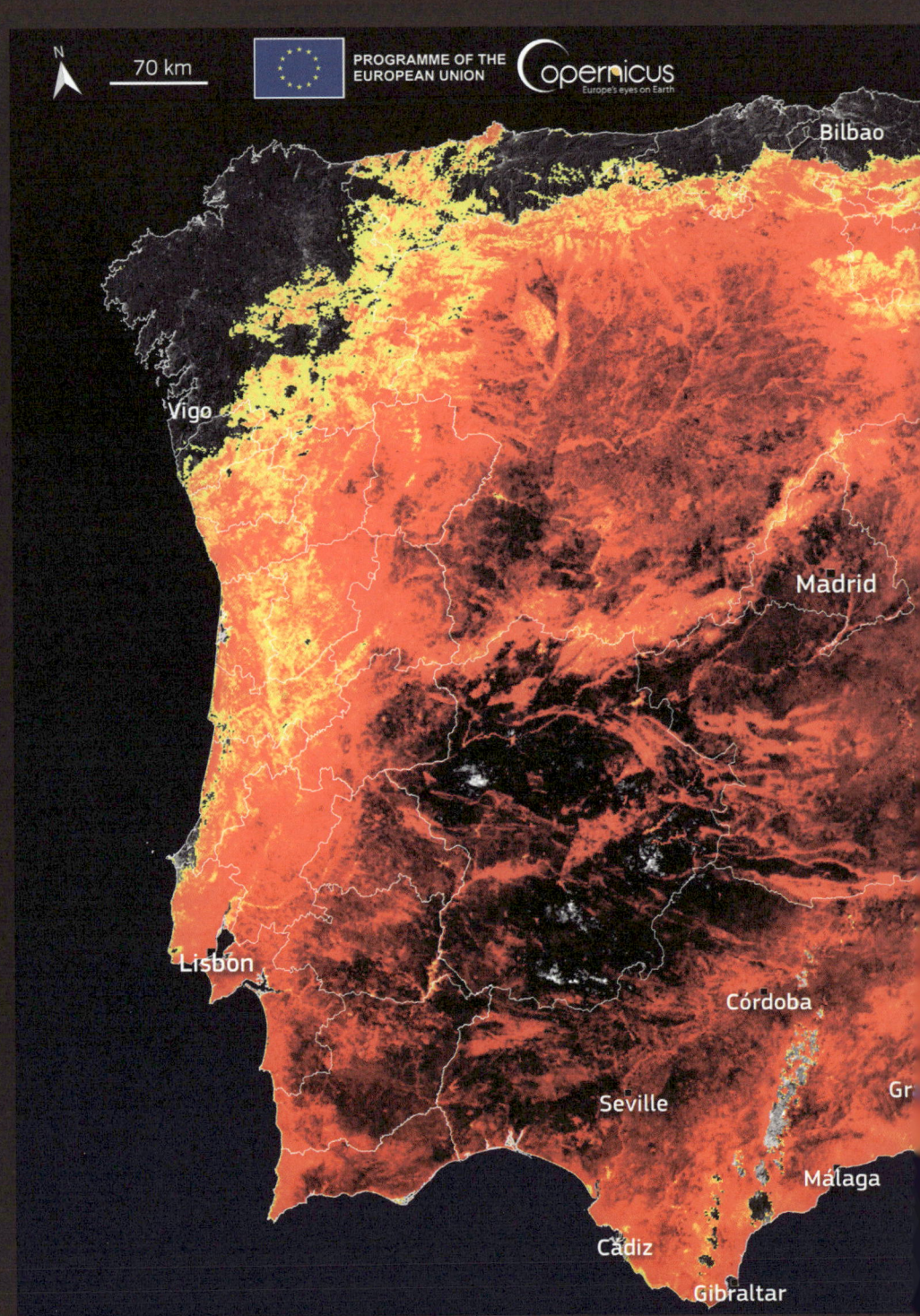

Map 35
뜨겁게 달궈지는 이베리아반도: 극심한 더위의 지도

지표의 온도, 2023년

요리책을 보면 '스테이크는 60도 이하에서 조리해야 최상의 식감과 풍미, 육즙을 살릴 수 있다'고 적혀 있다. 이 지도의 스페인과 포르투갈 땅은 스테이크를 굽기에 충분히 달궈진 상태다. 남부 지역에 퍼져 있는 검은색은 해당 온도 혹은 그 부근에 도달했다는 의미다. 북쪽 해안을 따라 이어지는 띠 모양의 구간을 제외하고는 모든 토양의 온도가 굉장히 높다.

이 지도는 기온이 아니라 '지표의 온도'를 보여준다. 즉 흙을 만졌을 때 느껴지는 온도다. 이 상황을 한 단어로 표현하자면 '앗 뜨거워!'다. 일반적으로 토양은 대기보다 온도가 높은 경향이 있지만, 당시는 기온 자체도 나날이 기록을 경신해 검은색 구역의 기온은 40도대에 이르러 있었다.

이 지도는 유럽우주국의 지구 관측 위성인 코페르니쿠스 센티넬-3(Copernicus Sentinel-3) 네트워크가 촬영한 것이며, 2023년 7월의 상황이다. 이들 위성은 여름 더위가 극심해지고 있음을 보여주는 생생한 증거를 제공해준다. 이베리아반도 대부분(스페인과 포르투갈)은 여름에 늘 덥긴 했지만, 이 정도는 아니었다.

지표 온도는 왜 중요할까? 육지에 사는 동물은 땅에서 자라는 것을 먹고 살아간다. 토양이 달궈지면 생명력을 잃게 된다. 씨앗에서 싹이 트지 못하고, 토양을 비옥하게 하는 벌레와 미생물이 살아남을 수 없다. 그러면 토양이 허물어지고 먼지로 바스러져 사방에 흩어져버린다. 앞으로 몇백 년간 호모 사피엔스의 생존을 위한 최우선 과제 중 하나는 지구의 토양 관리가 될 것이다. 생존에 관한 한, 진짜 보물은 금이 아니라 흙이다. 농작물 경작에 적합한 땅은 지표면의 약 3%에 불과하며, 땅을 갈아

소방관들이 스페인 북부 사모라 인근의 푸마레호 데 테라 Pumarejo de Tera에서 발생한 산불을 진압하느라 애쓰고 있다.

엎고 미생물을 배양시켜 비옥한 토양을 단 1센티미터 만드는 데는 꽤 오랜 기간이 걸린다(일부 전문가들은 300년이 걸린다고 말한다).

전 세계가 고르게 뜨거워지는 건 아니다. 스페인과 포르투갈 및 지중해 연안 국가들은 세계 평균보다 더 빠르게 데워지고 있다. 2023년 여름에는 유럽 거의 전역에 견디기 힘들 정도의 심각한 폭염이 닥쳤다. 스페인 동부 해안의 항구도시 발렌시아는 약 47도의 역대 최고 기온을 기록하기도 했다. 해당 지역의 한 주민은 당시 기자들과의 인터뷰에서 괴로움을 호소하며 이렇게 말했다. "올여름은 정말 끔찍하게 덥네요. 우린 아파트에 사는데 더워서 못 살겠어요." 주변에 있던 다른 사람들도 이에 맞장구치며 끼어들었다. "밤에도 에어컨이랑 선풍기를 켜놔요." "낮에는 가능한 한 집에 있다가 최대한 늦게 집에서 나가요."

과거 한때 남유럽에서는 에어컨이 사치품으로 여겨졌지만 지금은 필수품이나 다름없다. 발렌시아의 지방정부는 노숙자를 위해 에어컨이 설치된 쉼터를 열었다. 더위로 인한 사망을 막으려는 필수적 조치이긴 하지만, 에어컨 설비에는 비용이 든다. 에어컨을 제작하고 가동하려면 에너지가 쓰이고, 에어컨 장치는 열기를 주로 거리로 뿜어내 공간을 식히며, 이는 도시의 온도를 더욱 높인다.

극심한 열기가 가하는 직접적인 위협 중 하나가 산불이다.

오늘날 포르투갈과 스페인에서는 이르면 3월부터 '산불 빈발 기간'이 시작된다. 지구에서 산불 발생 위험이 가장 큰 곳은 유럽 같은 '온대 지역'이다. 일견 이상하다는 생각이 들 것이다. 유럽은 지구에서 가장 뜨거운 곳이 아니다. 알다시피 아라비아와 사하라 사막의 모래 온도가 훨씬 더 높다. 하지만 그곳엔 나무가 없어서 탈 것도 없다. 사막에서는 탈수로 목숨이 위태로울 순 있지만 화재 위험은 작다. 반면, 포르투갈과 스페인 같은 보다 시원한 지역에는 수풀이 우거져 있다. 가연성 물질이 가득한 셈이다. 이는 가슴 아픈 패러독스다. 나무는 산소를 생성하고, 공기 정화와 대기 온도를 낮추는 데 핵심 역할을 한다. 수풀은 우리 생존에 필수적이지만, 오늘날 산림에 둘러싸인 도시는 언제든 화염에 휩싸일 가능성이 있다.

산불의 구체적인 내역은 매년 다르지만 추세는 분명하다. 2022년은 스페인에서 대규모 산불 피해가 발생한 해로, 30만 6,000헥타르의 삼림이 불에 타고 말았다. 2023년은 산불로 인한 재난이 다소 덜했지만, 유럽 전역에서 약 47만 헥타르의 땅이 화재 피해를 입었고 40억 유로 이상의 재정이 투입되었다. 그리스가 최악의 피해를 입었고, 스페인이 그 뒤를 이었다. 튀르키예와 알제리, 튀니지의 산불 상황도 심각한 수준이었다.

이들 국가는 앞다퉈 산불 대응책을 마련하고 있다. 스페인의 경우 새로운 전략을 도입했다. 소방관들은 모든 화재 현장을 진압하는 대신에 이제 선별 작업을 거친다. 비교적 접근이 어려운 곳은 불에 타도록 내버려둔다. 희생이 따를 수밖에 없는 조치다. 농촌 마을과 도시의 안전을 확보하기 위해 소방 용수와 노동력을 비축하는 편이 더 낫다는 판단이다. 기온이 이렇게 높은 상황에서는 자원을 아낄 수밖에 없다.

소나무 및 침엽수를 느리게 타는 단단한 수목으로 대체하고 방화벽 설치를 확대하는 등 온갖 화재 대비 정책과 규정이 우리 앞에 펼쳐지고 있다. 미국에서는 '주거지 발화 구역(Home Ignition Zones, HIZ)' 관리법을 알려주는 새로운 산업이 성장 중이다. HIZ는 주정부가 지정한 5피트, 30피트, 100피트, 200피트(각각 1.5, 9, 30, 60미터)의 동심원 형태다. 각 구역에는 '지붕의 나뭇잎, 솔잎, 쓰레기를 치우세요' 등의 실행 목록이 있다. 일례로 30피트(9미터) 구역에는 '듬성듬성한 나무를 모두 베어내고 잔디를 깎으세요'라는 항목이 있다. 이런 조치는 그나마 비용이 적게 드는 편이다. 다른 대비책들은 훨씬 큰 비용을 요구하며, 그중 가장 큰 몫을 차지하는 건 보험이다. 미국의 여러 지역에서는 화재보험 시장이 사실상 붕괴되어, 수백만 명의 사람들이 보험으로는 더 이상 보장받을 수 없는 위험 지역에 살고 있다.

스페인과 포르투갈 사람들은 극심한 여름 더위에 시달리고 있지만, 이 지도는 사람과 관련된 것은 아니다. 이것은 땅에 관한 지도다. 우리 토양 속 생명체에 대해 잠시 생각할 시간을 가져보자. 무려 섭씨 60도다. 우리는 그것을 뭉뚱그려 '흙'이라고 부르지만, 이 상황을 묵과한다면 우리도 위험해질 수 있다.

Map 36
숨겨진 거대 호수
그린란드의 지형과 수심 측량 지도, M. 몰리헴M. Morlighem 등, 2017년

세계에서 가장 큰 섬인 그린란드는 몇 킬로미터에 이르는 두꺼운 얼음판에 덮여 있다. 그린란드에서 아름다운 산과 평원을 볼 수 있는 부분은 파도가 넘실대는 섬의 가장자리뿐이다. 섬을 뒤덮은 얼음이 모두 사라진다면 그린란드는 어떤 모습이 될까?

그린란드는 여러 섬으로 이루어진 군도일까, 아니면 커다란 하나의 섬일까? 이는 인류 역사를 통틀어 누구도 확실히 알 수 없었던 문제다. 이 지도 덕분에 이제 우리는 답을 얻었다. 그린란드는 하나의 섬이다. 다만 생김새가 좀 희한하다. 거대한 호수를 둘러싼 크고 엉성한 목걸이 모양이다.

  우리 지도에서 섬의 동쪽과 남쪽에 보이는 노르웨이 해안을 닮은 피오르와 높은 산은 그리 놀라울 게 없다. 하지만 놀랄 만한 부분도 있다. 섬의 내륙에 자리한 특이한 호수다. 호수 안에는 수천 개의 작은 섬들이 점점이 흩어져 있고, 호수의 크기도 독보적이다. 이 호수는 세계 최대의 담수호라 할 수 있으며, 영국을 통째로 집어넣고도 공간이 남아돌 정도다.

  이 지도는 여러 세대에 걸친 노력의 결과물이다. 1960년대부터 수집된 레이더 탐사 데이터를 바탕으로, 캘리포니아대학 연구진이 주도한 다국적 팀이 지도를 만들었다. 그들이 이런 노력을 기울인 이유가 뭘까? 바로 기후변화 때문이다. 빙상이 급속히 녹아내리면서 극지방의 숨겨진 지형을 파악하려는 작업에 속도가 붙기 시작했다. 이 지도는 우리에게 몇 가지 사실을 미리 알려준다. 예를 들어, 그린란드의 어느 지역에서 빙상이 가장 먼저 사라질지, 상승하는 해수면이 어디에서 어떻게 내륙을 침범하게 될지 말해준다. 대서양의 비교적 따뜻한 바닷물이 그린란드 동쪽과 남쪽의 커다란 산을 완전히 집어삼킬 리는 없겠지만, 그외 다른 곳들은 물에 잠기게 될 공산이 크다. 서쪽 저지대에서는 빙상과 바다가 맞닿으면서 얼음이 바닷속으로 녹아드는 현상이 가속화될 것이다.

지도 제작에 관여한 과학자들의 설명에 따르면, "그린란드 북부의 거대 빙상과 서부의 빙상은 대서양 바닷물에 녹을 위험이 있으며, 이 빙상들은 내륙으로 후퇴하면서 수십에서 수백 킬로미터에 걸쳐 계속 바닷물에 노출될 것이다."

이 지도에서 알아낸 또 다른 사실도 있다. 이전에 생각했던 것보다 훨씬 더 많은 해안 빙상이 빠르게 녹아내릴 위험에 처해 있다는 점이다. 지도에는 지형의 높낮이가 드러나 있으며, 현재 그린란드를 덮고 있는 빙상의 두께가 어느 정도인지도 가늠해볼 수 있다. 이를 통해 빙상이 녹으면서 방출하게 될 물의 양도 파악할 수 있다. 덕분에, 그린란드의 얼음이 다 녹아내릴 경우 전 세계 해수면이 얼마나 상승할지 알 수 있게 되었다. 답은 7.42미터다.

이 지도는 머나먼 과거의 한순간을 담아낸 일종의 스냅사진이라고 볼 수도 있다. 수십만 년 전 그린란드에는 얼음이 없었다. 당시의 모습이 어떠했을지 이제 우리는 알 수 있다. 한때 그곳에 얼음이 없었다는 사실은 어떻게 알아냈을까? 1966년 미국 과학자들이 그린란드의 빙판을 뚫고 오랜 기간 얼어붙은 빙하 코어*를 채취했다. 원통형 얼음 기둥의 끝에는 놀랍게도 3.5

*빙하 코어ice-core란 빙하나 빙상에서 채취한 원통형 얼음 기둥으로, 각 층마다 고유한 연대를 가지고 있어 지구의 기후변화를 연구하는 데 중요한 자료로 쓰인다. _옮긴이

미터 높이의 토양이 있었다. 한동안 방치되었던 이 빙하 코어를 최근 다시 조사해본 결과 그 안에서 나뭇잎과 이끼, 심지어 나뭇가지도 발견되었다. 이는 고대 생태계를 보여주는 자료이자 당시 그린란드에 얼음이 없었음을 입증하는 증거다.

앞서 말한 미국의 1966년도 미션에 대한 스토리에는 다소 비밀스러운 부분이 있다. 지금도 그렇지만 당시 지구의 양극에서 이뤄지는 과학연구는 정치와 뒤얽혀 있었다. 미국 정부는 '아이스웜(Iceworm)' 프로젝트하에 군인과 굴착 중장비 및 핵 반응로를 그린란드 북서부로 이동시켜서 동굴 시스템을 만들었다. 이른바 '캠프센추리(Camp Century)'라 불리는 얼음 속 미로다. 미국은 소련의 눈을 피해 이 동굴에 핵무기를 숨겨놓으려 했다. 빙하 코어나 자료 확보를 내세웠던 '과학연구 미션'은 냉전 시기 군사 작전을 위한 위장이었던 셈이다.

그린란드는 비밀에 싸여 있는 곳이다. 그런데 이에 못지않게 의문을 자아내는 곳이 또 한 군데 있다. 바로 남극대륙이다. 남극대륙도 거의 전체가 얼음에 뒤덮여 있다. 해안 부근에서는 산맥을 볼 수 있고, 거기에는 에레부스산(Mount Erebus) 등의 활화산도 포함되어 있다. 여기에 실린 그린란드 지도와 동일한 방식으로 제작된 새로운 지도들이 남극대륙 아래에 무엇이 있는지 보여주기 시작했다(271쪽 지도 참조).

남극대륙은 복잡한 지형을 이루고 있고, 각 지형에 따라 얼음이 녹는 속도는 가속화되거나 지연될 수 있다. 최근 새롭게 발견된 고지대의 경우 빙상이 빠르게 녹아 사라지는 현상이 비교적 덜하겠지만, 매끄럽고 경사진 평원의 얼음은 빠르게 녹아

내릴 것이다. 이를 연구하는 팀의 구성원 중 한 명인 에마 스미스(Emma Smith)의 비유를 들어보자. "평평한 표면에 시럽을 붓고 그것이 퍼져나가는 양상을 지켜본다고 생각해보라. 다음으로, 울퉁불퉁한 표면을 지닌 다양한 각도의 경사면에 그 시럽을 부어본다면? 시럽이 퍼져나가는 모습은 서로 매우 다를 것이다. 남극대륙의 얼음도 이와 똑같다."

이 남극 지도는 지구 대륙의 가장 깊숙한 지점도 드러내 보여준다. 덴만 빙하(Denman Glacier) 아래에 위치한 골짜기로, 얼음으로 가득 찬 이 협곡은 해수면 아래로 무려 3.5킬로미터까지 내려간다.

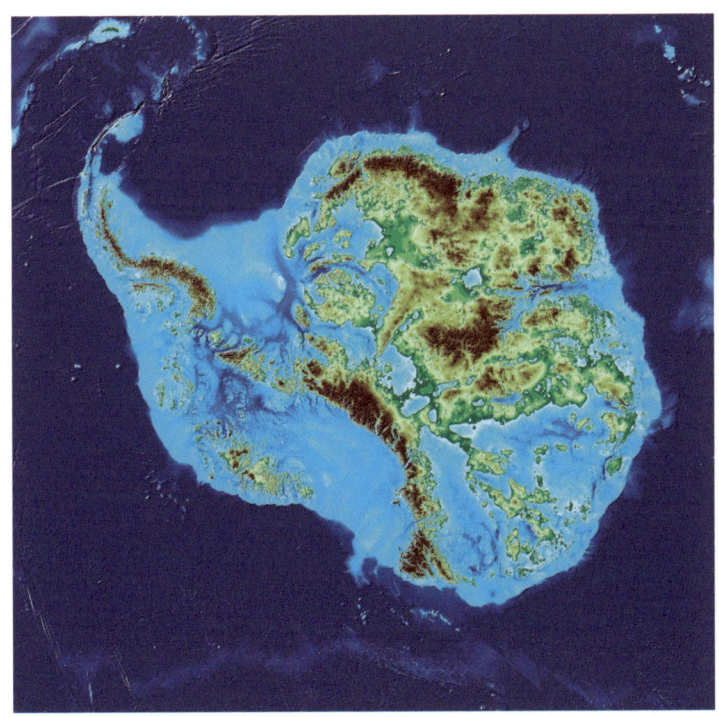

남극대륙의 빙상 아래 땅

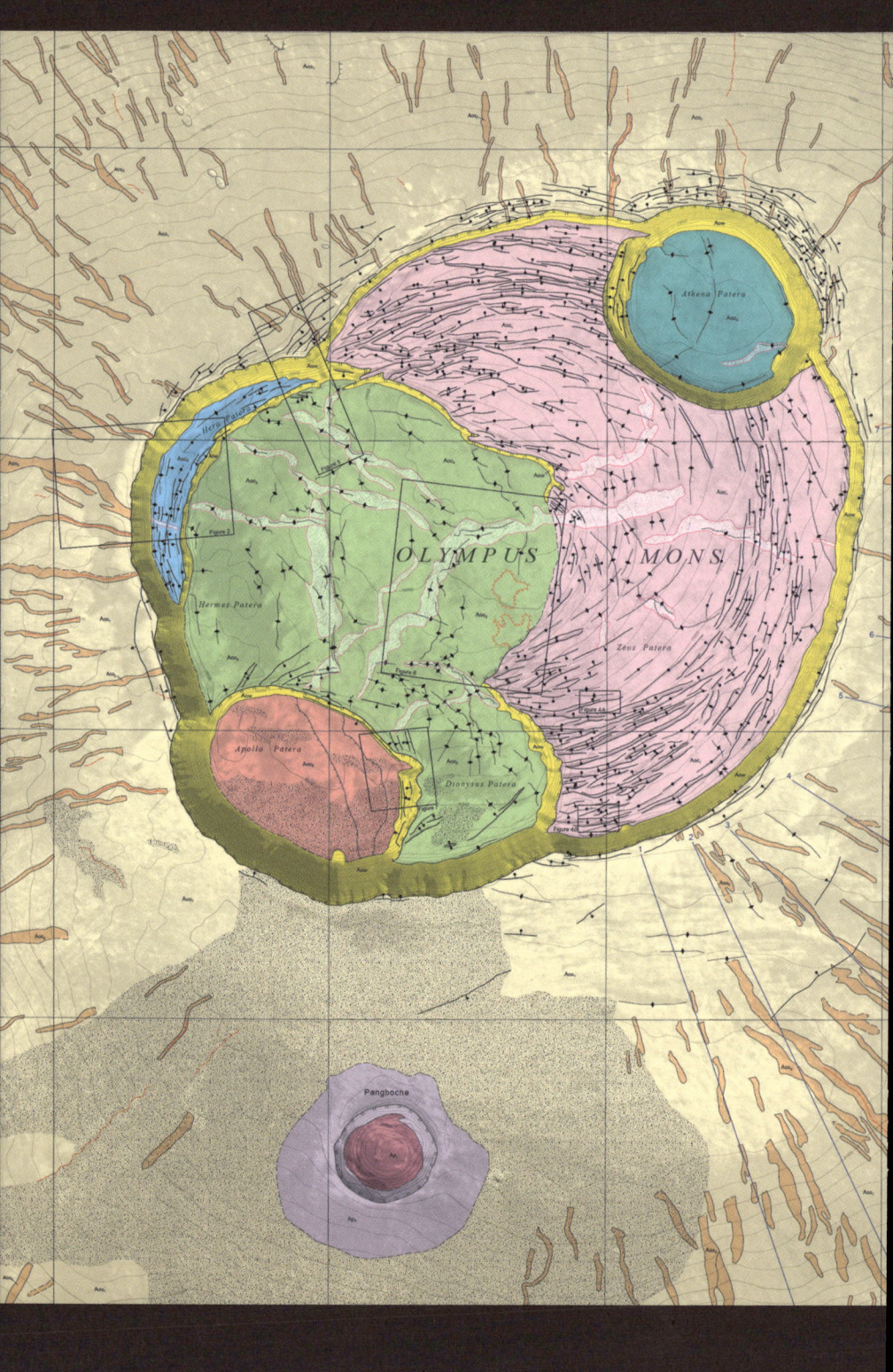

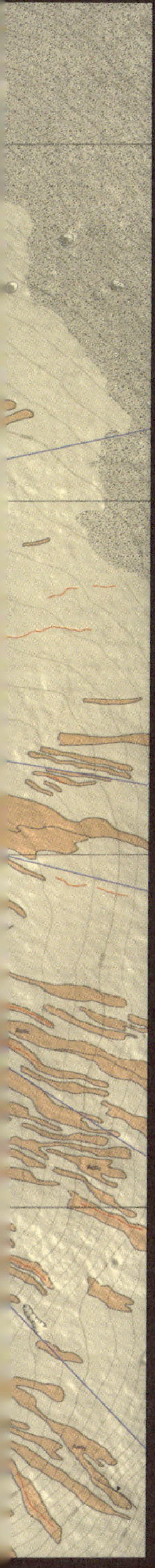

Map 37
올림푸스산과 화성의
새로운 지도

올림푸스산 칼데라의 지질도, 화성, 2021년

우리 시대의 위대한 예술가 중 하나로 추천하고 싶은 대상이 있다. 애리조나주 플래그스태프에 자리한 행성지질학 과학센터의 그래픽 담당 직원이다. 앞의 그림을 보자. 설탕에 절인 라일락이 페퍼민트 그린과 키스를 하고, 그 주위를 황금빛 가파른 절벽이 에워싸고 있다. 이 그림은 화성에 있는 올림푸스산(Olympus Mons)을 나타낸 것이다.

이 지도는 태양계에서 가장 높은 산으로 알려진 올림푸스산에 플래그스태프 팀이 색을 입혀 완성한 것이다. 올림푸스산은 그야말로 거대하다. 이 그림의 고도 표시를 통해 그 크기를 짐작해볼 수 있다. 중앙의 칼데라 주위로 연한 갈색의 경사면과 도랑들이 아래로 흘러내린다. 올림푸스산은 너비 600킬로미터에 높이 26킬로미터로, 당일치기나 주말 동안 둘러볼 수 있는 수준이 아니다. 폴란드의 국토 면적과 거의 같은 크기이며 높이는 에베레스트산의 3배에 이른다.

이것은 우리가 확보한 가장 상세한 화성 지도다. 등고선과 절벽, 물길의 흔적 등이 너무나 완벽해서 수억 킬로미터 떨어진 행성의 지도라고 믿기 힘들 정도다. 지도의 축척은 1:20만이다. 지구에서도 지역 지도에 흔히 적용하는 척도로, 프랑스에서도 지도 제작에 동일한 축척을 사용한다.

올림푸스산은 화산 작용으로 생겨난 산이다. 2,500만 년 전 용암이 뿜어져 나왔다. 지금은 화산 활동이 끝난 것으로 보인다. 이런 측면에서 화성은 지구보다 더 안전하고 활동성이 덜한 행성이라 할 수 있다. 화산 활동의 빈도는 지구보다 낮지만, 화산이 폭발할 경우 그 양상은 극도로 맹렬하고 재앙적이다. 화성은 중력이 약해서 용암이 쉽고 빠르게 흐르며 삽시간에 주변을 덮어버린다.

올림푸스산은 지구에서 일반 망원경으로도 보일 정도로 엄청나게 크다. 이탈리아 천문학자 조반니 스키아파렐리(Giovanni Schiaparelli)가 1877년에 그린 화성 지도에도 이 산은 핵심적 특징으로 묘사되었다. 그의 스케치에는 자유자재로 뻗어 나간 '물길(channel)'(이탈리아어로 카날리(canali))도 있었다. '카날리'는 영어단어 '운하(canal)'로 잘못 번역되어 화성 연구에 있어 많은 추측을 불러일으키며 쓸데없는 오해를 낳았다.

지도의 밝은 색깔은 다양한 연대와 지형 형성을 보여준다. 산꼭대기와 밑바닥에 있는 2개의 작고 둥근 모양은 '무너진 구덩이'로, 이 거대한 산이 어떻게 무너져내렸는지에 관한 고대의 옛날이야기를 들려준다. 올림푸스산에서 대규모 화산 폭발이 일어났고 그 아래 묻혀 있던 마그마 방이 완전히 비어버렸다. 이로 인해 산 아래에 갑자기 커다란 구멍이 생겼다. 이 상태는 그리 오래가지 못했다. 화산 폭발이 날려버린 공간을 화성의 수많은 바위가 다시 채웠기 때문이다.

올림푸스산에서 서쪽으로 5,000킬로미터 이동하면 협곡과 메마른 골짜기가 나온다. '이올리스 도르사(Aeolis Dorsa)' 혹은 '윈드 리지(Wind Ridge)'라 불리는 곳으로, 수계(水系)처럼 보이는데 실제로 그렇기 때문이다. 계곡 바닥에 또렷하게 남아 있는 물길의 흔적은 한때 화성 표면에 물이 풍부했음을 말해주는 증거다. 아주 오랜 과거에 화성은 매우 습했고 수많은 하천이 흘렀다. 강의 하류에는 퇴적물이 쌓여 삼각주가 형성되었다. 엄청나게 오랜 시간 동안 물은 화성의 풍경을 조성하는 데 큰 역할을 했다. 물은 생명 활동에 기본적인 요소다. 화성의 하천과 그 주변에 어떤 종류든 생명체가 살고 있었다는 추측은 꽤 타당해 보인다.

화성의 생명체는 이미 오래전에 사라졌다. 생명의 증거를 찾아낸다고 해도 기껏해야 화석 형태로 남아 있을 것이다. 강들은 아주 오래전에 말라붙었고, 오늘날 '이올리스 도르사'의 능선에서 움직이는 유일한 존재는 바람뿐이다. 오랫동안 거세게 불어닥친 바람은 강의 모습을 바꿔놓았다. 바람이 수로 주위의 물질을 죄다 쓸어가 지형이 '반전'된 것이다. 현재 유령처럼 흔적만 남은 이 강은 주변 지형보다 높게 솟아올라 능선을 이루고 있다.

화성 지도들은 세월의 흐름에 따른 변화상을 보여주며, 생명의 발흥과 쇠퇴에 대해서도 말해주는 듯하다. 이 지도 제작에 참여한 노던애리조나대학의 데본 버(Devon Burr) 박사는 우리가 화성 스토리에서 교훈을 얻을 필요가 있다고 말한다. 기후변화가 세상을 어떻게 급격히 바꿔놓을 수 있는지 화성의 사례를 통해 알 수 있기 때문이다. 버 박사의 설명을 들어보자. "화성의 변천사를 파악하는 작업은 행성 전체의 기후변화가 갖는 중대성을 인식하는 데 도움이 될 것이다."

언젠가는 화성 전체가 지구처럼 매우 상세하게 지도로 구현될 것이다. 현재로서는 몇몇 지역만 밝혀졌을 뿐이다. 이전에 확보했던 지도들에서 눈에 띄는 특징 중 하나는 극지방을 덮고 있는 빙원이었다. 이 빙원은 1672년 네덜란드의 천문학자 크리

바이킹 궤도우주선Viking Orbiter Spacecrafts의 조사에 기반한 화성의 북극

스티안 하위헌스(Christiaan Huygens)가 처음 발견했으며, 계절에 따라 크기가 달라진다.

옆의 지도는 우리가 직접 그린 화성 북극의 빙원이며, 얼음은 하얀색으로 표시되어 있다. 과거 한동안은 극지방의 얼음이 모두 얼어붙은 이산화탄소라고 간주되었다. 이로써 얼음을 녹여 물로 만들고 화성을 인간이 거주할 수 있는 행성으로 만들려던 꿈은 산산이 부서지고 말았다. 그런데 2022년 과학자들이 레이더를 이용해 화성 표면 아래에 대량의 물이 있을 수도 있다는 것을 알아냈다. 케임브리지대학의 닐 아널드(Neil Arnold) 교수는 이렇게 말한다. "레이더로 탐지한 데이터에 따르면 화성에서 적어도 한 군데는 빙하 밑에 액체 상태의 물이 존재할 가능성이 굉장히 높다. 빙원 아래에 액체 상태의 물이 존재한다는 것은 곧 지열 활동이 지속되고 있다는 의미다."

화성에는 물이 있고 열이 있다. 화성에 인간이 거주할 공간을 만들겠다는 비전이 다시 논의 테이블에 오르고 있다. 하지만 또 다른 것도 상기할 필요가 있다. 올림푸스산 말이다. 이 산은 어쩌면 화산 활동을 완전히 멈춘 게 아니라 휴면 상태일 수도 있다. 화성의 식민지화는 가능할 수도 있다. 하지만 정착은 평온하지 않을 것이다. 화성에 살게 될 미래의 거주자들은 멀찍이 보이는 높게 솟아오른 거대한 산을 늘 예의주시해야 할 테니 말이다.

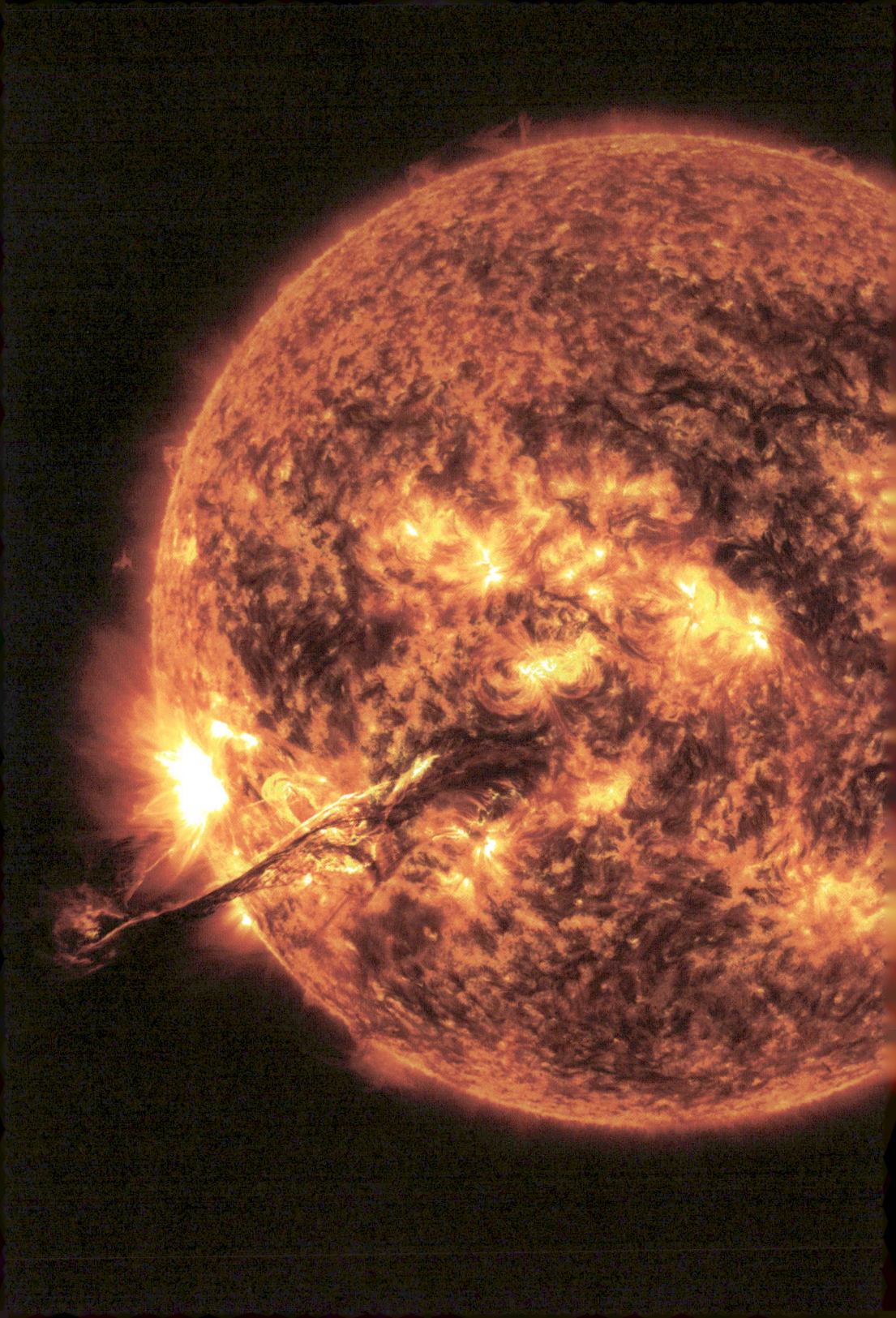

Map 38

태양을 가로지르는 여행

태양의 플레어와 코로나질량방출, 2012년

우리는 섭씨 5,700도의 태양 위에 서 있다. 균열과 흠집이 빽빽한 황금빛 평원이 사방에 끝없이 펼쳐져 있고 지평선마다 은빛 하늘로 치솟는 하얀색 빛기둥이 보인다. 위로 솟은 불꽃은 춤을 추고, 고원은 펄펄 끓는다. 이것은 실제 풍경이다. 태양은 연기나 증기 또는 잠깐 튀는 불꽃이 아니다. 태양에도 지형과 기상 상태 및 지리적 요소가 있다.

계속 이동하며 여행해보자. 탐험할 게 많거니와 오늘은 특히 멋진 풍경이 예정되어 있다. 남서쪽으로 내려가면 세상을 뒤흔들 만한 엄청난 폭발을 만나볼 수 있다. 한 번도 쉬지 않고 계속 걸어서 태양을 한 바퀴 돌려면 약 100년은 걸릴 테니, 상상력을 동원하는 게 훨씬 빠를 것이다. 우리가 기대하는 게 현란한 불꽃놀이고 시간이 별로 없다면, 태양의 활동이 적은 영역은 건너뛰는 게 좋을 수도 있다. 태양이 상대적으로 활동이 적은 상태를 '조용한 태양(Quiet Sun)'이라고 하는데, 여기에는 이유가 있다. 태양의 흑점이나 코로나질량방출(coronal mass ejection), 또는 공중으로 튀어 오르는 불의 고리를 거의 볼 수 없기 때문이다.

'조용한 태양'은 사진상으로 우리에게 덜 친숙한 태양의 표면을 볼 수 있는 최고의 기회를 제공해준다. 우리는 태양의 비교적 조용한 영역을 관찰함으로써 그 표면에 있는 '쌀알무늬(Granules)' 구조를 자세히 알 수 있다. 아! '쌀알'이라는 단어가 오해를 부를 수도 있겠다. 여기서 말하는 쌀알 하나는 프랑스 국토 면적에 맞먹는 크기이고, 더 큰 경우도 많으며 약 400만 개나 있다. 태양에 얼룩덜룩한 반점이 보이는 이유가 바로 이 쌀알무늬 때문이다. 쌀알무늬는 태양의 대류 작용에 의한 것으로, 태양 내부에서 뜨거운 플라스마가 위로 올라오고 식은 플라즈마는 하강하면서 가장자리에 어두운 띠를 이루는 현상이다.

조용한 태양 영역을 벗어나면 곧이어 훨씬 더 거대한 구조가 보이기 시작한다. 태양 표면 위에서 호를 그리는 물질이다. 매일, 매 순간 태양의 풍경은 달라진다. 우리가 태양을 방문한 시점은 2012년 8월 31일이고, 이 지도는 끊임없이 극적인 활동을 이어가는 태양 표면의 한순간을 포착한 것이다. 지도의 왼쪽 하단을 보면 '코로나질량방출' 현상이 일어나고 있다. 초당 1,450킬로미터의 속도로 대량의 플라스마와 자기장을 우주 속으로 세차게 뿜어내는 모습이다.

태양의 활동은 지구에 있는 우리에게 영향을 미친다. 코로나질량방출 같은 현상은 지구의 밤하늘에 아름다운 오로라를 만들어낸다. 다채로운 색상을 뿜내는 오로라는 사실상 멋지게 치장한 무자비한 적이라고 할 수 있다. 지구의 자기장이 보호막 역할을 해주지 않는다면 태양의 이런 활동은 지구의 대기를 날려버리고 생명체의 생존 가능성을 종식시킬 것이다.

태양은 폭발과 방출로 초당 최대 200만 톤의 질량을 잃어버린다. 그래도 태양에는 거의 아무런 영향이 없다. 태양에게 200만 톤은 한 스푼 분량에 불과하기 때문이다. 태양은 태양계 전체 질량의 99.8%를 차지한다(나머지 행성과 위성의 질량은 모두 합쳐 0.2%밖에 되지 않는다).

여행하는 동안 귀마개를 단단히 하고 있도록 하자. 태양은 시끄럽다. 핵폭발의 폭풍이 끊임없이 몰아치는 탓에 태양은 태양계에서 소음이 가장 심하다. 이 소리는 우리 몸을 비롯해 모든 것을 구석구석 사정없이 뒤흔들어놓는다. 그리 유쾌한 상황도 아니고, 이제 곧 태양에서 가장 유명한 곳이 시야에 들어올 테니, 끔찍한 소음에 관한 이야기는 이쯤에서 접기로 하자.

태양 흑점들은 태양의 적도 부근에 몰려 있다. 흑점은 작고 어두운 반점으로, 지도로는 거의 구분할 수 없을 만큼 작다. 이 지도에서 우리가 볼 수 있는 것은, 흑점들 주변에서 타원형 실타래처럼 얽히고 솟구치는 흰색과 금색의 거대한 에너지 줄기들이다. 흑점 자체는 잠잠하고 비교적 온도가 낮으며, 극도로 뜨거운 활동 지대에 둘러싸여 있다. 또한 지구 자기장의 2,500배에 이르는 강력한 자기장을 띤다.

지도에 멋진 예시가 있다. 코로나질량방출 현상에서 오른쪽으로 이동해 지도 가운데쯤을 보면 여러 중심의 고리와 구멍들이 복잡하게 얽힌 밝은 지형이 있다. 주요 흑점들이 뱀처럼 꼬여 있고, 더 작은 흑점들과 연결되어 하나의 복합 구조를 이루는 모습이다. 우리는 지금 가상의 태양 여행 중이므로 흑점의 가장자리 너머, 그 깊은 내부까지 들여다볼 수 있다. 그것은 산이 아니라 태양 표면에 움푹 꺼져 있는 거대한 분지다. 얼마나 깊은지는 알 수 없지만, 만약 그 안으로 떨어진다면 꽤 오랫동안 추락하게 될 것이다.

미국의 해양대기청(National Oceanic and Atmospheric Administration)은 비교적 큰 흑점들에 명칭과 정보를 표기하고 번호를 부여하고 있으며, 흑점의 발생과 소멸을 꾸준히 기록해왔다. 흑점은 며칠에서 최대 몇 달간 지속되다 빠르게 소멸하며, 한 자리에 고정되어 있지 않고 태양 표면 위를 빠른 속도로 옮겨 다닌다. 흑점 무리는 태양의 자전에 따라 이리저리 자리가 바뀐다.

인류는 늘 태양을 관찰해왔고 앞으로도 그럴 것이다. 많은 문화권에는 태양의 움직임과 주기에 관한 역사적 기록이 있다. 흑점은 수천년 년간 관찰되고 기록되었다. 태양에도 지형이 있다는 생각은 새로운 것이 아니다. 태양은 단순히 하늘에 떠 있는 불덩어리가 아니라 밝혀내야 할 것이 많은 대상이라는 개념을 인류는 오래전부터 본능적으로 인식하고 있었다.

시리아의 풍자 작가 사모사타의 루시안(Lucian of Samosata)이 서기 2세기에 집필한 초창기 공상과학 소설은 태양과 달의 거주민 사이에 벌어진 전쟁에 관한 이야기다. 목가적인 풍경의 지구 위에서 빛을 발하며 세상을 굽어살피는 다정한 태양의 자세한 지도를 담은 1683년판 프랑스의 판화(옆의 사진)도 있다. 태양은 우리 세상의 밝은 버전이라는 허황된 희망이 반영된 그림으로, 태양은 지구와 퍽 닮은꼴이지만 더 화려하고 장엄한 모습이다. 오늘날 우리는 오랫동안 의구심을 품었던 몇 가지 사실, 즉 태양은 친절하지도 잔인하지도 않다는 점을 잘 알고 있다. 태양은 지구와 전혀 다른 천체이며, 가까이 다가갈수록 우리 상상력은 더욱 심하게 뒤흔들릴 것이다.

상상으로 그려낸 태양의 풍경, 알레인 마네슨 몰렛Allain Manesson Mallet, 1683년

다음 페이지 사진: 오로라. 태양의 활동은 지구에 영향을 미친다.

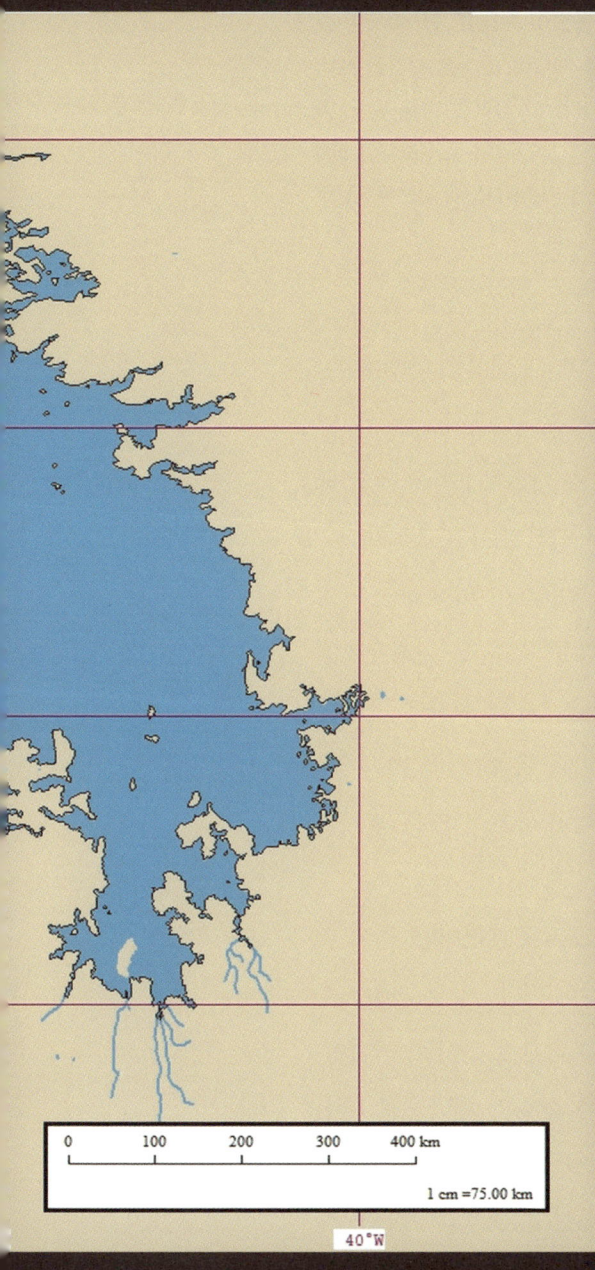

Map 39
토성의 위성
타이탄의 호수
리게이아 마레, 타이탄, 2008년

호숫가로 산책을 나가볼까? 바위 사이로 개울물이 흐르고, 만(灣)에는 크고 작은 섬들이 흩어져 있다. 배에 올라 노를 저으며 즐거운 시간을 보내볼까? 탐험할 것이 아주 많기도 하거니와, 바람이 잠잠한 다른 날도 있으니 일단 보류하기로 하자. 이곳은 지구상의 슈피리어 호수보다 1.5배 큰 거대한 호수 리게이아 마레(Ligeia Mare)의 기슭이고, 우리는 지금 토성의 가장 큰 위성인 타이탄에 있다.

리게이아 마레의 해안선은 톱니 모양이며, 그 길이는 약 2,000킬로미터다. 액체에 의해 형성된 지형은 지구 어디에서나 볼 수 있지만, 의외로 이곳 타이탄에서도 흔한 풍경이다. 타이탄에도 해안과 계곡, 강어귀와 하구가 있다. 모두 익히 보아온 것들이다.

이 호수에 작은 배를 띄우기에 앞서 '리게이아 마레'라는 명칭을 상기해보자. '마레'는 라틴어로 바다를 뜻하고, '리게이아'에는 경고의 의미가 담겨 있다. 리게이아는 그리스신화에 나오는 바다의 님프 '세이렌' 중 하나로, 뱃사람을 유혹해 죽음에 이르게 하는 마력을 지니고 있다. 어쩌면 이곳의 모든 것은 겉보기와 다를지도 모른다.

가볍게 찰랑이는 파도는 물이 아니라 액체 메탄이다. 물에 발가락을 넣는 즉시 얼어붙어 떨어져나갈 것이다. 이 호수의 온도는 영하 180도다. 이곳은 냉각제로 이루어진 호수이고, 최대 수심은 200미터 정도에 이른다. 타이탄은 질소와 메탄으로 구성된 황금빛 두터운 대기에 둘러싸여 있으며, 강과 호수를 비롯해 구름과 강우 현상 등 완벽한 '물순환(hydrological cycle)' 체계를 갖추고 있다. 다만, 이 순환 과정에 물은 한 방울도 없다.

타이탄의 표면을 찍은 최근 사진들은 리게이아 마레의 일부 섬들이 보이는 것과 다를 수도 있음을 시사한다. 최근 사진에서 260제곱킬로미터 크기의 섬이 솟아올랐다가 가라앉는 모습이 포착되었다. 이른바 '마법의 섬(Magic Island)'이라는 별칭의 이 섬은 어쩌면 얼음으로 이루어져서 얼었다 녹았다를 거듭하는지도 모른다. 혹은 전혀 다른, 상상 이상의 현상일 수도 있다. 여기에는 풀어야 할 문제가 많다. 당분간 리게이아 마레는 비밀에 싸여 있을 것이다.

태양계에는 약 150개의 위성이 있다. 그중에서도 타이탄은 특별하다. 이곳은 지구와 가장 유사한 천체로 알려져 있다. 타이탄을 내 집처럼 편안한 본거지로 삼으려는 열망도 강한 편이다. 타이탄의 화학적 조합은 인체에 유해하지만 잠재적 에너지원 측면에서는 주목할 만하다. 리게이아 마레는 메탄이 가득한 거대한 호수다. 메탄은 가연성 연료다. 게다가 리게이아 마레는 타이탄 전체에서 극히 일부에 불과하다. 타이탄에는 탄화수소로 된 거대한 언덕도 있다. 타이탄을 연구하는 과학자 중 한 명인 랄프 로렌츠(Ralph Lorenz)에 따르면, 타이탄은 "탄소 성분 물질로 온통 뒤덮여 있다. 유기 화학물의 거대한 공장인 셈이다." 타이탄에는 지구보다 가연성 연료가 훨씬 풍부하고, 그런 까닭에 일부 전문가들은 인류의 미래 정착지로 타이탄을 선두에 올리기도 한다.

이 정도 에너지 매장량이면 거의 무한정으로 전력을 생산할 수 있을 것이다. 대기 중에 풍부한 질소도 비료 생산 등에 유용할 것이다(질소는 비료의 주성분이다). 타이탄을 뒤덮은 얼음 아래 깊은 곳에는 비장의 카드도 있다. 타이탄의 표면에서는 물을 찾아내지 못했지만 그 지하에는 지구상의 모든 해양을 합친 것보다 몇 배 더 큰 거대한 바다가 있다고 여겨진다.

오래전부터 인류의 화성 정착을 주장해온 항공우주공학자 로버트 주브린(Robert Zubrin)은 타이탄의 열렬한 팬이다. 그는 "어떤 측면에서는 타이탄이 태양계 내에서 인간이 정착하기에 가장 적합한 외계 세계일 수 있다"라고 말한다.

지구에서 타이탄으로 이주한 사람들은 두터운 대기가 묵직하게 느껴질 것이다. 대기 전체가 구름과 가스에 휩싸여 있는 상태라 대기압이 지구보다 약 60% 높을 테니 말이다. 그렇다고 해서 타이탄에서의 삶이 느린 속도로 흘러갈 것이라고 단정할 수는 없다. 타이탄은 대기압이 높지만 크기가 작은 천체이기 때문에 중력은 약하다. 이처럼 높은 대기 밀도와 낮은 표면중력이 결합된 독특한 환경에서는 지구보다 훨씬 수월하게 이동할 수 있을 것으로 보인다. 주브린은 기술의 이상향을 담은 논문 〈우주에 진입하기: 우주여행의 문명 만들기(Entering Space: Creating a Spacefaring Civilization)〉에서, 타이탄에서는 누구든 한 쌍의 날개를 달고 표면을 가로질러 날아다닐 수도 있다고 주장한다.

'타이탄에 간 인간(Humans to Titan)'이라는 웹사이트에는 이런 글도 올라와 있다. "행글라이더에 타서 오리발을 끼고 발차기를 하는 정도의 동력만으로도 쉽게 날아올라 자유롭게 돌아다닐 수 있을 것이다. 혹은 인공 날개만 펄럭여도 공중에 뜰 수 있을 것이다. 걷는 것보다는 그게 더 편할 것이다."

그렇다고 타이탄에서 쓸 오리발을 미리 주문하지는 말자. 문제가 있다. 타이탄은 약 12억 킬로미터나 떨어져 있다. 그곳에 이르는 데는 수년이 걸릴 것이다. 막상 도착했다고 쳐도, 2005년 타이탄 표면에 투하된 나사(NASA)의 작은 탐사선 '하위헌스'에서 전송한 최초의 사진들과 크게 다른 모습에 아쉬움이 들 수도 있다. 아래 사진은 하위헌스가 하강하면서 상공 16.2킬로미터에서 찍은 것으로, 언덕을 가로질러 해안으로 향하는 구불구불한 물길이 보인다.

앞으로 몇십 년 내에 추진될 가장 기대되는 우주탐사 중 하나는 타이탄을 다시 찾아가는 것이다. 나사의 드래곤플라이(Dragonfly) 우주선이 2028년에 발사되어 6년 후인 2034년 타이탄에 도착할 예정이다. 타이탄 표면에 비행 가능한 로봇 차량을 내려보낼 계획인데, 이 로봇은 시속 약 36킬로미터의 속도로 이동할 수 있으며 최대 4킬로미터까지 날아오를 수 있다. 드래곤플라이 미션의 목표 중 하나는 인류 정착의 가능성을 조사하는 것이다. 또한 탄화수소에 기반한 생명체의 흔적을 찾아서 생명의 존재 가능성도 확인할 계획이다.

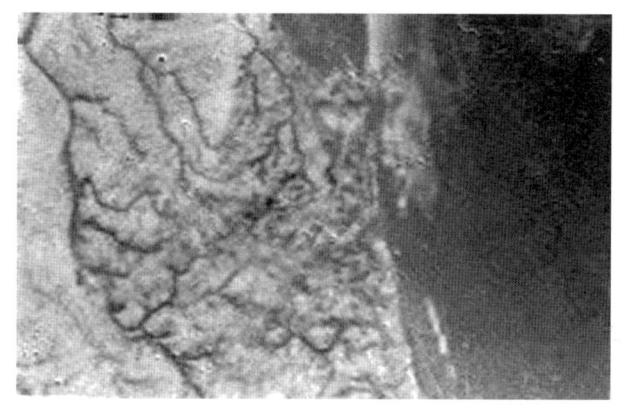

타이탄의 표면 사진에서 물길이 보인다. 2005년

드래곤플라이는 생명과학과 우주탐사가 융합된 '우주생물학(astrobiology)'에 중점을 둔 새로운 유형의 우주 미션이다. 무엇을 찾아내게 될까? 2034년 어느 날 아침 눈을 떠보면 알게 될 것이다.

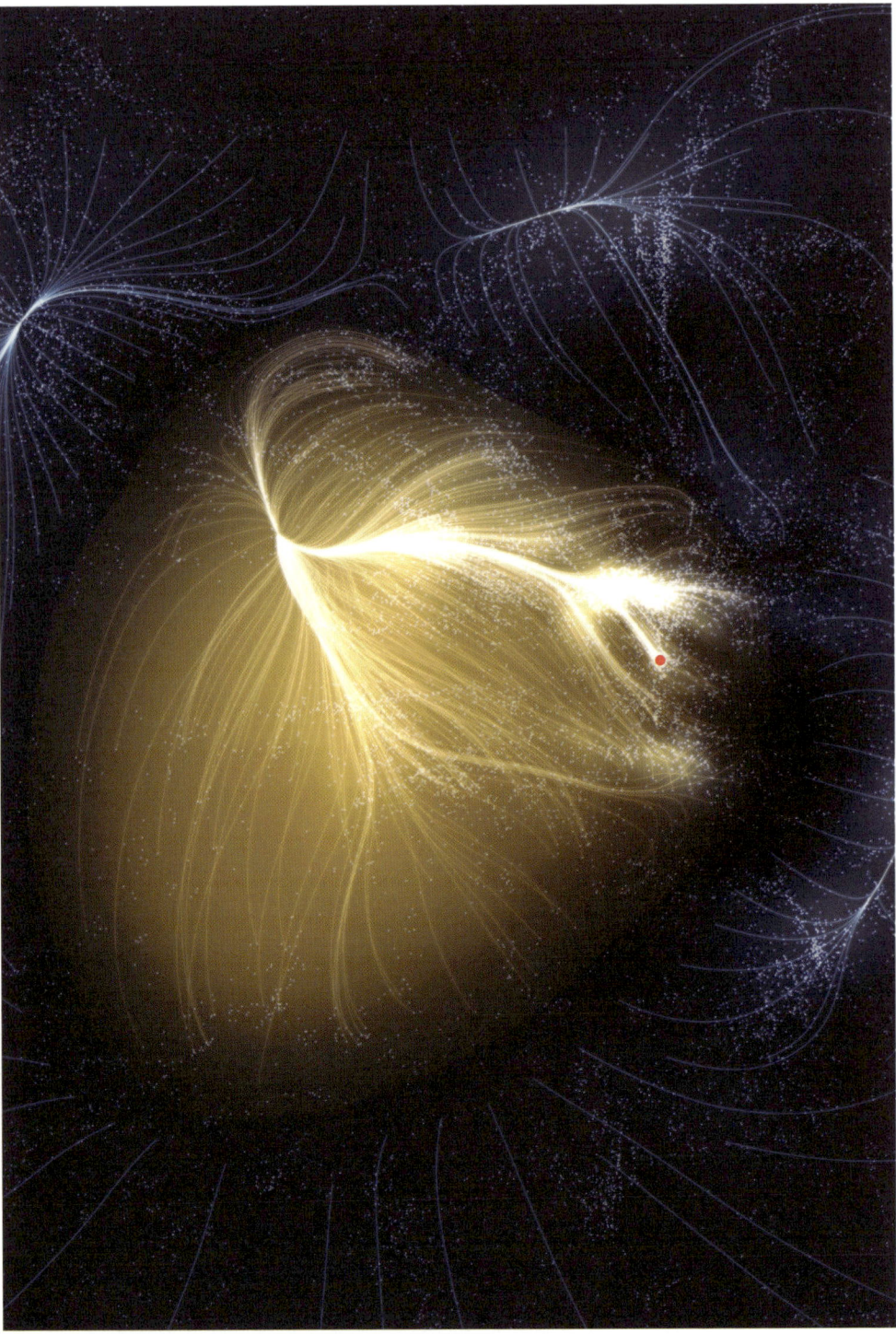

Map 40
우리가 거주하는 새로운 공간: 라니아케아 초은하단

작은 붉은 점으로 표시된 지점에 우리은하가 있다

우리가 집이라 부를 수 있는 새로운 공간이 있다. '측량할 수 없는 하늘'이라는 뜻의 하와이어 '라니아케아(Laniakea)'라는 이름을 가진 곳이다. 지도의 빨간색 점 아래에는 우리의 은하수를 포함한 수많은 은하가 있다. 다시 한번 살펴보고 잠시 멈췄다가 힘껏 뛰어올라보자.

하와이대학 천문학 연구팀이 제작한 이 지도는 중력에 이끌려 움직이는 은하들의 이동 경로를 나타낸 것이다. 크기가 얼마나 될까? 이 질문에 답하려면 먼저 1광년의 개념을 알아야 한다. 1광년은 빛이 1년 동안 이동하는 거리로, 약 9.46조 킬로미터다. 라니아케아 초은하단은 지름이 약 5.2억 광년에 달한다.

 태양계가 훨씬 더 거대한 무언가의 일부라는 사실은 오래전부터 알려져 있었다. 마침내 밝혀진 바에 의하면, 태양과 그 주위를 도는 행성 주변에는 수많은 다른 행성계가 있고, 이들이 모두 모여서 하나의 필라멘트 구조를 이룬다. 이러한 필라멘트는 '은하수'라는 나선형 은하의 팔을 구성하는데, 여기에만 수천억 개의 항성과 그보다 훨씬 더 많은 행성이 존재한다.

 천문학자들은 우리가 속한 은하수 너머에도 은하들이 존재한다는 것을 알고 있었다. 하지만 이 은하들은 빅뱅 이후 흩어져 우주 공간을 무작위로 날아다니는 고립된 거대 구조물이라고 여겨졌다. 이는 잘못된 생각이었다. 은하는 우주에서 가장 큰 구조물이 아니다. 라니아케아 같은 더 큰 구조의 일부에 불과하다. 우주 속 우리의 위치를 파악하려면 이러한 거대 구조의 명칭을 알고 그것과 우리와의 관계를 이해할 필요가 있다.

우주에는 은하가 있고, 그 은하들이 모여 은하단을 이루며, 그보다 더 큰 규모로 초은하단이 존재한다. 라니아케아가 바로 초은하단이다. 10만~15만 개의 은하가 속해 있으며 그중 하나가 우리가 살고 있는 우리은하다. 우리가 자리한 위치, 즉 빨간색 점이 있는 밝은 줄기는 '처녀자리 은하단'이라 불린다.

우주에는 구조가 있다. 팽창력과 중력이라는 두 가지 커다란 힘이 은하들을 당기고 엮어 움직임과 질감을 지닌 강의 형태를 만들어낸다. 이 구조가 강 혹은 물줄기를 닮았다는 비유는 단순한 시적 표현이 아니다. 이 지도를 만든 과학자들은 초은하단이 '분수계'를 형성한다고 말한다. 은하들이 중력에 이끌려 어느 한 방향으로, 하나의 은하단으로 흘러 들어간다는 것이다. 마치 계곡으로 모여든 강수가 중력에 이끌려 바다로 향하는 것처럼 말이다.

예를 들어 옆의 사진 속 해변처럼, 어떤 해변에서든 우리는 라니아케아와 비슷한 구조를 발견할 수 있다. 작은 모래알 사이로 가느다란 물줄기가 갈라지는 형태를 보라. 손목의 혈관, 나뭇잎의 잎맥, 나뭇가지가 뻗어나가는 모습 속에서도 유사한 구조를 볼 수 있다. 이 흐름의 패턴은 우주 전역에서 반복적으로 나타난다. 그래서인지 라니아케아의 형태가 낯설지 않고 자연스럽고 아름답게 느껴진다.

해변의 모래사장 위에 새겨진 라니아케아

실처럼 엮이고 꼬이는 이런 움직임들은

지도를 구성하는 하나의 요소이기도 하며, 우주과학자들은 단순히 우주를 나타내기 위해서가 아니라 우주를 이해하기 위해 지도를 활용한다. 라니아케아 구조를 모델링한 하와이대학 연구팀 소속 엘렌 쿠르투아(Hélène Courtois)는 자신을 '코스모그래퍼(cosmo-grapher)', 즉 관측 가능한 우주의 거대 구조를 그려내는 지도 제작자라고 부른다.

라니아케아는 고밀도의 여러 구역으로 이루어져 있다. 우리가 속한 처녀자리 외에도 라니아케아에는 주목할 만한 중요한 지점이 있다. 지도 중앙쯤의 Y자 형태로 갈라지는 부분이다. '히드라-센타우루스 초은하단(Hydra-Centaurus Supercluster)'이 위치한 곳으로, 여기에는 의미심장한 또 다른 명칭이 있다. 바로 '거대 인력체(Great Attractor)'다. 라니아케아의 모든 구조물은 중력에 의해 빠른 속도로 이곳을 향해 이끌려가고 있다. 라니아케아는 강의 형태로 분수계를 이루고 있지만, 동시에 스스로 안으로 말려들면서 거대 인력체라는 구멍 속으로 빨려 들어가고 있다.

라니아케아 지도를 통해 은하수가 초당 600킬로미터의 빠른 속도로 이동하는 이유도 어느 정도 가늠해볼 수 있다. 은하수는 라니아케아에 속한 다른 은하들과 함께 중력에 이끌리며, 이들 모두가 거대 인력체로 흘러 들어가고 있기 때문이다.

중력은 라니아케아를 안쪽으로 잡아당겨 응축시킨다. 이와 동시에 우주를 바깥쪽으로 계속 밀어내는 팽창력은 라니아케아를 분산시킨다. 이 새로운 '주소', 즉 우리가 속한 이 거대한 구조물은 안정된 것도, 견고히 결합된 것도 아닌, 일시적 존재다. 거대 인력체는 무한히 강력하지 않으며, 라니아케아는 언젠가 해체될 것이고, 결국 우리은하도 가깝게 지내던 이웃 은하들과 떨어져 서로 무관한 상태로 회전하게 될 것이다. 태양계는 물론 지구상에 남은 마지막 분자 하나까지 예외는 없다. 하와이 연구팀은 이 점을 분명히 밝힌다. '모든 것은 결국 무너진다. 중심의 결속력은 영원히 지속될 수 없다.' 하와이 연구팀의 기록에 의하면, 라니아케아는 하나의 강이자 일정한 구조를 지닌 흐름이지만, '이러한 대규모 움직임도 단지 일시적인 교란일 뿐이며, 은하단과 은하군의 바로 인근을 제외한 거의 모든 은하들은 결국 서로 멀어지고 있다.'

여기에 더해 또 하나의 요인이 상황을 더욱 복잡하게 만든다. 라니아케아 자체도 '섀플리 초은하단'이라는 훨씬 더 큰 초은하단 쪽으로 끌려가고 있다는 사실이다. 섀플리는 약 5,000만조 태양질량에 해당하는 거대한 질량을 가진 구조로, 지구에서 약 5억 광년 떨어져 있다.

그렇다면 결국 아무것도 붙잡아둘 수 없단 말인가? 나도, 라니아케아도, 모두 산산이 흩어져 사라지고 마는 것일까? 라니아케아의 평범한 주민으로서 우주의 내 몫에 잠시나마 만족하려던 참인데, 심란해진다. 이제 막 익숙해졌다고 생각한 순간, "모든 걸 잊어. 우주라는 큰 틀에서 보면 너는 아무것도 아니야. 라니아케아조차 결국은 먼지일 뿐이야"라는 말을 들은 셈이다. 늘 들었던 말이고 그 말은 항상 옳았다. 모든 흐름과 갈래는 결국 더 크고 강력한 흐름에 이끌리게 마련이다.

참고자료

Map 1
James Mellaart, 'Excavations at Çatal Hüyük, 1963, Third Preliminary Report', Anatolian Studies, 14, 1964.
Ali Umut Türkcan, cited in 'New Neighborhood Found in ÇatalHüyük', Hürriyet Daily News, July 15, 2021.

Map 2
Yu the Great, cited by J.G. Cheock, China: Myth or Histroy?, 2017.
Joseph Needham, Science and Civilisation in China: Volume 3: Mathematics and the Sciences of the Heavens and the Earth, 1959.

Map 3
William Camden, 'Essex', A Vision of Britain Through Time', visionofbritain.org.uk
Jim Crumely, The Great Wood: The Ancient Forest Wood, 2014.

Map 4
The Economist, 'China beat Columbus to it, perhaps', Jan 12, 2006.
Translations and citations from 1418 map: Mo Yi Tong, 'Chinese 1418 Map', undated, available atmyoldmaps.com/late-medieval-maps-1300/2363-1418.pdf
Philip Snow, The Star Raft: China's Encounter with Africa, 1988.
Geoff Wade, 'The "Liu/Menzies" World Map: A Critique', e-Perimetron, 2, 4, 2007.

Map 5
Tarih-i Hindi-i Garbî as a Manifestation and as a Mirror', 2016, available atacademia.e여
See also: Thomas D. Goodrich, The Ottoman Turks and the New World: A Study of Tarih-i Hind-i Garbi and Sixteenth-century Ottoman Americana, 1990.

Map 6
Barbara E. Mundy, 'Mesoamerican Cartography', in David Woodward and G. Malcolm Lewis (Eds) The History of Cartography, 2, 3: Cartography in the Traditional African, American, Arctic, Australian, and Pacific Societies, 1998.
For refereces to descriptions of indigenous maps from Herman Cortes and

Bernal Diaz del Castillo see: Mundy, 'Mesoamerican Cartography'.

Map 7
Citations from maps: Elke Papelitzky, 'A Description and Analysis of the Japanese World Map Bankoku sōzu in Its Version of 1671 and Some Thoughts on the Sources of the Original Bankoku sōzu', Journal of Asian History 48, 1, 2014.
See also: Kazuta Kaummo 'Cartography in Japan', in J.B. Harley and David Woodward (Eds), The History of Cartography, 2, 2: Cartography in the Traditional East and Southeast Asian Societies, 1994.

Map 8
Ben Finney, 'Nautical Cartography and Traditional Navigation in Oceania', in David Woodward and G. Malcolm Lewis(Eds) The History of Cartography, 2, 3: Cartography in the Traditional African, American, Arctic, Australian, and pacific Societies, 1998.
See also: Cynthia Smith, 'The Unique Seafaring Charts of the Marshall Islands', Library of Congress, 2021, blogs.loc.gov/maps/2021/11/the-unique-seafaring-charts-of-the-marshall-islands/

Map 9
Richard Carnac Temple, The Thirty-Seven Nats: A Phase of Spirit Worship Prevailing in Burma, 1906.
See also: Frank Jacobs, 'Our Alien World: A Burmese Spirit Map', December 3, 2015, Big Think, bigthink.com/strange-maps/a-burmese-map-of-the-world/

Map 10
Nikolaj Jesper Cyon, 'ALKEBU-LAN 1260 AH', cyon.se/#/alkebulan-1260-ah/

Map 11
1863 imperial decree, cited by Alastair Bonnett, 'Russia's colonial legacy and the war in Ukraine', Geographical, March 16, 2022, geographical.co.uk/news/russias-colonial-legacy-and-the-war-in-ukraine.
See also: G. Patrick March, Eastern Destiny: Russia in Asia and the North Pacific, 1996.

Map 12
For further reading see: Sudie Doggett Wike, German
Footprints in America: Four Centuries of Immigration and Clutural Influence, 2022.
American Community Survey, 2022, see: United States Census, 'People Reporting Ancestry', data.census.gov/table/ACSDT1Y2022.

B04006?q=ancestry.

Map 13

Byron Mallott cited in PBS, 'Native Land Claims in Alaska', undated, PBS, pbs.org/wgbh/americanexperience/features/pipeline-native-land-claims-alaska/#:~:text=The%20state%20and%20federal%20governments,to%20remove%20this%20potential%20roadblock.%22

Patricia Cochran, cited by Mary Robinson, Climate Justice: Hope, Resilience, and the Fight for a Sustainable Future, 2018

Alaska Federation of Natives convention: see Alex DeMarban 'AFN Declares 'State of Emergency' for Climate Change', Anchorage Daily News, October 20, 2019.

Map 14

Jim Morrison, 'The "Great Green Wall" Din't Stop Desertification, but it Evolved into Something That Might', Smithsonian Magazine, August 23, 2016.

Nigerian Government, 'GGW Nigeria, NAGGW Signs MoU with Groasis B.V And Boplas Industry Limited to Establish Waterboxx Production Line in Nigeria', National Agency for the Great Green Wall, April 19, 2023, ggwnigeria.gov.ng/naggw-signs-mou-with-groasis-b-v-and-boplas-industry-limited-testablish-waterboxx-production-line-in-nigeria/

Map 15

Hao Xiaoguang, cited by China News Agency, 'Looking at the World Horizontally and Vertically, What's the Big Difference? Interview with Hao Xiaoguang, the Compiler of the Vertical World Map', tellerreport.com, April 14, 2021, tellerreport.com/life/2021-04-14-looking-at-the-world-horizontally-and vertically-what-s-the-big-difference-%E2%80%94%E2%80%94interview-with-hao-xiaoguang—the-compiler-of the-vertical-world-map.rJVIEj2E8d.html

Manny Mori, cited be Harry Kazianis, 'China Tricked a Yale Conference To Believe It Claimed the Entire Pacific Ocean', The National Interest, March 14, 2021, nationalinterest.org/blog/reboot/china-tricked-yale-conference-believe-it-claimed-entire-pacific-ocean-180202

Artic ice cover loss, see: National Snow and Ice Data Center, 'Arctic, low. Antarctic, whoa', July, 2023, nsidc.org/arcticseaicenews/2023/07/

Map 16

John Davis, cited by David Day, Antartica, 2019.

Arlie Mctarthy, 'Antarctica's unique ecosystem is threatened by invasive species "hitchhiking' on ships", The Conversation, January 11, 2022.

See also: McCarthy, A.H., Peck, L.S., & Aldrigde, D.C. 'Ship traffic connects Antarctica's fragile coasts to worldwide ecosystems' PNAS, January 2022.

David Aldridge, cited gy St Catherine's College, 'Invasive Species "Hitchhiking" on Ships Threaten Antarctica's Ecosystems, Tuesday 11 January 11, 2022, caths.cam.ac.uk/hitchhiking

Leyla Cardenas, cited in La Prensa Latina, 'Study: Mussels Could Invade Antarctica, Severely Threaten its Biodiversity', March 31, 2020, La Prensa Latina, laprensalatina.com/study-mussels-could-invade-antarctica-severely-threaten-its-biodiversity/#:~:text=A%20mussel%20settlement%20had%20never,and%20rapidly%20dominate%20their%20surroundings.%E2%80%9D

Map 17

For Further reading see: Martha Lawrence, Richard Bullock, and Ziming Liu, China's High-Speed Rail Development, 2019.

Map 18

Tomoyuki Tanaka, cited in 'Tomoyuki Tanaka-Japan's Major Landmarks Drawn as if Seen by X-ray' Wepresent, September 14, 2016, wepresent.wetransfer.com/stories.tomoyuki-tanaka-on-x-ray-vision-and-shinjuku-station

Map 19

Barrett Lyon, cited by Jack Linshi, 'See What the Internet Actually Looks Like', Time, July 13, 2015, time.com/3952373/internet-opte-project/
and By Lily Hay Newman, 'A Trippy Visualization Charts the Internet's Growth Since 1997', Wired, February 21, 2021, wired.com/story/opte-internet-map-visualization

Map 20

For further reading see: Greg Bensinger, 'Google Redraw the Borders on Maps Depending on Web's Looking', Washington Post, February 14, 2020.

Map 21

Andrea Gorrini, Dante Presicce, Rawad Choubassi, and Ipek Nese Sener, 'Assessing the Level of Walkability for Women using GIS and Location-based Open Data: Tha Case of New York City', Findings, 2021.

Map 22

Fausto Rodriguez-Manzo, et al. 'Towards an Acoustic Categrization of Urban Areas in Mexico City', INTER-NOISE and NOISE-CON Congress and Conference Proceedings, 253, 1, 2016.

World Bank air pollution statistic, see: Copenhagen Consensus, 'Mexico Persperctive: Air Pollution', 2023, copenhagenconsensus.com/publicaiton/mexico-perspective-air-pollution

Bruiparif, cited by Giovanna Coi and Aitor Hernandez-Morales, 'Europe Struggles to Turn Down Volume on Deadly Traffic Noise', Politico, September 7, 2022, politico.eu/article/eu-france-paris-european-green-deal-noise-pollution-in-cities-sounds-like-a-problem/

See also: bruitparif.fr/

University of Michigan study: Richard Neitzel, et al. 'Exposures to Transit and Other Sources of Noise among New York City Residents', Environmental Science and Technology, 46, 1, 2012.

UK Health Security Agency, 'Noise Pollution: Mapping the Health Impacts of Transportation Noise in England', June 29, 2023, ukhsa.blog.gov.uk/2023/06/29/noise-pollution-mapping-the-health-impacts-of-transportation-noise-in-england/

European Environment Agency, 'Noise Pollution is a Major Problem, Both for Human Health and the Environment', May 11, 2021, eea.europa.eu/articles/noise-pollution-is-a-major#:~:text=Looking%2015%20the%20current%20data,suffer%20chronic%20high%20sleep%20disturbance.

Map 23

Kate Mclean, citations from website: sensorymaps.com/

Kate Mclean, cited by Frank Jacobs, 'A Map of the Smells of Newport, Rhode Island', Big Think, January 8, 2014, bigthink.com/strange-maps/638-nil-the-nose-knows-an-olfactory-map-of-newport-ri/

Kyiv smellscape, see also: Kate Mclean, 'Polyrhythmia of the smellwalk: Mapping multi-scalar temporalities', undated, available at: repository.canterbury.ac.uk/download/83c25371016140a06b884392456ea78b7d-3f9a8c7e3949df635ce98a6d84/16313311/Mapping_Wmellwalking_Mclean_EDI_2017_edited.pdf

University of California study: Jess Porter, et al., 'Mechanisms of Scent-tracking in Humans', Nature Neuroscience, 10, 1, 2007.

Map 24

Madeleine De Scudéry, Les femmes illustres, ou les harangues heroïques de Monsieur de Scudéry, 1642.

Madeleine De Scudéry, Clélie, and Excellent Romance: The Whole Work in Five Parts, 1678.

See also: Madeleine D Scudéry, The Story of Sapho, 2003.

Map 25

Jeremy Wood, cited in 'Interview with Jeremy Wood', GPS Maps, gpsdawing.

com/maps.html and 'Interveiw with Jeremy Wood', LEA Interview, 2011, chrome-extension://efaidnbmnnnibpcajpcajpcglclefindmkaj/leoalmanac.org/wp-content/uploads/2011/07/wood.pdf
W.G. Sebald, The Rings of Saturn, 1998.
Ian Sinclair, London Orbital, 2002.

Map 26
Estimates on computer memory space, time needed for counting connections manually and quotes from Alex Shapson-Coe, see: Jason Dorrier, 'Google and Harvard Unveil the Largest High-Resolution Map of the Brain Yet', Singularity Hub, June 6, 2021, singularityhub.com/2021/06/06/google-and-harvard-unveil-the-largest-high-resolution-map-of-the-brain-yet/
Jeff Lichtman, cited by Tom Metcalfe, 'This is Your Brain, in Glorious Color', NBC, June 15, 2021, nbcnews.com/science/science-news/brain-glorious-color-rcna1192
See also: Neuroglancer, microns-explorer.org/visualization

Map 27
Fernando Wario et al., 'Automatic Detection and Decoding of Honey Vee Waggle Dances', PLoS ONE 12, 13, 2017.
Matthew Hasenjager, cited in 'Bees Prioritise their Unique Waggle Dance to Find Flowers', Royal Holloway, February 7, 2020, royalholloway.ac.uk/research-and-teaching/departments-and-schools/biological-sciences/news/bees-prioritise-their-unique-waggle-dance-to-find-flowers/
Karl von Frisch, The Dance Language and Orientation of Bees, 1967. (Translation of Tanzsprache und Orientierung der Bienen, 1965.)

Map 28
Kevin Beiler, et al., 'Architecture of the Wood-wide web:Rhizopogon Spp. Genets Link Multiple Douglas-fir Cohorts', New Phytologist, 185, 2010.
Dave Hansford, 'The Wood WIde Web', New Zealand Geographic, 2017, nzgeo.com/stories/the-wood-wide-web/
Yuan Yuan Song, et al., 'Defoliation of Interior Douglas-fir Elicits Carbon Transfer and Stress Signalling to Ponderosa Pine Neighbors through Ectomycorrhizal Networks', Sci Rep, 5, 8495, 2015.
Suzanne Simard and Marigold study cited by Dave Hansford, 'The Wood Wide Web'.

Map 29
Jeroen Tromp, cited by Catherine Zandonella, 'Frontier Beneath our Feet: Seismic Study Aims to Map Earth's Interior in 3-D', March 12, 2015, Princeton

University, Princeton.edu/news/2015/03/12/frontier-beneath-our-feet-seismic-study-aims-map-earths-interior-3-d

Map 30
Eric Hinds, 'A New Year, a New geoid-OSTN15', Landform Surveys, January 23, 2023, landform-surveys.co.uk/news/general-updates/new-year-new-geoid-ostn15/#:~:text=Calf%20Hill%20is%20located%20in,Hill%20now%20neasures%20at%20609.606.

Map 31
John Murray, cited in 'The History of the Challenger Expedition', Challenger Society for Marine Science, challenger-society.org.uk/History_of_the_challenger_expedition
Stephen Stukins, cited by James Ashworth, 'HMS Challenger: How a 150-year-old Expedition Still Influences Scientific Disvoweries Today', September 6, 2022, Natural History Museum, nhm.ac.uk/discover/news/2022/september/hms-challenger-how-150-year-old-expedition-still-influences-scientific-discoveries-today.html
On Lake Baikal see: Tibi Puiu, 'Exploring Baikal: The World's Deepest and Oldest Lake', August 26, 2022, ZME Science, zmescience.com/feature-post/natural-sciences/geography/exploring-baikal-the-worlds-deepest-and-oldest-lake/

Map 32
General Bathymetric Chart of the Oceans website, gebco.net/about_us/
200 Years to map oceans, see General Bathymetric Chart of the Oceans, 'Frequently Asked Questions', gebco.net/about_us/faq/
Proposal form for naming underwater features, see 'Standardization of Undersea Feature Names(Guidelines, Proposal Form Terminology)', link at General Bathymertric Chart of the Oceans, iho.int/en/bathymetric-publications
New Zealand bathymerty, see National Institute of Water and Atmospheric Research, 'New Zealand Bathymetry', niwa.co.nz/our-science/oceans/bathymetry/further-information
Oceans and climate, see Francisco de Melo Viríssimo and Elizabeth Robinson, 'What Role do the Oceans Play in Regulating the Climate and Supporting Life on Earth?', February 28, 2023, LSE, lse.ac.uk/granthaminstitute/explainers/what-role-do-the-oceans-play-in-regulating-the-climate-and-supporting-life-on-earth/
Biomass data, see Hannah Ritchie, 'Oceans, Land and Deep Subsurface: How is Life Distributed Across Environments?', April 26, 2019, Our World in Data, ourworldindata.org/life-by-environment

Map 33

Steven Mithen, After the Ice, A Global Human History, 20,000-5000BC, 2004.
Flints and antler hoards, see Jim Leary, The Remembered Land: Surviving Sea-level Rise after the Last Ice Age, 2015 Sundaland as Atlantis, cited in 'Sundaland', Antlantipedia, June 11, 2010, atlantipedia.ie/samples/sundaland/
Danny Hilman Natawidjaja, Plato Never Lied, Atlantis is in Indonesia, 2013.
Dhani Irwanto, Atlantis: The Lost City is in Java Sea, 2015.
Sundaland as Eden, see Stephen Oppenheimer, Eden In the East: Drowned Continent of Southeast Asia, 1998.
Sunsaland Pyramids, see Robert M. Schoch and Robert Aquinas McNally, Voyages of the Pyramid Builders: The True Origins of the Pyramids from Lost Egypt to Ancient America, 2003.

Map 34

Christopher Bretz, citations from website, christopherbretz.ca/pf/sealevelrise/
See-level, see Christina Nunez, 'Sea Levels are Rising at an Extraordinary Pace,', April 10, 2023, National Geographic, Nationalgeographic.com/environment/article/sea-level-rise-1
Alastair Bonnett, The Age of Islands, 2020.
Nile delta, see Saline Agriculture, 'Salinity Problems in Egypt', Jamuary 25, 2022 saline-agricuture.com/en/news/salinity-problems-in-egypt#:~:text-Causes%20of%20soil%20salinity,be%20classified%20as%20salt%2Daffected.
Michael Bevis cited by Oliver Milman, 'Greenland's Ice Melting Faster than Scientists Previously Thought', January 22, 2019, The Guardian.

Map 35

300 years to create one centimetre of fertile soil study, cited by Roger Harrabin, 'Climate change being fuelled by soil damage-report', April 29, 2019, BBC, bbc.co.uk/news/science-environment-48043134
Valencia residents cited by AFP, 'Spanish City Shatters Heat Record', August 10, 2023, France 24, france24.com/en/live-news/20230810-spanish-city-shatters-heat-record
Home Ignition Zones, see 'Defensible Space', Tri-County Firesafe Working Group, 2023, tcfswg.org/be-prepared/defensible-space/and 'Make your house safe with Defensible Space', Hills Conservation Network, hillsconsevationnetwark.org/make-your-home-ignition-resistant
Great Plains Shelterbelt see, Matthias Gafni, 'An 800-Mile Firebreak Once Protected Califormia's Forests From Flames. What Happened?, November 19, 2020, San Francisco Chronicle, sfchronicle.com/california-wildfires/

article/An-800-mile-firebreak-once-protected-15713546.php

Map 36

Mathieu Morlighem, et al., 'BedMachine v3: Complete Bed Topography and Ocean Bathymetry Mapping of Greenland from Multibeam Echo Sounding Combined with Mass Conservation', Geophysical Research Letters, 44, 2017.
Paul Bierman and Tammy Rittenour, 'When Greenland was Green: Ancient Soil from Beneath a Mile of Ice Offers Warnings for the Furture', July 20, 2023, The Conversation, theconversation.com/when-greenland-was-green-ancient-soil-from-beneath-a-mile-of-ice-offers-warnings-for-the-future-209018
Kristian Hvidtfeldt Nielsen and Henry Nielsen, Camp Century: The Untold Story of America's Secret Arctic Military Base Under the Greenland Ice, 2021.
Emma Smith, cited by Jonathan Amos, 'Demman Glacier: Deepest Point on Land Found in Antarctica', December 12, 2019, BBC, bbc.co.uk/news/science-environment-50753113

Map 37

USGS Astrogeoloty Science Center in Flagstaff, Arizona, see 'What Three New USGS Maps Reveal About Mars', January 12, 2023, USGS, usgs.gov/special-topics/planetary-geologic-mapping/news/a-martian-mons-mystery-paleo-climate-change-and
Map of Aeolis Dorsa, see 'What Three New USGS Maps Reveal About Mars'.
Devon Burr, cited in 'What Three New USGS Maps Reveal About Mars'.
Neil Arnold, cited by Sarah Collins, 'New Evidence for Liquid Water Beneath the South Polar Ice Cap of Mars, Septermber, 29, 2022, Cambridge University, cam/ac/uk/stories/liquid-water-mars

Map 38

Sunspot classification see 'Sunspots/Solar Cycle', NOAA, swpc.noaa.gov/phenomena/sunspotssolar-cycle
On Lucian of Samosata, see Aaron Parrett, 'Lucian's Trips to the Moon', June 26, 2013, The Public Domain Review, publicdomainreview.org/essay/lucians-trips-to-the-moon/

Map 39

Ralph Lorenz, cited in ESA, 'Titan's Surface Organics Surpass Oil Reserves on Earth', February 13, 2008, European Space Agency, esa.int/Science_Exploration/Space_Science/Cassini-Huygens/Titan_s_surface_organics_surpass_oil_reserves_on_Earth
Titan's subsurface water, see 'Titan', 2023, NASA science.nasa.gov/saturn/

moons/titan/
Robert Zubrin, cited by Brian Wang, 'Best Colonization Target in Outer Solar System is Titan', March 14, 2015, nextbigfuture, nextbigfuture.com/2015/03/best-colonization-target-in-outer-solar.html
Robert Zubrin, Entering Space: Creating a Spacefaring Civilization, 1999.
Humans to Titan: humans-to-titan.org/
Dragonfly, see science.nasa.gov/mission/dragonfly

Map 40
R. Brent Tully, et al., 'The Laniakea Supercluster of Galaxies', Nature, 513, 2014, nature.com/articles/nature13674
Hawaiian team citations, from R. Brent Tully, et.al., 'The Laniakea Supercluster of Galaxies'.
Hélène Courtois, Finding our Place in the Universe: How We Discovered Laniakea: The Milky Way's Home, 2019.

찾아보기

ㄱ

개미 *205*
거대 인력체 *294*
《거대한 숲》, 짐 크럼리 *33*
교통 소음 *164-167*
멕시코시티의 소음지도(메트로폴리탄 자치대학교, 2011년) *162-167*
구글맵 *150-155, 205*
    크림반도 *150, 153*
인도 밖 구글 이용자들이 보는 카슈미르 vs. 인도 내 구글 이용자들이 보는 카슈미르(2024년) *148-155*
국제수로기구(IHO) *239*
국제올림픽위원회(IOC) *110*
균류 *208-213*
균류와 더글라스 전나무의 관계도(2009년) *206-213*
균류와 더글라스 전나무의 관계도(2009년) *206-213*
그레이트플레인스 방풍림, 미국 *112*
그로아시스 *110*
그리니치 *79*
그린란드 *66, 266-269*
깎아서 만든 두 개의 지도 *66-67*
그린란드의 지형과 수심 측량 지도(M. 몰리헴 등, 2017년) *264–269*
기후변화 *244-249*
    해수면이 80미터 상승한 이후의 유럽을 나타낸 가상 지도(크리스토퍼 브레츠, 2018년) *250-257*
깊이 *232-235*
    지구 대륙의 가장 깊숙한 지점 *269*
    호수와 바다의 깊이 비교(2024년) *230-235*
    대양수심도(2022년) *236-241*
꿀벌 *200-205*

ㄴ

나니에즈 피터 *104-105*
나무 *208-213*

균류와 더글라스 전나무의 관계도(2009년) *206-213*
나의 유령(제러미 우드, 2009년) *184-191*
나사 *195*
    타이탄 *289*
남극대륙 *116-121, 268-269*
남극조약(1959년) *125*
남극을 방문한 모든 선박의 항구 간 통행망(2014–2018년) *122-123*
냄새 *170*
너틀 문서 *53-54*
노던애리조나대학 *274*
뇌 *194-199*
뇌의 지도화 *192-199*
뉴욕시의 여성 워커빌리티(2021년) *156-161*
니콜리아 예스퍼 쉬온
    알케불란 *76-83*
닐 아널드 *275*

ㄷ

다니 이르완토
    《아틀란티스: 잃어버린 도시는 자바해에 있다》 *248*
    2만 년 전 마지막 최대 빙하기의 순다랜드 *242-249*
대양 *238-241*
대양수심도(GEBCO, 2022년) *238-241*
    시베드2030 *239*
    전 세계 해저 지형 측량 데이터(2022년) *236-241*
더글라스 전나무 *206-213*
덩샤오핑 *131*
데니소바인 *245*
데본 버 *274*
데이브 핸스포드 *210*
데이비드 올드리지 *127*
도거랜드 *245-247*
도모유키 다나카
    신주쿠역 해체하기(2005년) *134-139*
독일계 미국인 *92-97*

ㄹ

라나발로나 3세 *81*
라니아케아 초은하단 *290-295*
랜드셋 *195*
러시아 *88-91*
      크림반도 *150-151*
러시아의 영토 확장(1300–1945년) *86-91*
러시아의 알렉산더 2세 *89*
런던대학 *204*
《런던순환도로》, 이안 싱클레어 *189*
레닌 *89*
레비 스트라우스 *97*
레이라 카르데나스 *127*
로드아일랜드 뉴포트의 여름 향기(케이트 맥린, 2012년) *168-175*
로버트 주브린 *288*
      〈우주여행의 문명 만들기〉 *288*
로알 아문센 *119*
루이 생로랑 *120*
리게이아 마레, 타이탄 *284-289*
리우강 *36*

ㅁ

마리아나 해구, 태평양 *232*
마리골드 *212*
마셜제도 *62-69*
마이클 벨비스 *254*
만국전도(1671년) *56-61*
매니 모리 *117*
매튜 하센자거 *204*
맥머도, 남극대륙 *77*
멕시코 *50-55*
멕시코시티의 소음 지도(메트로폴리탄 자치대학교, 2011년) *162-167*
멕시코시티의 소음 지도(메트로폴리탄 자치대학교, 2011년) *162-167*
모나코의 대공 알베르 1세 *240*
모이통 *36*
몰리헴, M. 등

그린란드의 지형과 수심 측량 지도(2017년) *264-269*
무함마드 *46*
미국 *94-97, 263*
  미국의 지역별 최대 혈통 분포도(2000년) *92-93*
  아이스웜 프로젝트 *268*
  로드아일랜드 뉴포트의 여름 향기(케이트 맥린, 2012년) *168-175*
  뉴욕시의 여성 워커빌리티(2012년) *156-161*
미시간대학 *166*
미국 어류 및 야생동물 관리국 *101*
미국 지역사회 조사(2022년) *94*
미얀마의 세계 지도 *70-75*
미얀마인이 생각하는 지옥 *75*

ㅂ

바버라 먼디 *55*
바이런 멀롯 *103*
바이칼 호수, 러시아 *232-235*
 루수드–칸 *235*
발라드 J.G. *189*
배럿 라이언
  전 세계 인터넷 트래픽 흐름(OPTE 프로젝트, 2023년) *140-141*
벌 *202-205*
베르날 디아스 델 카스티요 *53*
북극 지역 *116-121, 229*
북극해 *117-120*
북서 항로 *119*
불교 *72-75*
브란코 *220*
브뤼파리프 *165*
블라디미르 푸틴 *90-91*

ㅅ

사랑 *178-183*
사랑의 지도(1653년) *176-183*
남성의 마음을 표현한 요새화된 나라의 지도 *181, 183*
여성의 마음을 표현한 열린 나라의 지도 *181, 182*

사랑의 지도(마들렌 드 스퀴데리, 1653년) *176-183*

사막화 *108-113*

사모사타의 루시안 *281*

사해 *234*

산불 *261-262*

《37개의 낫: 미얀마의 정령 숭배》, 리처드 카르낙 템플 *71-75*

새뮤얼 모스 *146*

섀플리 초은하단 *295*

《서인도제도의 역사》 *42-47*

《섬의 시대》, 앨러스테어 보네트 *253*

수잔 시마드 *212*

수직의 극단 *231*

호수와 바다 깊이 비교(2024년) *230-235*

스콧 맥기 *101*

스티븐 미슨 *246*

스티븐 스터킨스 *233*

스틱 차트(마셜제도, 20세기 초) *62-69*

스페인 *260-263*

      지표의 온도(2023년) *258-259*

시안, 중국 *20*

식물의 상호작용 *208-213*

신주쿠역, 도쿄 *136-139*

신주쿠역 해체하기(도모유키 다나카) *134-139*

ㅇ

아라발리 초록 장벽 프로젝트, 인도 *112-113*

〈아바타〉 *212*

아틀란티스 *247-248*

아프리카 *78-79*

알케불란(니콜라이 예스퍼 쉬온) *76-85*

      거대 초록 장벽 *106-113*

알래스카, 미국 *88*

      알래스카의 토지 소유 현황 *98-99*

      알래스카는 누구 소유일까? *100-105*

      알래스카 토착민 *100-105*

알렉스 샤프슨코 *197*

알리 맥카시 *127*

알리 우무트 튀르칸 *16*

알버섯속 균류 *206-213*

알케불란(니콜라이 예스퍼 쉬온) *76-85*

암트랙 *133*

압둘라예 와데 *109*

애플맵 *150*

에어컨 *261*

에르난 코르테스 *53*

에릭 힌즈 *228*

에마 스미스 *269*

에베레스트 *232*

에코시아 *110*

엘렌 쿠르투아 *294*

영국제도 *26-33*

영국의 남극조사단

    남극을 방문한 모든 선박의 항구 간 통행망(2014–2018) *122-127*

오드넌스서베이 *228*

오스만제국 *42-47*

올림푸스산, 화성 *270-275*

올림푸스산 칼데라의 지질도(2021년) *270-275*

왕립과학아카데미 *229*

왕립학회 *229*

우로스족 *234*

우왕 *22-24*

우크라이나 *89-91*

월리스 라인 *244*

유럽 *26-33, 61*

    해수면이 80미터 상승한 이후의 유럽을 나타낸 가상 지도(크리스토퍼 브레츠, 2018년) *250-257*

유럽환경청 *167*

유럽우주국 *229, 260*

유엔의 정부간해양학위원회 *239*

유인원 *244*

위성 *239*

    코페르니쿠스 센티넬-3 네트워크 *260*

지구 중력장 및 해양순환 탐사 위성(GOCE) 225, 229
윌리엄 보잉 97
윌리엄 캠던 30
은하수 292, 294
    라니아케아 초은하단 290-295
이베리아반도 258-263
이스턴 스켈트 해일방파제, 네덜란드 256-257
이오시프 스탈린 89
〈이코노미스트〉 36
인터넷 연결 142-147
    전 세계 인터넷 트래픽 흐름(배럿 라이언, 2023년) 140-141
    해저 케이블 144-146
일본 58-61
    만국전도(일본의 세계 지도) 56-61
    신주쿠역 해체하기(도모유키 다나카) 134-139
    일본철도 137
2만 년 전 마지막 최대 빙하기의 순다랜드(다니 이르완토, 2015년) 242-249

ㅈ

자바 원인 244-245
자연사박물관, 런던 233
장애보정생존연수(DALY) 166-167
재스민 209
전 세계 인터넷 트래픽 흐름(배럿 라이언, 2023년) 140-147
전 세계 해저 지형 측량 데이터(2022년) 236-241
정화 37-38
제러미 우드
    나의 유령 184-191
제로엔 트롬프 217
제발트, W.G. 188
제임스 멜라트 16
제프 리히트먼 198
제프리 브룩스 101
제프 웨이드 40
조반니 스키아파렐리 273
조셉 니덤 24

존 데이비스 *124*
존 머레이 *233*
주사현미경으로 관찰한 대뇌피질 조각(2022년) *192-199*
중국 *18, 58-60*
      중국과 이민족의 지도 *24-25*
      우왕의 행적도 *18-25, 131*
      중화인민공화국 철도 지도(2023년) *128-133*
      중국의 초록 장벽 *69*
      세로형 지도(하오샤오광) *116-121*
      이민족을 표시한 세계 지도(1418년) *34-41*
중력 *224*
GOCE의 새로운 지오이드(2011년) *226-229*
중화인민공화국 철도 지도(2023년) *128-133*
지구 중력장 및 해양순환 탄사 위성(GOCE) *229*
지오이드 *226-229*
지구 중력장 및 해양순환 탐사위성의 지오이드(2011년) *224-229*
지진 *216-221*
지진파의 속도를 이용해 지하 구조물의 존재를 밝히는 컴퓨터 시뮬레이션(2015년) *214-221*
지진학 *216-221*
지진파의 속도를 이용해 지하 구조물의 존재를 밝히는 컴퓨터 시뮬레이션 *214-221*
지표의 온도(2023년 7월 11일) *258-263*

ㅊ

차탈회위크, 튀르키예 *12-17*
차탈회위크의 여인 좌상 *13-15*
챌린저 해연, 태평양 *231-233*
초록 장벽, 아프리카 *106-113*
      중국 *112*
      인도 *113*
측심학 *238*

ㅋ

카를 폰 프리슈 *204*
카슈미르 *150-155*

구글맵 148-149
캘리포니아대학 173
케이트 맥린
로드아일랜드 뉴포트의 여름 향기(2012년) 168-175
키이우의 어느 겨울날 냄새 탐색 산책 174
케찰레카친 문서(1593년) 48-55
콴나 체이싱 호스 포츠 104-105
크리스토퍼 콜럼버스 28, 36
크리스티안 하위헌스 275
키이우의 어느 겨울날 냄새 탐색 산책(케이트 맥린, 2016년) 174

ㅌ

타이탄 286-289
리케이아 마레 284-289
태양 278-281
오로라 279, 282-283
핵폭발 280
조용한 태양 278
태양의 플레어와 코로나질량방출(2012년) 276-281
태양 흑점 280-281
토머스 스탬퍼드 래플스 248
튀르키예 12
차탈회위크 10-17
오스만제국 42-47
트리에스테 유인잠수정 233
티티카카 호수, 페루와 볼리비아 234
틸리초 호수, 네팔 232-235
팀북투, 말리 79-80

ㅍ

8자 춤 지도(2017년) 200-205
패트리샤 코크런 104
포르투갈 260-263
지표의 온도(2023년 7월 11일) 258-263
포카혼타스 95
폰데로사 소나무 210

프톨레마이오스 26-33
  세계 지도 28-33
〈프톨레아미오스 코스모그라피아〉, 니콜라우스 게르마누스 28, 33
《플라톤은 거짓말을 한 적이 없으며, 아틀란티스는 인도네시아에 있다》, 대니 힐만 나타위자자 248
플레세츠크, 러시아 229

ㅎ

하버드 194, 197, 198
하오샤오광
  세로형 지도(2013년) 114-121
하와이대학 292, 294
해산 240-241
해수면 244-249
해수면이 80미터 상승한 이후의 유럽을 나타낸 가상 지도(크리스토퍼 브레츠) 250-257
해양대기청, 미국 281
헨리크 불 124
현대미술관(MOMA), 뉴욕 145
호모 에렉투스 244
호모 플로레시엔시스 245
호수와 바다 깊이 비교(2024년) 230-235
홍콩 132
화성 272-275
올림푸스산 칼데라의 지질도, 화성(2021년) 270-275
화재 대비 263
히드라—센타우루스 초은하단 294
GOCE의 지오이드(2011년) 224-229
HMS 챌린저호 232, 233

Picture Credits

All Canada Photos/Alamy 170; Antiqua Print Gallery/Alamy 168; Arlie McCarthy, Marine ecologist, Helmholtz Institute for Functional Marine Biodiversity (HIFMB). Originally published in: Arlie H. McCarthy (Cambridge University and British Antarctic Survey) Lloyd S. Peck (British Antarctic Survey) and David C. Aldridge (Cambridge University), 'Ship traffic connects Antarctica's fragile coasts to worldwide ecosystems', PNAS, 2022: https://www.pnas.org/doi/epdf/10.1073/pnas.2110303118 74–5; Barrett Lyon/The Opte Project 86–7; Beiler, K.J., Durall, D.M., Simard, S.W., Maxwell, S.A. and Kretzer, A.M. (2010), Architecture of the wood-wide web: Rhizopogon spp. genets link multiple Douglas-fir cohorts. New Phytologist, 185: 543-553. https://doi.org/10.1111/j.1469-8137.2009.03069.x. © The Authors (2009). Journal compilation © New Phytologist (2009) 124; Berger, Shapson-Coe, Januszewski, Jain, and Lichtman (Harvard and Google) 116; Bill Waterson/Alamy 44–5; CESAR MANSO/AFP/Contributor/Getty 156; Chalermkiat Seedokmai/Getty 141; Chittka L: Dances as Windows into Insect Perception. PLoS Biol 2/7/2004: e216. https://dx.doi.org/10.1371/journal.pbio.0020216, Attribution 2.5 Generic (CC BY 2.5) 122; Christopher Bretz 150; Chronicle/Alamy 111; Commission Air/Alamy Stock Photo 115; David Pugmire, Oak Ridge National Laboratory, Ebru Bozdag, Colorado School of Mines, Jeroen Tromp, Princeton University 128; Dhani Irwanto, Sundaland: Tracing the Crade of Civilizations, Indonesia Hydro Media, 2019 146; Dimple Patel/Alamy 130; The original uploader was Engwar at English Wikipedia. Later versions were uploaded by Toytoy at English Wikipedia. - Transferred from en.wikipedia to Commons., Public Domain, https://commons.wikimedia.org/w/index.php?curid=1767473 22–3; ©ESA/AOES Medialab 136; ©ESA/HPF/DLR 134; ESA/NASA/University of Arizona/KRT/Abaca Press/Alamy 175; European Union, Copernicus Sentinel-3 imagery 154–5; First Noise Map for Mexico City Metropolitan Area. Authors, Fausto Rodríguez-Manzo & the Laboratorio de Análisis y Diseño Acústico team at Universidad Autónoma Metropolitana-Azcapotzalco in collaboration with the Secretaria del Medio Ambiente del Gobierno del Distrito Federal. 2009-2011 98–9; filmstudio/Getty 97; François Chauveau - old engraving (see fr:Carte_de_Tendre), Public Domain, https://commons.wikimedia.org/w/index.php?curid=2616672 106; GENERAL BATHYMETRIC CHART OF THE OCEANS (GEBCO) WORLD OCEAN BATHYMETRY 142;

General Research Division, The New York Public Library. (1906). Hell according to the Burmese. Retrieved from https://digitalcollections.nypl.org/items/510d47d9-a8a7-a3d9-e040-e00a18064a99 47; Gobierno CDMX - HJ2A4913, CC0, https://commons.wikimedia.org/w/index.php?curid=115335826 101; Gorrini, A., Presicce, D., Choubassi, R., Sener, I.N. (2021). Assessing the Level of Walkability for Women Using GIS and Location-based Open Data: The Case of New York City. Findings. https://doi.org/10.32866/001c.30794. (Scientific Figure on ResearchGate. Available from: https://www.researchgate.net/figure/Results-of-the-proposed-Walkability-for-Women-Index-WWI-of-the-census-block-groups-and_fig2_357230457 [accessed 5 Oct, 2023], available via Creative Commons Attribution-ShareAlike 4.0 International) 94–5; © Greenland National Museum and Archives 43; History of America/Alamy 110; The Battle of Adwa 1896, 1972.250 © Horniman Museum. Photo: Patrick Marks 52–3; Howchou - Own work, CC BY-SA 3.0, https://commons.wikimedia.org/w/index.php?curid=59380944 78–9; Images & Stories/Alamy 8–9; Jacob d'Angelo after Claudius Ptolemaeus[1], Public Domain, https://commons.wikimedia.org/w/index.php?curid=3423762 20–1;

Jeremy Wood 112–3; Original research, design and artwork by Dr Kate McLean (sensorymaps.com) 102, 104; Krzysztof Baranowski/Getty 81; Lewis Hine/GRANGER - Historical Picture Archive/Alamy 61; (1593) The Codex Quetzalecatzin. [Mexico: Producer not identified] [Map] Retrieved from the Library of Congress, https://www.loc.gov/item/2017590521/ 30–1 and 33; Library of Congress, Prints & Photographs Division, photograph by Carol M. Highsmith [reproduction number, LC-DIG-highsm-25691], Fort Ross, a former Russian establishment on the west coast of North America in what is now Sonoma County, California. United States California Fort Ross, 2013. June. https://www.loc.gov/item/2013635136/ 57; Lin, M. (2016, January 08). Yu the Great. World History Encyclopedia. Retrieved from https://www.worldhistory.org/image/4375/yu-the-great/ 15; Loren Holmes / Anchorage Daily News 64; Lovell Johns for Alastair Bonnett, An Uncommon Atlas: 50 New Views of our Physical, Cultural and Political World, Aurum Press: London, 2019. Data source: AIMS, GBRMPA, JCU, DSITIA, GA, UCSD, NASA, OSM, ESRI) 89; Marcus Bensmann/Stockimo/Alamy 178; MARK GARLICK/SCIENCE PHOTO LIBRARY 7, 176;

MattLphotography/Alamy 118; Mzajac - Own work, CC BY-SA 4.0, https://commons.wikimedia.org/w/index.php?curid=97080521 54–5; NASA/GSFC/SDO/SCIENCE PHOTO LIBRARY 166; Nevit Dilmen (talk) - Own work, CC BY-SA 3.0 https://commons.wikimedia.org/w/index.php?curid=14783156 11; Newberry Digital Collections (Newberry Library), https://collections.carli.illinois.edu/digital/collection/nby_dig/id/3731 28; Newberry Digital Collections (Newberry Library), https://collections.carli.illinois.edu/digital/collection/nby_dig/id/3760 26–7; Nikolaj Jesper Cyon 48, 51; Mathieu Morlighem, Dartmouth College 161; Morlighem, M., Williams, C. N., Rignot, E., An, L., Arndt, J. E., Bamber, J. L., ... Zinglersen, K. B. (2017). BedMachine v3: Complete bed topography and ocean bathymetry mapping of Greenland from multibeam echo sounding combined with mass conservation, Geophysical Research Letters, 44, 11,051– 11,061. https://doi.org/10.1002/2017GL074954 158; Paul A. Souders/Getty 76; Peter Minton@EVS Islands 172–3; Photo © Fonollosa/AIC / Bridgeman Images 149; Ptolemy - The National Library of Wales. This image is available from the National Library of Wales. You can view this image in its original context on the NLW Catalogue, Public Domain, https://commons.wikimedia.org/w/index.php?curid=44368436 16–17; Public Domain, from New York Public Library, from a rubbing held by the Library of Congress 14; Public Domain, https://commons.wikimedia.org/w/index.php?curid=1763730 58–9; Public Domain, https://commons.wikimedia.org/w/index.php?curid=33006513 36–7, 38, 39; © Science Museum / Science & Society Picture Library – All rights reserved. 40–1; Sevgart - Own work, CC BY-SA 4.0 https://commons.wikimedia.org/w/index.php?curid=98582280 66–7;

Simon Dannhauer/Alamy 126; Timothy Allen/Getty 69; The Picture Art Collection/Alamy 25; © The Trustees of the British Museum. All rights reserved. 34–5; © Tomoyuki Tanaka/; 82–3, 85;

TopPhoto/Associated Press/Alamy 70, 73; Ulrich Lange, Bochum, Germany, 2017-03-20 - Original upload file at File:Zealandia, topographic map.jpg and http://topex.ucsd.edu/WWW_html/mar_topo.html; http://topex.ucsd.edu/marine_topo/jpg_images/topo10.jpg; http://topex.ucsd.edu/marine_topo/jpg_images/topo11.jpg; http://topex.ucsd.edu/marine_topo/jpg_images/topo14.jpg; http://topex.ucsd.edu/marine_topo/jpg_images/topo15.jpg, CC0, https://commons.wikimedia.org/w/index.php?curid=132448056 145; Unknown, photo by PericlesofAthens - Joseph Needham's Science and Technology in China, Vol. 3: Mathematics and the Sciences of the Heavens and the Earth, Plate LXXXI and text description pp. 547–549, hardback edition, Public Domain, https://commons.wikimedia.org/w/index.php?curid=3012695 12–13; U. S. Fish & Wildlife Service, Region 7, Division of Realty, Anchorage, Alaska 62–3; USGS SIM 3470: Geologic Map of Olympus Mons Caldera, Mars, By Peter J. Mouginis-Mark 162; US GEOLOGICAL SURVEY/SCIENCE PHOTO LIBRARY 164; Uwe Aranas/Shutterstock 152;

Wario F, Wild B, Rojas R, Landgraf T (2017). Automatic detection and decoding of honey bee waggle dances. PLoS ONE 12(12): e0188626. https://doi.org/10.1371/journal.pone.0188626, © 2017 Wario et al 120–1; Yarr65/Alamy 132–3

The maps on p90–1 and 93 were created by Intercity using Save nature and wildlife/Shutterstock and Awesome_art_Creation/Shutterstock as base maps. The map on p138–9 was created by Intercity based on 'Great Lakes Profile', by Vivid Maps.

40 Maps That Will Change How You See The World
by Alastair Bonnett

Design Copyright © 2024 Quarto
Text Copyright © 2024 Alastair Bonnett
First published in 2024 by Ivy Press, an imprint of The Quarto Group.
All rights reserved.
Korean translation rights © 2025, M31
Korean translation rights are arranged with Quarto Publishing Plc through LENA Agency, Seoul

이 책의 한국어판 저작권은 레나 에이전시를 통한 저작권자와의 독점계약으로 M31이 소유합니다.
신저작권법에 의하여 한국 내에서 보호를 받는 저작물이므로 무단 전재 및 복제를 금합니다.

생각의 틀을 깨는 40개의 지도
초판 1쇄 발행 2025년 11월 15일

지은이 앨러스테어 보네트
옮긴이 김시경
ⓒ 2025, 앨러스테어 보네트

발행처 M31
출판등록 제2017-000079호 (2017년 12월 11일)
주소 경기도 김포시 김포한강2로 11, 109-1502
전화 070-7695-2044
팩스 070-7655-2044
전자우편 ufo2044@gmail.com

ISBN 979-11-91095-20-3 (03900)

＊ 저작권법에 의하여 한국 내에서 보호를 받는 저작물이므로 무단전재와 무단복제를 금지합니다.
＊ 잘못된 책이나 파손된 책은 구입하신 서점에서 교환해 드립니다.